世界歴史選書

歴史のなかのカースト

世界歴史選書

歴史のなかのカースト

近代インドの〈自画像〉

藤井　毅

岩波書店

目次
一　歴史のなかのカースト

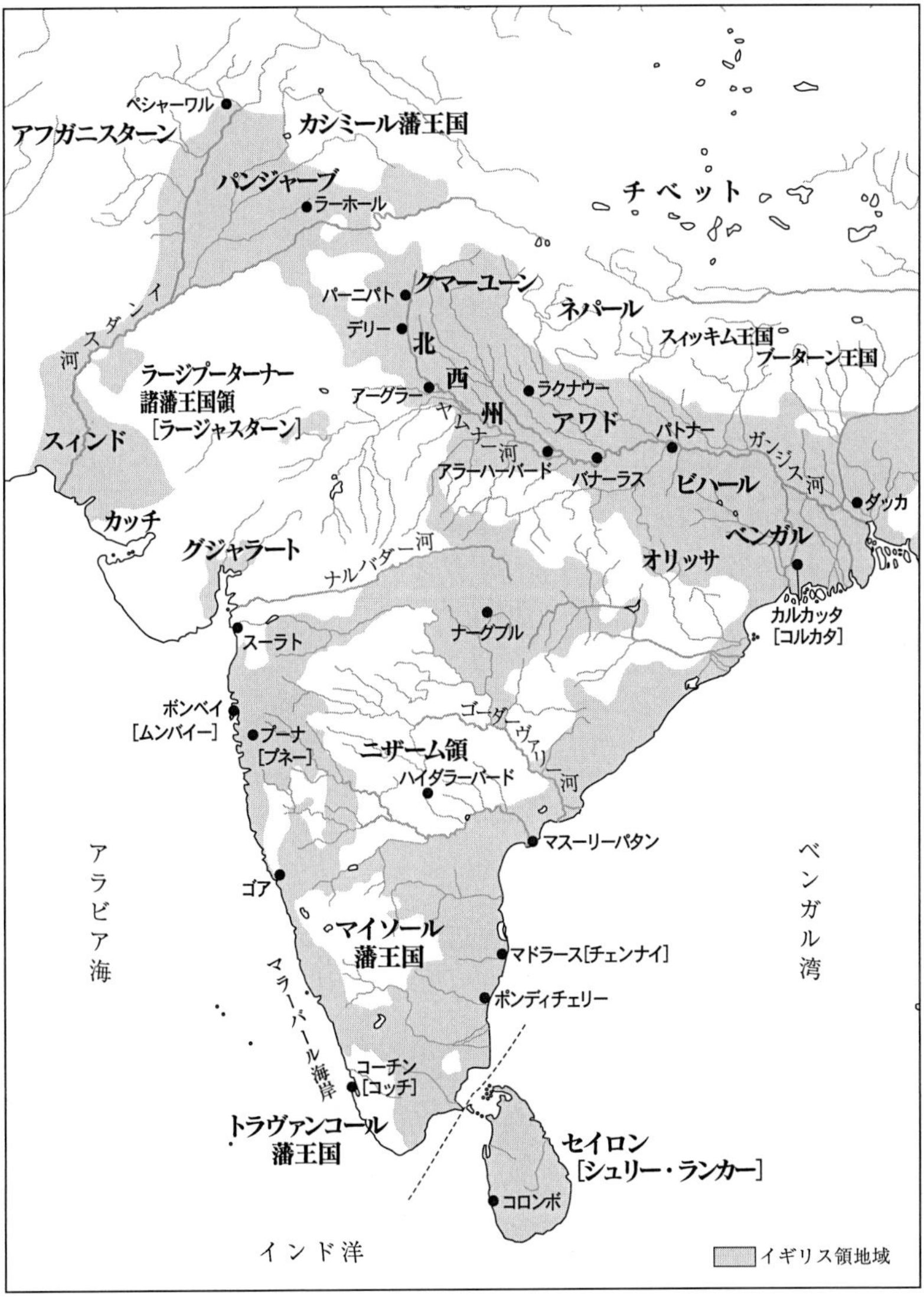

1857年のインド

太字は本書に登場する主要地方名・州名（当時）

[　] 内は現在の主要地名を表す

注）C. A. Bayly, *The Raj*, National Portrait Gallery, 1990に一部手を加えた.

はじめに——カーストを語ることの意味

「カースト」という言葉はよく知られており、インドについて語るにあたり、その不可分の属性として言及されるのが常であった。しかしながら、いざ、その意味するところの内実に目を向けると、決して共通の認識のもとで語られているわけではないことに気づかされる。実際のところ、教科書などできわめて単純化して語られるカーストと、学界やあまたの研究書において展開される論議とのあいだには、目もくらむような落差が存在しているのである。さらにそうした懸隔は、何も専門家とそれ以外の人々との間に限られているわけではなく、他ならぬインド研究者のなかにおいてすら、議論の前提となる枠組みが共有されているとは言い難い。

たとえば、ある人々は、カーストをインド固有の民族誌上の範疇としてとらえており、また別の人々はそれを、出生によって獲得され、個人の意志や努力によっては変更不可能な階層化された集団関係をさす社会学上の分析概念と見なしている。前者の立場に拠れば、インド以外にはカーストは存在しないことになるし、後者の立場に拠れば、アメリカの黒人やどこであれ被差別民が直面している状況は、まさにこの概念用語のもとで解釈されうるのである。ユダヤ人を語るにあたりカーストに模して考えたり、「パーリアとしてのユダヤ人」という言い方がなされるのもその類推である。[1] こうした意味合いにおけるカーストの用法は、早くも一九世紀中葉に欧米において一般化していた。[2] また、一八世紀末より一九世紀にかけて、ヨーロッパ系とインド系の混血集団に対しては「半カースト half-caste」なる呼称が用いられていたが、それは単に社会において帰属する先もない寄る辺なき者を指す以上に差別的な意味合いをもっていたのである（Yule / Burnell (eds.), 1903, "Half-caste"）。

しかしながら、後者の概念は、あくまでも前者に依拠して形成されたものであるから、両者は表裏一体の関係にあるといえよう。やはり問題となるのは、民族誌範疇の意味内容ということになる。ところがここでも厄介なことに、インドにおけるカーストの定義づけを試みると、即座に幾十もの、時として相対立する指標が立ち現れてきてしまい、合意の形成が非常に困難であることに否応なしに気づかされてしまうのである。さらに、インド社会の記述にあたり用いられてきた「カースト castes、トライブ tribes、種族 races」といった区分や、カーストに「先進、中間、後進、被抑圧、周縁、排除、指定」といった限定詞を付して語られる一群の範疇を目にすると、あたかもそれは、複数のカースト制度が存在しているかの如くである（Bayly, 1999, p.2）。

カーストなるものの存在が広く知られるようになって以来、今日に至るまで提示されてきたカースト論を総覧すれば明らかになるのだが、カーストは常に否定的にとらえられてきたわけではなく、ある人々にとって、それはインド文明の精髄にして最良の分業体制に他ならなかった。いっぽう、ある時期のキリスト教宣教師にとって、それは悪魔の発明物に他ならず、被差別民の解放運動を担った人々にすると、カーストとそれを支える価値体系の全てが否定の対象でしかなかった。その中庸を行こうとした人々は、社会組織としてのカースト caste distinction と、そこにまとわりつく差別と排除を内包したカースト意識 caste spirit を区別して考えようとしたのである。

明らかに、カーストをどのようにとらえるのかは、インド社会をどのようにとらえるのかと密接不可分に結びついており、インド史そのものに対する見方、つまり歴史観や歴史認識と深く関わっていた。カーストをどのような現象によって代表させ、それが示す性質のなかより、何を本質的であると見なすのかは、まさにその反映に他ならない。多様な立論のなかに見出される唯一の共通点といえば、インドとカーストとのあいだには、何らかの分かち難い関係が成り立っていると見なすことだけである。

現在のインド共和国では、憲法によりカーストに基づく差別を禁じ、不可触制 untouchability を廃することを定めている。しかしながらそのことは、カーストそのもの廃絶を意味してはいないし、そもそも、インド憲法においては、カーストとカースト制度との関係、ひいては、それがどのように差別に関わるのかについては語られることがないのである。ところがそのいっぽうで、被差別民と見なされる人々が歴史的に経験してきた不利益を解消するために、法の前の平等という原理を超越して、カーストを単位とした留保措置(優遇施策)が認められているのである。

こうした状況は、外部よりの観察者を戸惑わせる以上に、その知的好奇心をかきたてるのに十分であった。事実、カーストにまとわりつくように存在している不明瞭な部分や空白部を埋めるかのようにして、あまたの研究が行われ様々な立論が提示されてきたのである。ところが、その多くが古典籍に依拠するかフィールドワークによって得られた知見に基づくものであり、そこでは、古代において成立した文献に見られる社会のありようや、調査が行われた時代におけるカーストの動態については、幅広く詳細に論及されているものの、それ以外の実体史料に基いた論述は、絶無ではないもののきわめて限られた数しか目にされない。すなわち、そこでは、ある限られた時代や局地的に見出された共時的な知見が、あたかも時代を超えてインド全体に存在していたかのごとくに解釈されているのである。ここにおいて、カーストはインドにとって不可分の属性として立ち現れてくることになる。あたかもそれは、何をもってしてカーストと見なすのかという、カースト観があまりにも多様であったがゆえに、概念用語としてのカーストは時代を超えて残り続けたかのようである。

次章において見るように、カーストという概念名称は、大航海時代以降に成立したものであるから、それ以前に遡ることは出来ず、なおかつ、近代において然るべき変容を被ったものである。そうであるにもかかわらず、「インド古代におけるカースト」が抵抗なく語られてしまい、それが内包する問題が意識されることなく看過されてしまうほどに、インド内外で根づいてしまっているのである。本書は、そのことに対する疑問と問いかけより出発している。

しかしながら、厄介なことに本書の立論自体もひとつの歴史観でありインド社会観である以上、全幅の合意が得られるわけではない。したがって、本論に入るまえに、まずもって本書が何をどこまでいかなる枠組みのもとで詳らかにしようとしているのか、そしてそれは、カースト研究のなかでどのような位置づけにあるのかを先行研究にふれつつ明らかにしておく必要があろう。

まず本書は、カーストに関わるフィールドワークの記録ではないし、過去において行われたそうした調査活動を包括的に記録し、研究を回顧しようとするものでもない。したがって、ここでは人類学者がなしてきたような「小伝統と大伝統」、「サンスクリット化と西洋化」、「浄と不浄」、「王権」といったような概念のもとで包括的なカースト理論が提示されるわけではない。もちろん、それは理論上の蓄積に顧慮しないというわけではなく、より大きな関心が向けられるのは、そうした立論の前提をなす社会観や歴史環境なのである。そのうえで、「インド」と「ヒンドゥー教」の構築過程を解明し、ヨーロッパの他者認識とそれが反映された植民地支配の内実、ひいては、その歴史経験を共有した在地在来の人々の意識変化を、証明されざる本質主義的観点を排しつつ、史料に基づき詳らかにしようとするものである。言い換えれば、本書が目指すところは、歴史学研究の手法と成果を社会文化人類学のそれと統合しようとする試みであるといえよう。結果として、なぜ、カーストがインドと不可分に結びつけられ、インド内外の人々にとって大きな意味をもつようになったのかが明らかにされるに違いない。

しかしながら、西洋の人々がカーストを歴史的にどのようにとらえていたのかを過不足なく解き明かそうとするならば、大冊の本をもってしても書ききれるものではない。わけてもポルトガル語とラテン語で蓄積された膨大な情報は、その全幅にわたっては未だ解明しつくされていない。それらがもつ史料価値は十二分に認識されているものの、その分析は、ここでは果たすことが出来ない課題のひとつである。[3]

本書は、カーストに関わる事象を大航海時代の開始以降、わけてもイギリスの植民地支配期を中心として、分離独立後までを視野に入れて記述しており、カーストの起源論には立ち入ろうとしていない。しかしながらそのことは、本書が、カーストと呼ばれることになる事象の起源に無関心でいることを意味しない。むしろ、言語学研究の類推を借りれば、共時的な現象の研究が進捗すればするほど、通時的な研究に向かわざるを得なくなるような関心は、常に存在していると言える。ただし、「起源」を歴史研究の対象とするには、実体資料があまりにも少ないことは、およそカーストが「発見」されて以来、今日に至るまで変わることなく存在している状況である。そうであるにもかかわらず、始源を追求しつづけた結果、提出されてきたあまたのカースト起源論は、実証研究というにはおよそほど遠く、単に同時代の、あるいは論者個人のインド観を濃厚に反映させたものに終始することになってしまったのである。本書が避けたいのは、そうした虚構の積み上げである。起源論への回答は、この本における検討作業が完了した次の段階の課題となろう。

本書は、カーストを語るにあたり、価値判断より出発するのは、非歴史的な立場であると考えている。つまり、カーストがインド文明なるものの中心的価値を、イデオロギーレベルであれ実体においてであれ象徴していると見なし、それを古代より変わることなく機能し続けている理想的な分業体制として擁護したり、ひるがえってそれを近代性に反する遺物とみなし、非人間的不平等のシステムとして非難し、差別と抑圧の根本要因であるとして単純化し排斥するような見方とは、対極に立つということである。そのいずれの立場も、歴史のなかでカーストをめぐり生起した様々な事象や、そこに包摂された人々が語ってきた種々の思想を見落とすことになってしまうからである。さらに、ヒンドゥー教とカーストを一体化させ、両者の定義づけを相補的に行おうとする立場より出発することもない。なぜならば、それ自体が構築物だからである。

カースト研究に歴史性を付与するために本書が依拠するのは、植民地期に刊行された民族誌や国勢調査報告書、そして法史料を含む一群の政府公文書である。さらに第七章の記述においては、インド近代諸語で刊行され、今日に至るまでカースト研究では看過されてきた『カースト族譜』と呼ばれる新資料を利用する。それにより、在地社会の人々がカーストをいかにとらえていたのかという、先行研究において十分に詳らかにされなかった点に光が当てられるに違いない。

二〇世紀末から二一世紀初頭にかけて、近現代におけるカースト研究を総括する内容をもった数冊の研究書が刊行された。そのうちの一冊は、後述するいわゆるケンブリッジ学派の立場を代表するベイリーの著書であり(Bayly, 1999)、もう一冊は、その立場を批判し本書とも問題意識を共有するダークスの著作である(Dirks, 2001)。本論では、両者がふれなかった論点に論及しつつ、後者の立場を意味あるかたちで展開してゆきたい。

「カーストとは、何か」という問いかけを発することは容易である。事実、その語によって示される現象が外界に知られるようになってから今日に至るまで、そうした問いかけは、間断なく発せられてきたといえよう。しかしながら、それがひとつの問題ではなく、複雑に絡み合い、数百年の歴史過程のなかで形成されてきた複数の問題群に、一度に回答するよう求めているということだけは、理解しておきたい。

確かに、インド研究において、カーストはもっとも論議が分かれる困難な課題のひとつである。カーストをめぐる一群の言説を目の当たりにすると、カーストを万人の同意を得られるかたちで過不足なく論じることは不可能で、ひとたび、カーストを語り始めると、あたかもパンドラの箱の蓋が開き、際限のないパラドクスのなかに身を投じることになるかのように思われる。もちろん、本書はそうした不可知論に基づいているわけではないし、かといってゴルディウムの結び目を断ち切るべく太刀を振り上げているわけでもない。目指すところは、カーストとカーストの歴史研究ではなく、カーストとカースト研究自体を歴史化することなのである。その作業を通して、カーストインド社会がもつとされる複層性と多様性を単なる標語としてではなく理解することが、可能となろう。

そのためには、何の疑問も挟まれることなく使われてきた固有名の来歴を検討することから始めなければならない。対象となるのは、まさに本書の主題である「カースト」であり、それが結びつけて語られる「インド」なのである。

第一章
インドは、いつから「インド」となったのか

固有名の歴史

第二次世界大戦後、イギリス領インドの政治過程は、革命ではなく合法的な権力移譲という形態を取りつつ、独立に向けて急速に進行していった。一九四六年五月一六日付けのイギリス閣僚使節団案の公表、一九四七年二月二〇日にイギリス首相アトリーによってなされた一九四八年六月末までにインドに独立を付与するとの声明、さらには一九四七年六月三日のインド総督マウントバッテンによる裁定を経て、イギリス領インドの分離独立は不可避となったのである。結果として、一九四六年一二月九日に召集された制憲議会において進められていた憲法制定作業は、インドとパーキスターンという新たに誕生することとなる二つの国家ごとに、一九四七年八月一四、一五日の分離独立をはさんで別個に推進されてゆくようになった。

インドはパーキスターンに先駆けてその作業を完了し、世界最長となる成文憲法は、一九五〇年一

月二六日に発効した。制定当時は英語版を正文とした新憲法において、正式国号として採用されたのは、インド共和国 the Republic of India であり、バーラト Bharat であった（憲法第一篇第一条）。後者は、サンスクリット語文献に登場する神話的地理概念だったが、インド史を振り返ってみても、今日と同様の実体領域を指して、それを国号として掲げた国家はかつて存在したことがなかった。国是として世俗主義を掲げながらも、イスラームが伝播する以前の神話に国号を求めたことは、独立インドにおける「ヒンドゥー性」の暗黙の表出に他ならなかった。いっぽう、パーキスターンは、一九五六年憲法によってイスラーム教を国教とする国家として出発することとなったが、その国名自体は、遡るとわずか一九三二年頃に案出されたものにすぎなかった。しかしながら、一度、建国が達成されると、インド亜大陸にイスラームが到来したときに、すでにパーキスターン建国は予言されていたという新たな神話が生み出されていったのである。

両国とも憲法制定作業を進める過程で、植民地支配期に一定の条件下で内政権を保障されていた「藩王国」と呼ばれる国家群を自国領土に併合する作業を推進しており、その作業は、カシミール藩王国を除いて一九四九年一〇月までには大方の完了を見ていた。インドという地域に存在した諸領邦は、ここにおいてその名称を喪失すると共に解体し、新たに誕生した国家の不可分の領域となっていった。さらにインド共和国では、言語分布に基づき行政境界を再編しようとする「州再編法」が一九五六年一一月に発効し、旧来の政治境界の痕跡は消滅したのである。

いっぽう、イギリスの直轄植民地であったビルマとセイロン（現シュリー・ランカー）は、それぞれ一九四八年一月と二月に独立し、その後、一九五三年一月にはマルディヴの独立が続いた。一九六〇―七〇年代に入ると、それまでほとんど鎖国状態に近かったネパールやブータンが順次国際社会に登場するようになり、そして、一九七一年末には、飛び地国家として誕生したパーキスターンの東部分が、バングラデシュとしてさらに分離独立するに至るのである。この段階で、植民地期のようにインドという単一の名称でこの地域を語ることが能わなくなり、冷戦状況下、すでに成立していた東南アジアという地域概念に対応させて、南アジア South Asia という名称が、新たに生まれたのである。

インドをはじめとする南アジア地域は、しばしば、悠久の時の流れと一体化して語られてきたが、このように現在用いられている地域概念や国名は、明らかに時代の産物であることが理解できよう。そして、そこでは過去の歴史が新たな文脈において、しばしば再解釈されて語られているのである。なおかつ、こうした現象は、在来固有であると思われてきた概念名称ですら、例外とはしないのである。

では、「インド」は、いったいいつからインドとなり、「ヒンドゥー」や「カースト」といったような、まさにインド固有の事象や現象を指すと見なされてきた名称は、どのように成立し、いつ頃から自意識として共有されるようになったのであろうか。こうしたことを自明のものとし、詳らかにしなくて済むほどに、インド史、あるいは南アジア史の歴史叙述は、全幅にわたって解明しつくされているわけではないのである。

「インド」の登場

今日、英語の語彙である India や Indian の意味内容をめぐって論議が生起する可能性は、全くといってよいほど存在しないだろう。仮にその語が、スペイン語等において固有の意味内容をもって使われていたとしても、そのこと自体が情報として共有されており、語義の多様性と世界認識の曖昧さが結びつけて語られることはない。しかしながら、ひとたび、その語の来歴に目を向けたとき、大冊の本をもってしても語りきれないほどの複雑さが立ち現れてきてしまう。そして、それは、「インド」が外界に知られるようになってからの歴史のありかたそのものと対応しているのである。

古代インドにおいて、現在のインダス河は、サンスクリット語で水流、ひいては水の豊かなところを意味する語彙であるスィンドゥ Sindhu と呼び慣わされていた。この語は、ペルシャ語では、語頭のS音がH音に転じ、さらに有気音が無気音に転じてヒンドゥ Hindu ないしはヒンド Hind となっていった。それが、単にインダス河流域のみならず、今日で言うインド亜大陸北部一帯を、さらには亜大陸全域を指し示す用語として流通するようになったのである。この語は、さらに西方のラテン語と古典ギリシャ語世界に伝えられた段階で、語頭のH音が脱落し、Indos/Indoi/Indika 等となり、それが英語においては India/Indian として受容されることとなる。アラビア語では、Sind と Hind が区別されており、いく分かの混乱を内包しつつも一一世紀頃までは別個に流通していたが、その後、前者は今日のスィンド地方(パーキスターン南東部)に対応する地域を、後者はペルシャ語に対応してより包括的に亜大陸全体を指す概念として用いられてゆくようになった(Yule / Burnell (eds.), 1903, "India.")。

こうして地域名が成立すると、ペルシャとアラブにおいては、単にヒンド在来の住民を指してヒンドゥー Hindu と言ったのみならず、西方のムサルマーン(イスラーム教徒)にとっては、そこよりやって来た信仰を共有する人々までもがヒンディー Hindi (Hind+i) と呼称されるようになり、その地域で流通していた言語の名称にすら転じていったのである。この語は、外部より与えられた包括的な他称であったがゆえに、他ならぬ聖典言語であるサンスクリット語には、一九世紀に入ってから成立したと思われる文献を除けば、その語彙は見出せないのである(Pandey (comp.), 1978, "Hindu.")。しかしながら、そうであっても、在来住民が域外に出たり、外部よりの来訪者と出会えば、自分たちがヒンドゥーなりヒンディーと呼称されていることに否応なしに気づかされた。そしてそれは、インドにイスラーム教が伝播し、ムサルマーンによって王国が打ち立てられ、最終的にフマーユーン帝(在位一五三〇―五六年)以降のムガル帝国がペルシャ語に規範的地位を与えたことにより、恒常化していったのだった(Muzaffar Alam, 1998)。その結果、たとえば、一六世紀中葉以降に書かれたベンガル・ヴィシュヌ派文献に見られるように、イスラーム教信仰との対比の中で自らの信仰を語る際に使用されるようになっていったのである(O'Connell, 1973)。

「インド」情報の伝播

「インド」に関わる情報は、隣接する古代ペルシャを経由してヨーロッパへと伝えられ、ヘロドトスをはじめとする少なからぬ人々によって、「インド」が語られることとなった。アレキサンドロス大王がアケメネス王朝を征服し、前三二七―前三二五年には北西部インドへ進出したことによって、いくばくかの実体情報も流通するようになっていった。前三〇〇年頃セレウコス朝の使者としてマウリヤ朝の宮廷に赴いたメガステネースは、インド社会に見られる七つの区分(メレー)について言及もしていた。後代のプトレマイオスが、ガンジス河の内と外を区分したように、ある程度の有意性をもったインド情報は伝わっていたと言えよう。しかしながら、人々の往来には多大の困難が伴ったがゆえに、四世紀以降になると、「インド」に関わる認識と情報には、大きな混乱と錯綜が生じてしまう(Mayerson, 1993)。インドは、今日でいうアフリカとアジアに接合されてしまい、後にそれは、大インド India Major と小インド India Minor といった新たな区分を招来したのである(Yule / Burnell (eds.), 1903, "India.")。

その後、大航海時代の始まりとともにインド航路が発見されるまで、インドは、聖トマの東方布教伝説や、東方にキリスト教を奉ずる帝王がいるというプレスター・ジョン伝説と相合わさり、多分の空想を伴いつつ、不思議な存在として立ち現れてくることとなった。実際の「インド」が発見される直前の様子については、次の一文がその雰囲気を良く伝えてくれる。

インドにあるこの王国(トルコ風に言えばインドゥスタン)は、過去にキリスト教徒の王が支配していた時代もあった。われわれの祖先はインドについて詳しく知らなかったため、ポルトガル人がインドを詳しく知るまで、そうした王たちをインドのプレスビテル・ヨハンネス〔プレスター・ジョン〕と呼んでいた。それに彼らについては迷信的かつ愚かしいことが数多く語られていた(モンセラーテ/パイス、ヌーネス『ムガル帝国誌　ヴィジャヤナガル王国誌』大航海時代叢書第Ⅱ期5、一九六頁。原著一五九一年記)。

大航海時代は、まさに「本当のインド」を発見しようという意図に支えられていたといっても過言ではない。最終的にポルトガルは、インドに到達することになるのだが、それ以前にヨーロッパよりインドを目指して到来した人々は、自分たちが見出した土地を、いわば勝手にインドであると思い込

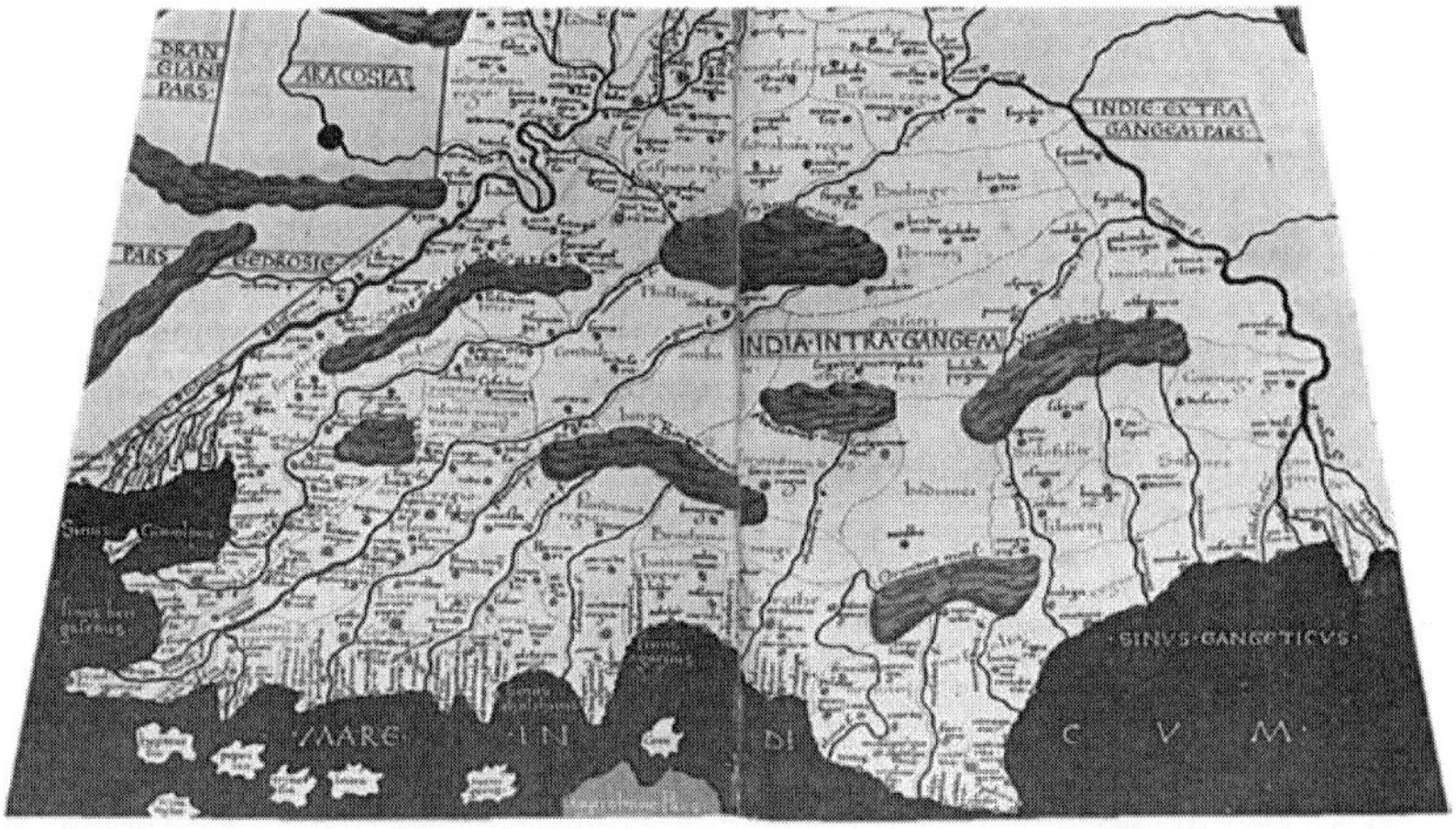

図 1　プトレマイオス世界図のなかのインド.「ガンジスの内側のインド INDIA INTRA GANGEM」と「ガンジスの外側のインド INDIA EXTRA GANGEM」という区分がなされている

んだために、アメリカやインドネシア、さらにはフィリピンまでもがインドとされ、地球上に「インド」が拡散する現象が起こってしまったのである。複数のインドが存在する矛盾は、最終的に新世界を東西のインドに分かつことによって解決されたのだった。「本当のインド」は、東インド East India / East Indies に含まれることとなったのである。

このように、India に代表される語彙は、その本源においては確かに在来呼称に起源を有していたものの、言葉の旅ともいうべき変遷を経て、Hind や後述するその派生形とともに外部における包括的な他称として機能していたのである。ヨーロッパとインドの出会いにより、両者は並存してゆくことになるが、在来住民によりそれらが共有されるにいたるには、さらにいくつかの歴史過程を経なければならなかった。ただし、ここで注意しておきたいのは、「インド」と呼ばれることになった地域には、何らかの一体性と地域性を内包した自前の地域・国家概念が全く存在していなかったわけではないことである（Sharma, 2001）。そうであるがゆえに「インド」との関係と、「インド」がどのようにして自他認識の双方において共有されるようになっていったのかということ自体が、歴史研究の課題となりうるのである。

「カースト」の登場——一般名詞より固有名詞へ

ポルトガルは、インドに到達する前にすでにアフリカやペルシャ湾岸の探索を行っていた。そこで彼らが見出した未知の慣習をもつ人々を指して、さらにその社会慣行や血族集団に対して、血統や種族を意味するジェネロ género、ジェラサン geraçao、ナシー naci やカスタ casta、あるいは、法や掟を意味するレイ ley/ lei といった語をもって特定していた。インドに到達してからも、これらの用語はしばらくの間は並行して用いられ続けた。いずれも当初より、一般名称としてかなり幅広い意味合いで使われており、固有名詞やテクニカルタームとして用いられていたわけではなかった。そうした例を当時の記録より拾い出してみよう。

ポルトガル領となるゴアに関わる記述のなかには、次のような一文が見出される。

土地のカナリ（カナラ）の婦人も喜んでわれわれを受け入れ、ナイレ（ナーヤル）の種族（ジェネロ）に属するマラバルの婦人がもっているような宗教上の厳格さをもっていないことを知ったからであった（ジョアン・デ・バロス『アジア史』1、大航海時代叢書第Ⅱ期2、五〇〇頁。原著一五五三年刊）。

この王国（ゴア）にはかれらの美しい寺院があり、また多くの種類の僧侶すなわちブラメネ（ブラーフマン〕がいる。これらのブラメネの間にはたいへん身分の高い種族〔ジェラサン〕がいる（トメ・ピレス『東方諸国記』大航海時代叢書第I期5、一四〇頁。原著一五一一年頃作）。

ブラーメーン〔ブラーフマン〕は、インディエの異教徒のうちもっとも高潔で尊敬すべき種族〔ナシー〕だとされている（リンスホーテン『東方案内記』大航海時代叢書第I期8、三四八頁。原著一五九六年刊）。

後にインド固有の社会制度、ないしは慣習を指して用いられることになるカスタ（ラテン語カストゥス castus に由来。後に英語で言われるところのカースト caste）ですら、ジョアン・デ・バロスの『アジア史』におけるソコトラ島に関わる次の記述にも見られるように、特段、インドと結びつけられていたわけではなかった。

島の人々はみなジャコブ派のキリスト教徒で、アベシ〔アビシニア〕人の種族〔カスタ〕に属するが、その習慣の多くをまもっていない（前掲『アジア史』1、四五頁）。

ポルトガルの航海者のバルボザ Duarte Barbosa や商館員であったピレス Tomé Pires が残した著述のなかに見られる用語法は、カスタよりもむしろレイの方だったのである。

このカレクト王国にもまた人々がブラメネと呼ぶ一つの身分〔レイ〕がある（前掲『東方諸国記』五二〇頁）。

こうしたなか、類義の諸語を差し置いて、わけても「カスタ」がインド固有の社会組織と慣行を指すに至るのには、一五一〇年にポルトガルがゴアを占領したうえで城塞の建設を開始し、以降、そこがインドにおける拠点となり、在地社会に関する詳細な実体情報が蓄積されていったことが決定的な役割を果たしていた。そこで集積された情報が、どのようなものであったのかについては、ポルトガル領となったゴアを訪れたオランダ人旅行家リンスホーテン J. H. van Linschoten の記述に端的に見て取れる。

> インディエの異教徒は、慣習として、なんぴともその職業を変更してはならず、つねに親の職業を受け継ぎ、同じ手職、生業の娘と結婚しなければならない。そして、血統（ヘスラフト）ないし種族（ナシー）それ自体による相互の差別が、厳重に守られている（前掲『東方案内記』三三三頁）。

このように、インドにおいて目にされた特徴的な現象は、通婚と共食に何らかの制限をもち、相互に排除されているか、何らか基準に基づき階層化されている、職業の継承体だったのである。

カスタは、混じってはならないもの、ひいては、純血や貞操の意味をも合わせもっていたために、一般概念名称として用いられていたジェネロやナシーやレイよりも、インド固有の社会組織、あるいは慣行を特定する語として、一六世紀の後半にはいるとともに定着するようになっていったのだった。

こうした知見は、インドと出会った頃のヨーロッパがもっていた認識の枠組みに対応して形成されたのは言うまでもないが、同時に彼らが必要としていた情報を、どこよりどのようにして得ていたのかによっても大きく規定されていた。ヨーロッパより来訪した人々と在来支配者との関係は、対立、拮抗、協調といった多様な関係を内包しており、常に緊張に満ちたものであった。そのなかで、安定した情報源としてまずもって立ち現れてきたのは、ブラーフマン Brahman とバニヤー Baniya / Bania と包括的に呼称される一群の人々だった。[2] 前者は、宗教上の権威と儀軌をほぼ独占しており、しばしばカトリックの聖職者に模して理解され、最大の情報源とされたのだった。後者は、商業交易に従事しており、ヨーロッパとの交渉は最も密接であった。両者ともに、時として文字伝統を有していたこともあり、情報源として特定されやすかったのである。

ゴアは、新世界への窓口として開かれており、ポルトガル語は新世界の共通語として機能していたことから、そこで得られた情報は、容易にヨーロッパに伝わっていった。さらにポルトガル自体においても、一七世紀にはいるとスペイン語が、一八世紀になるとフランス語が規範的な価値をもつようになったために、ポルトガル語で蓄積されていたインド情報は、抵抗なくそれらの言語に流入していったのだった(この間の事情は、Pope, n.d. に詳しい)。同じイベリア半島の国家であるスペイン語でもカスタは用いられ続けたが、インドの文脈より離れて民族や人種という独自の意味内容のもとで使われてゆくこととなる(Pitt-Rivers, 1971)。

図 2 描かれたブラーフマン女性

総じてみると、一七世紀にはいるとともに、カスタは、インド在来固有の社会組織や慣行そのものを指す固有名詞へと転じ、英語においては、一九世紀初頭までは cast、その後は caste という綴りで受容されていったのである。このように、その語で指示される何らかの現象は、あらかじめ存在していたものの、カーストという概念は、明らかにポルトガルをはじめとするヨーロッパの人々によって近代において構築されたものに他ならないのである。同時代における彼らの世界観に裏打ちされたインド認識が、そこに反映されていたことは、紛れもない事実であった。しかしながら、それが、今日理解され、また、目にされるような姿となるには、およそ二〇〇年に及ぶイギリス植民地支配を経なければならなかったのである。

「ヒンドゥー教」の発見とその構築

カースト概念が構築されてゆく過程には、インド在来固有の宗教信仰が発見されてゆく過程が並行していた。

ポルトガルをはじめとするヨーロッパ諸国より人々がインドを目指して外洋に乗り出したとき、途上のアフリカ東岸やペルシャ湾岸においていち早く、インドよりやって来たキリスト教徒と出会っていた。そして、実際にインド西部のマラーバール海岸に到来すると、そこには予期していた通り在来のキリスト教徒を見出すことになったのである。それはシリア派に属する人々であり、実際にトマの布教活動によって改宗したことを示す史料は発見されなかったのだが、ヴァスコ・ダ・ガマ Vasco da Gama やカブラル Petdro Alvarez Cabral らは彼らを「トマのキリスト教徒」とみなし、自他共にその呼称が受け入れられていったのである。

インドに至る地域や近隣の諸地域、そしてインド自体でも見出されたのは、多くのイスラーム教徒であった。イスラーム教に関しては、同じく啓典の民であるキリスト教ヨーロッパにおいては、十分な知識が蓄積されていたことから、むしろ既知の信仰をもつ人々の存在をインドにおいても確認したと言うべきであった。当時、そうしたイスラーム教徒とその信仰、さらに彼らが話す言葉を指して、ムーア Moor と(あるいはスペイン語でモーロ Moro とも)呼び慣わすのが常であった。しかしながら、在来住民の大多数がもつ宗教信仰は、ヨーロッパにはかつて知られることがなかったものであった。当初、そこには特定の開祖や預言者、あるいは排他的かつ絶対的な権威をもつ聖典の存在は見出すことができなかったため、体系をもつ信仰形態であるとはついに認識されることなく、雑多な慣行の集積としか映らなかったのである。それに対して与えられた名称は、異教徒、あるいはムーアとの対比を意味したジェントゥー gentoo(あるいは gentile)というものであった(Yule / Burnell (eds.), 1903, "gentoo", and "moor")。そしてそれが、一八世紀末から一九世紀初頭にかけて、在来住民自体とその信仰の双方を指すものとして用い続けられたのである。このジェントゥーの信仰がサンスクリット語で書かれた聖典を有し、さらには精緻な哲学思想体系を保持することが理解されるようになるには、ポルトガルのインド到来より、およそ三〇〇年の年月を費やさねばならなかった。そしてそこには、一七五七年六月のプラッシーの戦い、一七六四年のバクサールの戦いへと続いた、イギリス東インド会社軍によるフランス東インド会社軍とベンガル太守軍をはじめとするムガル帝国勢力への軍事的勝利、さらには一七六五年のベンガルにおけるディーワーニー(徴税権)の獲得によるイギリスの覇権確立が並行していたのである。

一八世紀にかけて生じたこの一連の歴史過程において、イギリスは、ムガル帝国において規範的な価値を付与されていたペルシャ語をもって在地支配者との意志疎通の手段としていた。覇権確立後も、在地社会に関わる情報は、もっぱらその言語で書かれた史料に基づき収集されたのだった。一八世紀後半にかけてのインドにおいてペルシャ語が占めていた地位は、今日想像する以上に高かったといえる。

一八世紀末になると、それまで英語をはじめとするヨーロッパの諸言語において地域名や言語名として使われていたインドスターン Indostan は、ヒンドゥスターン Hindustan へと、よりペルシャ語音に沿った表記に転じていった。同時にそれは、ジェントゥーに代わって、インド在来の住民に対しては、インド人すなわちヒンドゥーの語が、また、その固有信仰に対しては、インド人の信仰すなわちヒンドゥー教 Hinduism という名称が与えられることに他ならなかった。その結果、すでに一部のインド近代諸語においてイスラーム教との対比で用いられていたヒンドゥー・ダルマ Hindu Dharma なる語彙は、より広範に受容されていったのである。

そしてそれは、ヒンドゥー教がサンスクリット語で書かれた聖典をもつ信仰の体系であることが発見されることの始まりでもあった。一八世紀末にかけては、サンスクリット語のオリジナルに取り組むことは能わず、まずもってペルシャ語に翻訳し、それをさらに英語訳して読解するという迂遠な方策が取られていたが、次章以降で述べるように、植民地支配下の私法運用準則の確立にともない、一九世紀に入るとともにその考究は急速に進捗していったのである。

以上のように、カースト概念と同じようにヒンドゥー教という概念名称も、そこに包括されてゆく現象はすでに眼前に存在していたものの、一九世紀にはいるとともに構築されたものに他ならない。今日、インド固有の宗教信仰を指して用いられるこの名称は、遡ることわずか二〇〇年ほど前の産物にすぎないのである。

第二章
西洋近代との出会い
――カーストの意識化過程

サンスクリットの「発見」とアーリヤ神話

前章で述べたように、植民地支配が確立する初期においてペルシャ語が偏重されていたことは、付随して二つの現象を招来することとなった。一つに、その言語自体がインドにとって外来言語であり、ムガル帝国とその宮廷の権威を象徴していたため、イギリスの覇権確立後、支配権力の転換に対応して権威の転換を図ろうとする動きのなかで、必然的に排除されて行かざるをえなかったことである。その傾向を象徴したのが、高等教育と行政において英語の排他的卓越を確保しようとした動きである。二つに、ペルシャ語が、インドにおけるイスラーム勢力の覇権確立後に重用されるようになったことから、その言語資料よりインド・イスラーム史に関わる情報を得ることはできたのだが、インド在来勢力に関する、わけても、在地社会におけるイスラーム教徒以外の住民についての情報は、ほとんど得られないか、得られたとしてもきわめて断片的なものとならざるをえなかったことである。

この事実は、近代におけるインド観の形成に多大な影響を及ぼすことになる。ジェントゥーよりヒンドゥー教へと概念名称が転換するとともに、サンスクリット語で記された文献が陸続と発見されていくと、当然、そこよりインド固有の歴史情報を収集しようとする作業が開始された。その作業は、およそ一九世紀の一〇〇年を通して絶え間なく続けられたといってよい。しかしながら、言語自体が神格化され、神の言葉に他ならなかったサンスクリット語は、単に書記伝承より音声伝承に規範的価値を付与したばかりでなく、さらに禍々しく不吉なものの記述を忌避する傾向にあったことから、そこより神話的人物やそれにまつわる伝承は容易に獲得しえたものの、ペルシャ語で書かれた編年史や年代記に比肩しうるような文献は見出し難かったのである。こうした性格を理解しないままに行われたその作業は、必要とされる情報が得られないまま、ほとんど徒労に帰することになったのだった。仮に歴史的事実とおぼしき情報が得られたとしても、やがてそれは、荒唐無稽な時間軸において展開される物語であることが分かったのである。

その結果、インドには史書が存在しない、との認識が広まってゆくようになり、それはさらに、歴史意識の不在、ひいてはインドにおける歴史の欠如という認識と結びついていったのだった。こうしたインド観は、ジェームズ・ミル James Mill, 1773-1836 に始まり、ヴィンセント・スミス Vincent Arthur Smith, 1848-1920 へと続く植民地期のインド史叙述において継承されていった。フランスのインド古典学者シルヴァン・レヴィが語った、「ギリシャ人がヘロドトスを、ユダヤ人が聖書をもっていたように、中国人は編年史をもっていた。インドには何もなかった」(Levi, 1905, introduction, p.3) という見方は、一九世紀末より二〇世紀初頭にかけて広く受け入れられていたのである。

こうしたなか、一九世紀において、ペルシャ語とサンスクリット語は、相反する道筋をたどることになる。

一七七二年にベンガル総督のヘースティングス Warren Hastings, 1732-1818 により制定され、一七九三年の「ザミーンダーリー・セトルメント」(土地所有者の法認による地税徴収制度)の確立とともにコーンウォリス総督の代に明確化した司法制度において、わけてもその私法運用準則では、在来住民にたいしては、「継承、相続、婚姻、カースト、およびあらゆる宗教的慣行と確立された習慣に関する訴訟において、ヒンドゥーに対してはヒンドゥー法、ムスリムに対してはイスラーム法を適用し、……明確な法が存在しない場合には、裁判官は正義、衡平、および良心にもとづいて判決する」ことが定められていた。イギリスが、法による支配を標榜する限り、ヒンドゥー法とイスラーム法の運用において、その法源が記されているペルシャ語・アラビア語とサンスクリット語文献の地位は、否応なしに高まらざるを得なかった。わけてもそれらの言語は、在地社会への非干渉こそが、安定した植民地支配を継続させる鍵であるとした「オリエンタリスト Orientalist」の立場を象徴することになる。この立場は、東インド会社の旧世代に属する人々とイギリス議会の右派トーリーにより支持されていた。ところが、それは、行政と教育の媒介言語を英語へ置換しようとする「アングリシスト Anglicist」と、彼らを積極的に支持することで、自らの目的を達成しようとしたキリスト教福音主義者・自由貿易論者・功利主義者などの諸勢力より総攻撃を受けることになったのである。

一八一三年には東インド会社に付与されたイギリス国王の勅許状が改訂され、箴信条項が附加されキリスト教の布教活動が許可制のもとで緩和されたほか、対中国貿易以外のアジア交易が自由化されていった。さらに一八三三年に入ると布教活動の許可制が停止され、中国貿易の独占も撤廃された。明らかに、時代の趨勢はアングリシストに味方していたのである。インドにおけるイギリス植民地支配の最大の拠点となったカルカッタにおいて一八〇〇年に開設されたフォート・ウィリアム・カレッジは、オリエンタリストの牙城と見なされていたが、同校は一八〇三年に改組され、五四年には廃校に追い込まれていった。

イギリスは、まずベンガル管区において一八三五年のマコーレー T. B. Macaulay, 1800-1859(インド総督参事会の法務担当参事会員)の覚え書きにより、公教育においてはペルシャ語やサンスクリット語などを英語へ置換することを定め、さらに一八三七年には司法廷と司法行政におけるペルシャ語の廃絶と、英領各地域において用いられる在来言語の漸次的導入を定めていったのである。他方、ボンベイ管区では、在地近代諸語と英語の関係をめぐって同様の論議が展開されていた。この段階で明らかになったことは、ペルシャ語とサンスクリット語は、私法分野の法源言語に限定されてゆくという方針であった。いっぽう、インド近代諸語は、行政と高等教育の分野における英語と私法運用における古典語の卓越のもとで学問伝統とは切り離され、規範的価値を体現することのない統治の手段として援用される存在となっていたのだった。[1]

かくして、一九世紀中葉において、ペルシャ語は私法分野においてのみ残存することとなり、司法廷を含む行政の現場、ひいては人材育成を担う教育の現場よりは姿を消し、ムガル帝国の衰退と共にその権威と影響力は急速に消滅していったのである。

オリエンタリストの退潮とともに、サンスクリット語もペルシャ語に続き同じように私法分野に押し込めらてゆくはずであった。しかしながら、そうならなかったのは、それがインド在来の古典語にして聖典言語であり、さらに一七八六年にウィリアム・ジョーンズ William Jones, 1746-1794 によって古典ギリシャ語やラテン語などと共通起源をもつ可能性が指摘されていたことが、決定的な影響を及ぼしていたからである。ジョーンズは、次のように語ったのだった。

サンスクリット語は、その古さはどうあろうとも、驚嘆すべき構造をもっている。それはギリシャ語よりも完全であり、ラテン語よりも豊かな内実を有し、しかもそのいずれにもまして絶妙に洗練されたものである。しかもこの二つの言語とは、動詞の語根においても文法の形態においても、偶然作り出されたとは思えないほどに強い類縁性をもっている。それらがあまりに顕著であるので、どんな言語学者でもこれら三つの言語を調べたら、それらは、おそらくはもはや存在していない、ある共通の源から発したものと信ぜずにはいられないであろう。それほど説得力があるわけではないが、同様の理由から、ゴート語とケルト語も、非常に違った言語と混じり合ってはいるが、ともにサンスクリット語と同じ起源をもっているという見方を支持するものである。またもしこの場でペルシャの古代遺物に関する問題を論議してよいのならば、古代ペルシャ語も同じ語族に加えてよいのかもしれない(Jones, 1799)。

こうした状況下、サンスクリット語文献の発掘とその読解が進んでゆくにつれ、それらの文献に見い出される年代が、キリスト教の始源をも凌駕する可能性が出てきたことは、その信憑性は別としても、ヨーロッパ文明の一元的かつ排他的卓越への確信を根底から揺るがしかねない事態に他ならなかった。キリスト教のみが宗教信仰の名に値し、そこに付随した諸価値こそが、文明の名に値すると見

図3　ウィリアム・ジョーンズ

なしていた人々にとって、それは深刻な事態であった。しかしながら、その怖れは、ジョーンズが示した共通起源の可能性を実体化すれば、一挙に解決するのだった。言語の共通性をそれを用いた人々の共通性に拡大し、さらにそこに故地からのインドやヨーロッパへの移動・侵入という仮定を設定すれば良かったのである。言語のみならず、それを用いる人間の起源までもが同じであれば、インド内外の未だ知られていない土地において、キリスト教文明を凌駕するいかに古いものが発見されようとも、それは、共通起源にあった人々の優越性を示す証左に他ならず、誇りうるのは当然として、怖れるべき何ものでもなかったのである。

もちろん、この仮定を立証しようにも、新たに形成されることになる比較歴史言語学上の立論以外には、実体資料を見出しえないのは如何ともし難かったのだが、その欠落は、共通起源をひたすら実体化することによって補われていったのである。一九世紀を通して、いわゆる「アーリヤ神話」は、こうして成立してゆくのである。

しかしながら、共通起源という可能性を設定したものの、眼前に存在し、支配下にある「色の黒い住民たち」が、たとえ仮想されたものであれ、血縁で結びつく同族である可能性は、快く容認されるようなものではなかった。そこで案出されたのは、古代インドと中世・近代とのあいだに、明確かつ決定的な断絶を想定し、両者を切り離してしまうことであった。そのために援用されたのが、イスラームの到来による古代インド文明の破壊、そして、インド人自らの愚かさゆえの堕落という仮定であった。純粋なアーリヤの血が保全されなかったのは、不道徳な雑婚に起因するとされたのである。アーリヤ神話は、ギリシャ・ローマの本質的優越性に引きつけて考える顕著な傾向を有していたのだが、一九世紀中葉以降、西方アーリヤンの活動に対して、インド・アーリヤンの無気力ということが、しばしば唱えられるようになり、たとえば、ギリシャの生活は非常に現実的であったのに、インドの生活は欺瞞的な幻影に満たされていたと語られたのである(Bougle, 1971, p.144)。この神話は、一八四〇―五〇年代に複数のドイツ人インド学者を中心として広められたが、わけてもドイツ系イギリス人のインド学者マックス・ミュラー F. Max Müller, 1823-1900 の果たした役割は大きかった。

サンスクリット語を貶めることは、ヨーロッパ文明の排他的卓越を自ら否定することに他ならず、サンスクリット語に象徴される古代インドを称揚することは、自らの優越性を称えることを意味していた。かくして、古代インドはひたすら理想化されていったのである。インド学に代表されるインド研究とは、サンスクリット語により象徴される古代インド哲学を考究することであり、中近世、ましてや植民地支配の対象となっている同時代を対象とすることは、考えられもしなかったのである。

実際、サンスクリット語の地位とその全インド的影響力は、イギリス植民地支配下、かつてなかったほどに上昇していった。こうした歴史環境は、植民地支配下に置かれたヒンドゥー教徒に影響を与えずにはおかず、一九世紀初頭以降に展開されたヒンドゥー教の社会宗教改革運動は、第六章で見るように古代インドへの賛美をイギリスと共有したのである。それは、自己と他者に関わる認識が交錯する場に他ならず、近代のインド認識の原像は、そこにおいて形成されたのである。

こうして、二〇世紀前半にかけて展開されたインド研究がもっていた内実は、インド学やインド学者の卓越を招き、南アジアにおけるイスラームの存在と役割、さらにそれに関わる研究を周縁へと追いやったのである。インド学の知見と方法論は歴史研究を代替し、インド社会に関わる研究は非歴史的なものとなっていった(Dirks, 2001, p.59)。

このように、インドにおいて、言語は権力と権威のありかたのみならず、歴史観や世界観のありかたをも象徴する存在となっていた。そのことは、本書の課題であるカースト観の構築にも深く関わることとなったのである。

ヒンドゥー、ヒンドゥー教、カーストの一体化

カスタより派生したカーストが、インド固有の現象を指す用語として固定化され、さらにサンスクリット古典籍が徐々に知られヒンドゥー教が構築されてゆくと、古典籍に見出される四つのヴァルナ varna（ブラーフマン、クシャトリヤ、ヴァイシャ、シュードラ）が、眼前に生起している現象を説明する手がかりとして援用されるようになったのは、避けがたい事態であった。それは、ブラーフマンの存在が最初期より確認されており、その名称が古典籍のなかにも見出されたことにより、およそ抵抗なく進行していったのだった。メガステネースの記したメレーは、このヴァルナに引きつけて解釈され、結果として、カーストは古代より不断に連続して存在してきたと見なされていったのである。

実際のところ、インドでは、共食関係にある内婚集団はジャーティ jati と呼ばれていたのだが、そのことは容易に認識されることがなかった。サンスクリット古典籍にこの語は見出されたものの、もっぱら出生や出生により規定されるもの、あるいは、動植物の種という意味で用いられていたからである。今日に至るまでカーストと呼び慣わされてきたものは、実のところ、このヴァルナとジャーティにまとわりつき生起する現象の総体を包括的に指したものに他ならなかった。

このようにヒンドゥー教の「発見」は、イギリスによる覇権の確立、そして植民地支配の始まりとほぼ完全に重なっていた。そして、それはカーストとヒンドゥー教が不可分の一体としてインドと結びつけられてゆく過程に他ならなかったのである。一八世紀が終わり、一九世紀を迎えその中葉に至ると、ヒンドゥー教とカーストを不可分の一体とする傾向は、ほぼ揺らぎなきものとして打ち立てられてしまったと言えよう。このことは、カーストが、宗教信仰に基礎をもちつつも、社会組織としても機能している制度として理解されたことに他ならなかった。「カースト制度 caste system」という用語は、一九世紀中葉に登場し定着していったものである。

そして、カーストは、次章で見るように確立しつつあったイギリス植民地支配を支えるほとんど全ての制度や組織に、きわめて有意性の高い実体として、程度の差はあれ取り込まれていったのである。裁判所における慣習法に関わる案件の処理にはじまり、傭兵によって構成される植民地軍の編制などもその例外ではなかった。支配制度の外においては、キリスト教宣教師団の人々が、日常的に「カースト的なもの」と対峙していたのだった。

ひとたび、こうした枠組みが成立してしまうと、インドはカーストによって統制されるところ、と見なされるのは、ごく自然な成り行きであった。それは、学問の世界においては、マックス・ミュラーなどにより比較宗教学の基礎が据えられ、ヒンドゥー教が民族宗教として位置づけられることによって再生産されていった。この段階で、カーストは、単に宗教的な意味合いを越えて、社会的政治的意味合いを不可避にもたざるを得なくなってしまったのである。

かくして、次章以降で見るように、インドにおいて発見され続ける未知の現象は、全てサンスクリット古典籍やカーストに還元して解釈されるようになっていった。眼前に生起する現象や執り行われる儀軌は、全て宗教典籍に依拠し、そこより裁可を得ていると見なされたのである。ブラーフマンを先頭としてヒンドゥーも好んでそうした傾向にくみしたのだった。

カーストとして包括された人々やそこに生起する諸現象のなかには、浄性の高いシュードラ sat-sudra、ニャート nyat、ダル dal、サマージ samaj、タート tar、ゴール gol、カーヤスタ Kayastha、ラージプート Rajput といったようなヴァルナ以外の非古典的範疇が存在しており、なおかつそれらは、その起源や説明をサンスクリット語古典籍にはたどりえなかった。しかしながらそうであっても、サンスクリット語語根よりの語形成に過度の類推を加えたり、場合によってはサンスクリット語の古さを盾にとり文献が捏造されたりする傾向を招来してしまったのである。新発見の宗教信仰の聖典言語にして、ヨーロッパの古典世界との関わりも想定されたその言語が及ぼした影響力は絶大であった。

このようにカーストは、単にイギリス側のインド認識を反映させていただけでなく、植民地支配下においては何らかの利益分与と関わりをもっていたことから、ひるがえってそれはヒンドゥーのなかに、提示された枠組みに添って自らを再編してゆこうとする動きを不可避に招来したのである。

その意味で、今日認識されるような形でカーストが現象するにいたる過程において、イギリスによる排他的支配の始まりというのは、それ以前に文脈を欠いて断片的に存在していた近代ヨーロッパのインド認識が、実体化してゆく過程として、画期的な意味をもつことになった。今日目にするカーストのありかたとその歴史を語ることは、植民地支配の歴史を語ることに他ならないのである。植民地支配下、カーストをめぐり執り行われた一連の事業が、成功を収めなかったとしたら、カーストは今日のような形態と機能のもと、現在占めているような位置づけを得ることもなかっただろうし、インド理解の鍵ともならなかったであろう。植民地支配が、カーストを今日のものとしたのである。

しかしながら、このような観点は、カーストが単にイギリス人をはじめとするヨーロッパ人によって「発明」されたものとする立場——もともとは帝国主義批判より出発しながらも、実のところはインド側の能動的関与を否定したことで、形を変えたヨーロッパ賛美の一形態となってしまったような立場——を取ることを意味してはいない。つまり、本書は「カースト」を近代的現象であるとはみなすものの、それを行政官や宣教師、あるいはインド学者による認識論上の単なる構築物へと還元してしまう立場をとらないのである。イギリス植民地支配のもとで、カーストはインドの多様な社会的アイデンティティのありかたや、様々なコミュニティ・社会組織の形態を表し、組織化し、さらには制度化することを可能とする固有の用語となったのだが、それは単に一方的に生み出されたわけではなく、カーストが自他双方に関わる認識の核となるような相互作用が常に存在していたのである(Dirks, 2001, p.5など)。

いずれにせよ、植民地期より今日に至るまでの歴史過程に関わった行政官と宣教師、そしてインド学者たちが、カースト論の主たる執筆者となりカーストなるものの構築を推進したのは、いわば当然の帰結であった。しかし、彼らが果たした役割と同じように、インドの社会宗教改革者、宗教者、民族運動活動家たちが能動的に果たした役割も大きかったのである。

ただし、このことを認めたとしても、カーストが示す多くの現象が、イギリスの植民地支配下に構築され、形成されたとする立場を強調するのか、それとも、在来現象がもっていた動態の変容の度合いが、程度の差はあれ加速されたものなのか、という強調の置き方が、歴史観の相違と結びついてしまうのは避けられない。

その代表的な例が、インドが植民地化した最大の要因をどこに求めるのかという、いわゆる「インド史上における一八世紀問題」と呼ばれる一群の論議である。ここに見られる立場の違いは、近現代において生起する否定的意味合いをもつ一連の事象、たとえば、宗派対立(コミュナリズム)やカースト差別などの要因をイギリスの植民地支配に求めるのか、それともインド在来のものとするのかという立場の違いに直結してゆく。ここにおいて、イギリスが果たした役割をひたすら小さく評価しようとするのがケンブリッジ学派と通称される一群の研究者である。彼らにとって、植民地支配の確立をはさむ歴史過程においては断絶よりは継承が、他律よりは自律要因が強調されるのである。そして、それと対立したのが、独立運動の正統性と無謬性を確信する南アジア諸国の民族主義的な歴史家たちである。彼らからすると、南アジア社会に見られる構造的な歪みや否定的な現象の全ては、イギリスの植民地支配に起因するとされるのである。こうした二項対立的な歴史観を克服するためにサバルタン・スタディーズ・グループが果たした役割は大きかったが、彼らの登場に先駆けて、たとえばアメリカではバーナード・コーンによる先駆的な試みが、一九六〇年代より展開されていたのである。

第二次世界大戦後にカーストを語るようになった社会学者や社会人類学者の観点も、こうした前提条件とは無縁ではありえなかった。彼らは、固有個別の現象を最も一般的なものへと厳格に翻訳し理論化することを標榜していたから、ひとたびカーストがその考究対象とされると、カーストの歴史的形成過程への視点が欠落したカースト論やインド社会論が立ち現れてこざるをえなかったのである。植民地期も、今日においてもそうなのだが、カーストにまつわる現象を全インド的枠組みのもとで理解しうるような単一原理への強い希求が、常に存在してきたと言えよう(Dirks, 2001, p.79)。そこでは、一貫してカースト、あるいはカースト制度に内在する原理の探究とその解明に多大の労力が注がれてきたのである。しかしながら、ひるがえってみれば、カーストが植民地支配制度のなかに取り込まれることで、いかに制度化されていったのかという観点は、提示されることが稀であった。言い換えれば、外から及んだ制度化の力と、それへの対応と拮抗関係のなかで形成されたというカースト像は、問題とされ難かったのである。

法による支配——慣行とカースト

イギリス植民地支配の確立とともに打ち立てられていった法による支配体制は、前章で見たように、私法分野においては宗教慣習法の容認というかたちをとった。それは、在来の慣行に裁可を与える価値体系自体が、イギリスにとって全く未知のものであった土地において安定した支配を貫徹するにあたり、避けて通ることのできない方策であった。

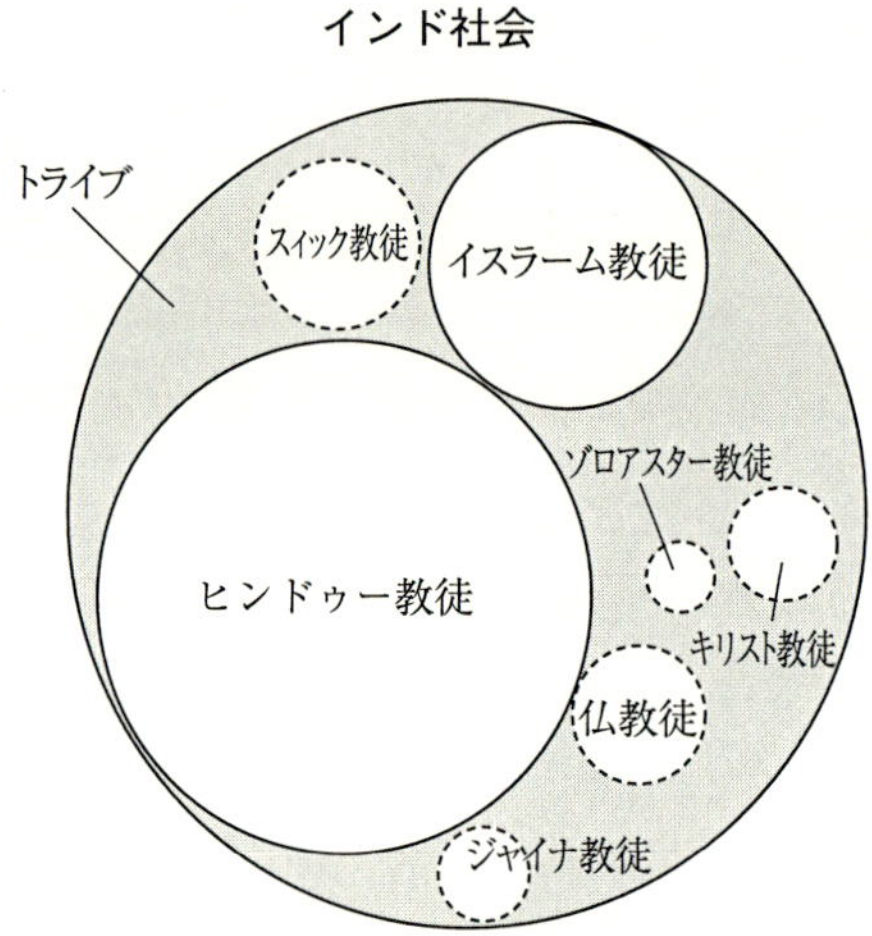

実線の丸は，固有の家族法をもつとされた宗教集団
破線の丸は，固有の家族法をもたないとされた宗教集団

図4　私法運用体制の前提となるインド社会観

こうした私法運用体制は、図4に見るような社会観を打ち立てることになる。そのなかで、ヒンドゥー教徒は、カーストによって細分化されているとされたものの、法運用上は何らかのかたちで四ヴァルナと結びつけられていった。イスラーム教徒に関しては、スンナ派とシーア派、さらに後者の分派の存在は認識されていたものの、そうした内的区分は消去され、常に一体のものとして扱われたのである。実際の法運用においては、宗教聖典のなかより法律文献とみなされるものが援用されてゆき、ヒンドゥー法ではダルマ・シャーストラとして包括される文献群、イスラーム法ではクルアーン（コーラン）とハディースに目が向けられていった。前述のように、イスラーム法に関しては、ヨーロッパにおいては然るべき情報の蓄積があったことから、また、インドにおける人口構成比に照らしても、考究により多くの力が注がれたのは、新たに発見されたヒンドゥー法文献の方であった。

イギリスが、サンスクリット文献の考究に向かったとき、いち早く翻訳されたのは、ダルマ・シャーストラの精髄とも言われるマヌ法典であった。それが、ヒンドゥー法の基本文献であるとみなされたことが、同時代のみならず後代におけるカースト論の形成に多大な影響を及ぼすことになったのである。そこで際立ったヒンドゥー教とヒンドゥー社会に対する見方は、一つにヴァルナ区分が実在し、なおかつ、法典に書かれているように機能してきたという確信であり、二つにその前提の下で、ヴァルナ区分ごとに見られる差別的な扱い、わけてもその刑罰規定をもってして、ヒンドゥー教徒の社会をブラーフマンを頂点として著しく階層化された社会とみなす信念であった。さらに、ブラーフマンは、自らに最大の利益をもたらすためにカーストのみならずヒンドゥー教をも作り上げたに違いないとされたのである。そして、シャーストラでは四ヴァルナ間の雑婚による分化が語られていたことから、眼前に存在する数多のジャーティの起源は、実証すべき材料がないままにそこに結びつけられていったのである。こうした傾向は、ミタークシャラー学派とダーヤバーガ学派の二派に大分されたヒンドゥー家族法の運用が定着していくことによって、全インド的なものとして受容されていったのである。

シャーストラは、基本的に再生族 dvija（入門式 upanayana 儀礼において聖紐 yajnopavita を身にまとうことができる三ヴァルナ＝ブラーフマン、クシャトリヤ、ヴァイシャ）か一生族 ekaja（入門式儀礼を執り行い聖紐を身にまとうことが許されないシュードラ・ヴァルナ）であるかを決定的な判断点としていたが、民事法廷は、単に各カーストのヴァルナ帰属だけを争うような訴訟を受理することはなく、争点の判断において、ヴァルナ帰属が問題となったときだけ、判断を下したのである（山崎、一九九四年）。しかしながら、民事裁判所にもたらされる全ての事例が、法典を参照すれば解決できたわけではなく、事実、紀元前後に成立したとされるマヌ法典に見られる社会像と現実の社会が提示する問題との落差は如何ともし難いものであった。そこに生じた空白を補うために、一八六五年までは在来学問伝統に明るいブラーフマンがヒンドゥー法官（パンディット）として、個別の事例に意見書（ヴィャワスター）を提出するために雇用されていたのである。[2]

法廷における慣行の解釈においては、彼らが提出する意見書が重用されてゆくのは避けられない事態であった。また、そこでは、権威づけのためにしばしば古典籍に依拠した解釈論が展開され、事実、一九世紀においては多くの法典注釈書と解釈論が刊行されたのである。そこで問題とされたのが、ヴァルナ帰属でいえば、再生族か一生族かの区別であるかぎり、規範的な慣行、ないしは、ブラーフマン的価値が横溢してゆくのも致し方ない現実であった。

そこでは、「慣習の明確な証拠は、成文法を凌駕する」という通則の存在ゆえに、在地社会に見られる広義の慣行にも場が与えられることになったのだが、慣習や慣行といっても、全てが無条件に認められるわけではなく、法的記憶として明確に証明される必要があった。すなわち、ベンガル管区においては、カルカッタに最高法院が設立された一七七三年、モッフォショル地区では一七九三年以前に遡る慣習であることを証明せねばならなかったのである。

ボンベイ管区では、一八二七年規則四号第六章二六節の規定により、民事訴訟は関連する議会立法と政府規則に基づいて審理されねばならず、適用されるべき法規が存在していなかった場合には、訴訟が起こされた地域の法が参照され、そうした法も見出せなかった場合は、被告人の法が適用されることが定められていた。訴訟の当事者が、カースト規則に準拠することを認めた場合には、それが他の法規により取り消されない限り、それのみが判事により参照されることになっていた。したがって、各カーストが保持する慣行は、法的記憶として証拠づけられたうえで付属定款 by-law に等しいものとして扱われていったのである。かくして、司法廷が慣行に関わる情報を集積することは、法運用上、不可避の要請とならざるをえなかった。

司法廷で用いるための慣行調査の先駆けは、ボンベイ管区に組み込まれたデカン地域でスティール A.Steele によってなされた調査である。報告書は、一八二七年に公刊された。それとほぼ時期を同じくして、ボンベイ中央民事裁判所の命を受けたボラデイル H.Borradaile によって、グジャラートのスーラト県とバローンチ徴税区を中心とした地域でカースト慣行調査が行われていた。その報告書は、一八二七年一二月に裁判所に提出されていた。

こうした調査において、「慣習の明確な証拠」の指標とされたのは、個々のカーストが保持する職業、儀礼(聖紐着用の有無等)、婚姻慣行(たとえば、非嫡出子との共食・通婚・相続への包含の有無、寡婦再婚の有無)などであった。それらを総合的に判断することで、ヴァルナ帰属が判断されたり、具体的な争い事に裁定が下されていったのである。

当然のことながら、ここで問題とされたのは、個人ではなくカーストであった。慣行を保持するのは、あくまでもカーストだったのである。養子縁組、婚姻、継承財などの裁定においては、地方的慣行、家系・親族慣行が順次参照されたが、いずれにせよ、その維持主体は、決して個人ではなかった。

植民地期の私法運用体系は、属人法の原理に他ならなかった。それは、メイン Henry J. S. Maine, 1822-1888 の著作を要約したブーグレの次の言葉に尽きている。

インドの慣習法は、普通言われている慣習とは類を異にしている。なぜならば、インドには土地の法律 Lex Loci は存在しないからである。個人がどこに移住しようとも、その人物が属する集団の法律を共にもって行くのである。スムリティ〔聖伝〕文献が認め祝福するのは、そうした様々な集団の伝統なのである(Bougle, 1971, p.135)。

たとえば、一人のヒンドゥー教徒がイギリス領内で管区を越えて移動したとしても、適用される法は、移動先の管区のものではなく、その人物がもともと属していた地域において流通するヒンドゥー法の体系だったのである。

この運用体系は、当事者のカースト帰属意識を高めただけでなく、職能集団名により規定される集団どうしが、現実には一切の血縁関係がなかったとしても、何らかの形で連携や調整をはかり共通の利益を追求する可能性を用意したのである。それを側面より支援したのが、第三章で述べる国勢調査や地誌などの帝国事業により、情報が広く共有されるようになったことである。カーヤスタがその先駆けで、農耕・商業集団がそれに続いた。軍事適応種族への包摂を求める動きもそのなかに含めることが出来よう。

「慣行とは偉大な法である。カーストという途方もない制度は、同じ原則に起源をもつ。カーストは他のいかなるものにもまして人々に大きな影響力を及ぼす。それに比べると、ヒンドゥー教の全パンテオンなどはとるにたらない」(Murdoch, 1895, p.84)という一九世紀のキリスト教宣教師の言説と、「ヒンドゥー教の方がカースト組織の産物なのである」(Quingley, 1993, p.162)とする現代の社会人類学者の言説は、ここにおいて時空を超えて共鳴することになった。

また、慣習法の容認は、何もヒンドゥー教徒に限られていたわけではなく、地域を限定してはいたもののイスラーム法の運用においても取り入れられていた。軍事力と農業生産の中心地として立ち現れつつあったパンジャーブでは、一八七二年法律第四号、およびその改正法である一八七八年法律第一二号により、在来慣行が大幅に容認されることになり、州政府の主導のもとで非常に大規模な慣行調査が推進されていった。公刊された報告書は、五〇冊余に及んだ[3]。

司法廷とカースト

一八三三年の勅許状改正により、ベンガル総督はインド総督と呼称されるようになり、全土に対する立法権が付与されるいっぽうで、イギリス領三管区がもっていた地方立法権は撤回されていった。すなわち、それまでは、各管区は独自の法令を制定しえたことから、司法廷がカーストにまつわる問題にどのように関与し、時に介入したのかについては、明白な地域差が存在していたのである。

ボンベイ管区は、一八二七年法令第二号第二一条第一項により、次のように定めていた(Clarke, 1851. 翻訳は、小谷編、一九九四年、一二九―一三〇頁による。以下同様)。

民事法廷の裁判権は、動産および不動産、地代、租税、負債、契約、財産の継承、損害の賠償、これに対する権利に関する(イギリス生まれの臣民ではない)インド人同士の間のすべての訴訟あるいは申し立ての第一審での審理に及び、また一般的に民事的性格をもつ全ての告訴や申し立てに及ぶものとする。しかしながら、この条文によって、カースト問題に対する法廷の側からする干渉が保障されたと理解されてはならない。ただし、訴訟当事者の片方の側による違法行為あるいは正当化されえない行為によって、原告のカースト所属と人格とに損害が加えられたとする主張を理由として、賠償を求めて起こされた訴訟を受理し、審理することはこの限りではない。

このようにカーストをめぐり生起する問題に限定条件を付すかたちで、民事法廷における扱いを定めたのである。それに対してベンガル管区では、一七九三年ベンガル法令第三号第八条により、法廷の審理権限が及ぶ範囲を次のように定めていた(Clarke, 1854)。

財産の継承、不動産あるいは動産、地代、租税、負債、勘定、契約、共同経営、結婚、カースト、損害賠償

マドラース管区は、全く同じ内容をもつ一八〇二年法令第二号五条によってカースト問題に対処していた(Clarke, 1848)。明らかに、ボンベイ管区とベンガル、マドラース両管区との間には、民事法廷のカーストに対する姿勢に違いが見られたのである。

ボンベイ管区における方針は、ボンベイ高裁一八六二年特別抗告第三九号によって、非介入の方針が改めて追認されたこともあり、植民地期を通して維持されるようになった。

一八五九年に全インドを対象として制定された民事訴訟法は、一八七七年、一八八二年、一九〇八年と改正を重ねたが、ボンベイ管区の法令のように管区立法で廃止されなかったものもあり、地域差は残されることとなった。

しかしながらいっぽうで、一八六一年インド参事会法の成立により、中央における立法機能の拡大と各管区への立法権の賦与が図られたことから、「過度の立法化」と呼ばれる事態が招来され、さらに一八六二年には高等裁判所が開設されたのを契機として、「一か八か、数打てば当たる slot machine attitude」という訴訟の洪水とも言うべき現象が全インド的に出来したために、カースト自治のありかたのみならず、集団の境界自体も大きく影響を受けざるをえなくなっていったのである。

実際のところ、植民地政府は、①カースト自体の裁定機構の決定で善意に基づいていないもの、②誤った確信に基づきなされた決定、③カーストの規定や習慣に実際に反するもの、④自然の摂理に反するものについては、司法廷ともども介入することを厭わなかったのである。カーストの自治機能による追放等の裁定は容認したものの、いっぽうでそうした処罰の対象となった人々の権利の保障も図られていったのだった。それが際だったのは、一八五〇年法律第二一号(「カースト追放による権利喪失を除去する法律」)の制定である(吉村、一九九四年)。

こうして、一九世紀を通して民事法廷ではカーストに関わる慣行解釈が判例として蓄積されてゆき、法典類に依拠した判決と合わさり、固有の法体系を形成していった。それは、古典籍に見られる法理論や社会観が時空を超越して植民地支配において甦るいっぽうで、新たな解釈が施されて、植民地化以前には見られなかったような規格化されたインド社会像が成立してゆく過程であった。

ここにおいて展開された論議は、後述する官僚達の推進した国勢調査や民族誌叙述における論議と相俟って、近代カースト論の出発点となったのである。

植民地支配下に生じたこうした一連の議論は、カーストについての「公的見解」とも言うべきものが形成されてゆくことに他ならなかった。アメリカの法学者ギャランターはそれを、図5に示したように図式化して整理した。

①は、「ヒンドゥー教の宗教儀礼に基づく見方」で、カースト・グループをヒンドゥー社会の包括的な儀礼秩序における構成要素と見なすものである。ヒンドゥー社会は、分化されてはいるが、全体としては統合されており、そこでは各々の部分が異なる権利と義務と特権を享受し、いっぽうで無能

状態にも置かれうるのである。それは、個々のカーストの全体に対する相対的位置づけにより決定されるのである。

②は、「宗派に基づくとする見方」で、①と対照的なものである。そこでは、カーストは、固有の教条と儀礼、あるいは文化によって他者とは区別された孤立的な宗教コミュニティと見なされている。カーストは、自己充足した宗教単位であり、他のいかなるより大きな宗教規範とも関係をもってはいないのである。グループとその成員の権利と義務は、自律的に生じるもので、より大きな体制において占める位置によって派生するものではない。ここにおいてカーストは、独自に運営される別個の宗派教会の集積体と見なされることになる。

①と②は、カーストを宗教的文脈のなかでとらえることを特徴としている。それに対して、③と④は、宗教を完全に排除しているという意味においてではなく、宗教を中心に据えていないという点で、非宗教的かつ世俗的見方なのである。

③は、「結社・団体的なものとする見方」で、カーストは内的規律と規律制定権をもった自立的かつ自治的な団体とみなされるが、何らかのより大きな機構において位置を占めるとも、また、明確かつ特異な宗教信仰や儀礼行為によって特徴づけられているとも見なされていない。それは、固有の帰属原則と内的規範をもった団体組織なのである。それを束ねる帰属意識のなかには、宗教的なものを含みうるが、それは、単なる一要素でしかないのである。

④は、「有機的なもの」で、インド独立後に際だってゆく見方だった。そこにおいてカーストは、似かよった集団より成り立っている社会体制のなかで、固有の位置を占めているものとされる。その

		より大きな社会を設定し，そのなかでのグループの位置による特徴づけの有無		
		有	無	
グループの特徴づけにおける宗教的要素の決定性	有	①宗教儀礼に基づくもの（sacral）	②固有の宗教宗派に基づくもの（sectarian）	宗教的見方
	無	④有機的なもの（organic）	③結社団体的なもの（associational）	非宗教的見方
		一体的見方（holistic view）	分節的見方（segmental view）	

図5　法資料にみるカースト観

出典）Marc Galanter, "Changing Legal Conceptions of Caste," Milton Singer / Bernard S. Cohn (eds.), *Structure and Change in Indian Society*, Aldine, 1968, p.301.

位置は、資力や社会的達成度などを判断点として他の集団と区別されるのである。その判断基準は、世俗的だが、②や③とは異なりカーストを孤立したものとはみなさないことを特徴としている。

①から③において共通しているのは、何らかの形で「カースト自治」が存在していることの認知であったが、それも、防水区画で区切られたもののようには機能していなかったことは、すでに見た通りである。

植民地政府にとってのカースト

覇権を確立したイギリスにとって、カーストの存在は、日常の支配行為のなかでどのように意識されていたのであろうか。それを具体的に伝える初期資料のひとつは、イギリスの拠点となったベンガルで一七七五年に起こったナンド・クマール Nand Kumar 事件に関わるものである。訴追されて獄につながれたブラーフマンのナンド・クマールが、監房は別だったものの異教徒を含む非ブラーフマンの囚人と同じ獄舎に収監されたために、ベンガル社会にはイギリスがカーストの喪失を強いているとして波紋が広まったのだった。その結果、裁判官のインペイ Elijah Impey, 1732-1809 は、同じ屋根の下に異教徒らと共に留まり儀礼を行い飲食することがカーストの喪失につながるか否かについて、四人のブラーフマンに意見を求めたのである。答えは、カーストは喪失しないものの穢れが生じるために贖罪が必要であるというものだった。

私法とは異なり、刑法においては統一法典の導入に向かうことになるイギリスにとって、この出来事に代表されるように監獄制度とカーストの問題はしばしば悩みの種となっていた。その興味深い事例が、一八五五年にビハールの監獄で発生した「金壺(ロータ—)暴動」である。イギリス人刑務官がヒンドゥー教徒の受刑者より真鍮でできた小型の縁つき水入れ(ロータ—)を取り上げて素焼の碗を与えたところ、それがカーストの喪失につながるとして、監獄の内外で暴動に発展したのだった。監獄の外にいた支援者達は、ロータ—がカーストの維持に不可欠であるとの主張を掲げ運動を展開した。イギリス側は、マヌ法典にはじまる諸文献を検討したうえで、インド人の主張の当否は判断できないものの、非干渉の基本姿勢はともかく貫かねばならないという結論に達したのだった(V/27/910/4)。その後、一八七一年にはカーストの喪失につながるような懲罰労働を強いてはならないとの指示が発せられるに至った(H.D. (Judicial) Proceedings, 8 July 36-37, 1305-6; 1871)。犯罪者の自由は奪ってもよいが、カーストは奪ってはならなかったのである。これら一連の出来事は、全てのことに宗教の覆いを被せカースト慣習であると述べたてれば、イギリスを交渉の場に引き出せることをインド社会に知らしめることになったのである。しかし、こうした姿勢に対する反発は大きく、たとえば、タイムズ紙には「終身刑に処せられた悪質なブラーフマンが監獄で聖紐を身につけることを許されたままにある。つまり、イギリス支配成立前の権威が新たな政府のもとでも生き続けている」として批判する意見が寄せられたりもした（*The Times*, 1871/11/13）。キリスト教を国教として掲げる政府が、偶像崇拝と多神教を内に抱えたヒンドゥー教を擁護しているとの批判は、一九世紀後半にかけてしばしば聞かれたものだったのである。

また、一八六〇年に制定されたインド刑法典のいくつかの条項は、たとえば重婚罪に関わる規定のように、しばしば、カースト慣行と衝突することになったのである。

刑事行政以外においても類似の事態は生じており、飢饉や自然災害に際しての救援活動においても、被災者がカーストの喪失を恐れて救援食を摂るのを拒否したりする行為によっても確認されていた（*The Times*, 1889/12/14）。それはいっぽうで、飢饉救済活動が、カーストを単位としてしか展開され得ない事実によっても際立っていたのだった。

ここで見るようにイギリスによって意識されたカーストとは、共食や通婚などにおける規制そのものであり、それが何らかの理由で破られたときに生じる「カーストの喪失」、あるいは「カーストよりの追放」という排除現象だった。人の個性と行動は帰属するカーストによって規定され、その喪失は生きるべき世界を失うことに他ならないという集団原理の容認では共通したが、それが、浄・不浄観に基づく穢れ意識の結果なのか、それとも宗教聖典により裁可を受けた永久不変の原理なのかについては判断が分かれた。植民地支配が在地社会の安定を前提としていたとき、イギリスの存在が社会不安の要因となるのは避けねばならなかったし、法による支配を掲げたからには、カーストが自律的に機能した結果生じた「追放」にどのように処するのかが常に問題とされたのである。

このように、私法分野においてヴァルナ帰属と慣行の規範化においてカーストが問題となったほかに、刑事行政においても、「カーストの喪失」につながる施策の妥当性をめぐって論議が生じていたのである。カーストは、決して民事の分野にとどまっていたわけではなく、刑事分野においても重要な意味をもっていたことが理解できよう。

また、行政行為において個人を特定する場合、カースト帰属が不可欠の属性として問われるのが常であった。たとえばそうした例は、広義の言論統制のために印刷施設所有者を登録させた規則(一八二七年ボンベイ規則第二四号)に見て取れるし、また、民族・宗教・カースト感情を害し、政府に対する不満を喚起するような言論を規制した法規(一八七八年法律第九号)も存在したのである。

こうした状況は、植民地期の社会環境における「カーストの横溢」といってもよいものであった。

オリエンタリズムとインド——村落共同体論とカースト

インド社会がヒンドゥー教徒やイスラーム教徒といった宗教集団によって構成され、わけても、前者の構成要素がカーストであるとされた段階で、インド社会には近代ヨーロッパの市民社会に見られるようなアトムとしての個人が存在せず、人はまずもってカーストに生まれることで社会的存在を獲得するとみなされた。インドはヨーロッパとは根本的に原理を異にする際立った対比を見せる社会と規定されたのである。ただしそれは、単なる差違の認知に止まらず、「カーストの精神とは、追放、位階、職業の世襲という三つの傾向を束ね」、「成り上がり、血の混交、転業を容認しない」(Bougle, 1971, p.9)、つまり、平等思想とは相容れず、個人の才覚を容認しない社会として否定的な評価を与えられたことを意味していた。

こうしたインド社会論が立ち現れてきたのと時を同じくして、また別の観点より、もうひとつの社会論が提示されつつあった。それは、「インド村落共同体論」の名のもとに、社会科学理論の構築に多大の影響を及ぼすことになるものである。

東インド会社社員のメトカフ Charles T.Metcalfe, 1785-1846 が、インドの村落について次のように書いたのは、一八三〇年のことである。

村落共同体は小さな共和国であり、その欲するもののほとんど全てを自らの内にもち、外部との関係からほとんど独立している。他のあらゆるものが滅びてゆくところで、それは生き続けていくように見える。次々と王朝が倒れてゆき、革命に革命が続く。ヒンドゥー、パターン、ムガル、マラーター、スィック、イギリスは順番に〔インドの〕主人となった。しかし、村落共同体は同じままである。動乱の時には、それは武装し、〔壁で囲まれた〕村に立てこもる。敵の軍勢が通り過ぎるときには、村落共同体は牛を村の囲壁のなかに集めて、敵を挑発しないでやり過ごす。もし掠奪と破壊とが自分自身に向けられ、その力が抗しがたいほど強いときには、彼らは遠くの友好的な村落に逃げてゆく。しかし嵐が過ぎ去れば、彼らは戻ってきて、彼らの仕事を再び始める。もし、その地方が数年にわたって、連続的な掠奪と虐殺の舞台となって、村に住むことが出来ないときにも、四散した村人たちは、平穏に所有していられる時がきたならばいつでも村に戻ってくる。その間に一世代が過ぎるかも知れない。しかし、その次の世代が帰ってくる。息子が父親のあとを継ぐ。村が無人となったときに追い出された人々の子孫によって、同じ場所に村が作られ、昔と同じ場所にそれぞれの家が建てられ、同じ土地が耕作される。……この村落共同体という共同組織は、ひとつひとつがそれ自体で別々の小国家をなしているが、この村落共同体こそ、インドの人々がこうむってきたあらゆる革命と動乱のなかで、人々〔の生活と生命〕を維持してゆくうえで、他の何よりも大きな貢献をしてきたし、彼らの幸福のために、そして自由と独立とを享受するために大いに貢献するところがあったと私は信じている(Minute of C.T.Metcalfe, 7 Nov., 1830. 翻訳は、小谷、一九七九年、二〇—二一頁による)。

こうした見方は、「都市は、インドにおいて常に例外であった」(Bougle, 1971, p.171; Senart, 1975, p.194,245)と語ったメインの発言にも対応しており、村落社会をインド性の強固な保持母体とみなすものであった。

この時期に提示された村落共同体論において、カーストは村落社会の一構成要素として確かに語られてはいたものの、それ以上の意味づけは行われておらず、分業制度を語る際も全面的にカーストに依拠して論じられることもなかったのである。ところが、およそ半世紀が経過した段階で、次のように語られるようになる。

インドが征服者に対して抵抗することが能わず、その規模に関わりなく支配者の圧迫を甘受したのは、カースト制度によって強いられた分離現象の結果であった。しかしいっぽうにおいて、そのカースト制度こそが、征服者の支配行為がインド社会に浸潤することを妨げたのである。征服者は、ヒンドゥー世界の表層を打ち壊すことなく次から次と取って代わったのである。それゆえに、政治生活ばかりでなく、充実した経済生活に欠くことのできない上層と下層の、部分と全体の相補的活動はついに生まれ得なかった。真の国民経済の成立に欠くことの出来ない柱石を、この国は有さなかったのである(Bougle, 1971, p.170)。

インドには、国家なるもの萌芽は存在しなかったことは、述べてきた通りである。公的権力という考え方すらインドには知られるところがない。しかし、フィック Richard Fick が述べるように、このことを文字通りに解釈してはならない。インドの歴史においても、あらゆる種類の支配者たちが、この巨大な群集を支配しようと試みた。民衆は帝国が変遷し、支配権力が平等を欠いた無秩序のなかで増大してゆくのを目撃したのである。真実は、あらゆる類の政府もヒンドゥー社会の表層にとどまっていたにすぎないということである。何者も、この外皮を打ち破りヒンドゥー社会の奥底に到達し、それを再編することはなかった。はっきりと言えば、ヒンドゥーがカーストという殻のなかで孤立して生きているがゆえに、他者により同化されたり統合されたりすることなしに、全的世界に従属することに寄与したのである。彼らは、自らを鳩合して能動的に抵抗することはできないが、その個々のグループは、伝統的に有する受動的な抵抗を上よりの圧力に対して供したのである。言い換えれば、そして常にそこに帰ることになるのだが、インドには都市がなかった。都市こそが、民衆と政府とのあいだに秩序だった関係を樹立させることができ、その機能が、直接に間接に全ての西洋国家がもつ規範と原理を提供してくれるのである。そうした懐胎期間を欠いているために、ヒンドゥー社会は真の政治組織を賦与されることがなく、宗教的伝統が全てを凌駕しえたのである(前掲 pp.131-132)。

つまり、半世紀の間に村落社会の構成単位は、個人ではなくカーストであることが確認され、その不変性を担保しているのが、他ならぬカーストであるとされるようになったのだった。インドに関わるオリエンタリズムを最も色濃く反映しているとされる村落共同体論とカースト論は、全く別個のところで形成されたものとする見方があるものの、少なくとも一九世紀の後半においては表裏一体の関係をなすものとして結びつけられていたのである。そこでは、カーストに対して宗教性の卓越が賦与され、歴史的変化を超越する不変性と一体化されていた。なおかつ、メインのようにヒンドゥー教徒の後進性を彼らが啓典の民ではないことに求めた人もいたのである。こうした見方を敷衍すれば、ブラフマ・サマージとその潮流に含まれるヒンドゥー教改革派なども(第六章)、古典籍に依拠していないから宗教ではないとされていったのだった(Bayly, 1999, p.152)。古代において成立した宗教文献に見られる社会像が実体化するというのは、まさに、こうした現象を指しているのである。一九世紀の後半に生じた変化がきわめて重要な意味をもつというのは、このような認識論上の構築が生じたからにほかならない。

これらのことに留意しながら、次章以降、カーストがどのように意識化され、それがいかにして植民地支配に組み込まれ、在地社会よりどのような反応を引き出したのかを見ていきたい。まず、同時代に何が起こっていたのかという、時代環境の確認から開始しよう。

第三章
植民地支配とカースト

一九世紀がもつ意味

インドにおいてイギリスの植民地支配の礎が置かれ、本国より多くの人々が来訪するようになると、そこに満ちあふれていたヨーロッパにはほとんど知られることがなかった珍奇な事物は、来訪者の耳目を引きつけずにはおかなかった。時代は、ヨーロッパの新世界への膨張と重なっていたため、世界各地よりもたらされる事物の研究が、競いあうようにして開始されていた。

インドにおいて、高等研究機関はもとより存在していなかったが、東インド会社に雇用された官僚たちを中心として、カルカッタにおいて任意研究団体である「アジア協会 Asiatic Society」が結成されたのは、一七八四年のことである。この団体に関わった官僚達は、多くの場合、イギリスの古典大学で教育を受けていたことから、余暇を利用した研究といっても、当時の水準よりすればかなり高度な内容を誇っていた。私法運用準則ゆえのこともあったが、サンスクリット語とヨーロッパ古典語との共通起源の可能性が指摘されて以来、古典語の素養を生かした言語研究にはじまり、在来住民の慣行調査、さらにヨーロッパにとっては未だ地理的探検の時代であったことから多くの実地調査が継続して行われていた。そうした一連の研究のなかで、最も多くの関心を引きつけたのが博物学であった。

インドより陸続ともたらされる新たな知見は、ヨーロッパにおける学問研究の地平を拓いただけでなく、その理論と実践上の洗練に多大の貢献を為すようになっていった。そして、それらは再びインドに還元されて、実地においてさらなる洗練が図られたのである。インドは、一九世紀を通して科学全般の巨大な実験場だったのである。

たとえば、「三角測量技術」はヨーロッパで生み出されたが、それが大規模に実施されたのはインドが初めてであったし、当時、ヨーロッパにおいて形成されつつあった人種学、優生学、犯罪学、形質人類学、民族誌学、民族学などは、程度の差はあれ何らかの形でインドからもたらされた知見より刺激を受けており、インドにおいて試行されることで、その容貌を顕わにしていったのである。次節以降で検討を加える民族誌調査や国勢調査、ならびにクリミナル・トライブの特定などは、その最たるものであった。人種学や形質人類学の知見は、後に見るようにリズリ Herbert Hope Risley, 1851-1911のカーストランキング理論となって適用されインド社会に多大の影響を与えることとなったし、個人を特定するにあたり指紋が決定的な役割を果たしうることが発見され、それが実際の犯罪調査に援用されていったのも、インドであった。犯罪学の形成とインドは、不可分の関係にあった。骨相学といったような新奇な理論も、しばしば、カーストの位階を説明するのに用いられもしたのだった。

さらに、ジョーンズにより指摘された共通起源の可能性を契機として、ヨーロッパでは比較歴史言語学が成立していったが、それは、アーリヤ神話と不可分に結びついていた。そこでは、サンスクリット語とヒンドゥー教、さらにはその規範を体現するブラーフマンが一体視されただけでなく、「アーリヤ人」のインドへの侵入説は、在来住民の征服説として立ち現れてきたのである。これは、南インドにおいて話される言語が、一九世紀中葉以降にコールドウェル Robert Caldwell, 1814-1891 によりアーリヤの言語とは異なるドラヴィダ語族として括られるようになると、北インドとの差違を強調する「ドラヴィダ神話」を派生させていった。

アーリヤ神話を信奉する人々のなかでは、アーリヤの代表はブラーフマンに他ならなず、ドラヴィダの劣性は対概念として受容されていた。一八六〇―七〇年代にメインとタイラー P.Meadows Taylor, 1808-1876 は、ともにドラヴィダの野蛮性を強調し、彼らを純粋なアーリヤを堕落させた要因と見なしており、ファーガッスン James Fergusson, 1808-1886 とパターソン R.H.Patterson は、それをさらに敷衍し、ブラーフマンこそが進歩性を象徴すると見なしていたのだった(Dirks, 2001, p.142)。したがって、コールドウェルの存在とその立論は、意図しなかったことではあるが、アーリヤと一体化した北インドに対抗するドラヴィダ運動や反ブーラフマン運動に大きな手がかりを与えるものとなり、それは、ひるがえって、アーリヤ神話をより際立たせていったのである。

これらのアーリヤ・ドラヴィダ神話、比較歴史言語学、比較宗教学、そして人種理論は、相互に関係するなかで一群のインド像を形成していったのだった。

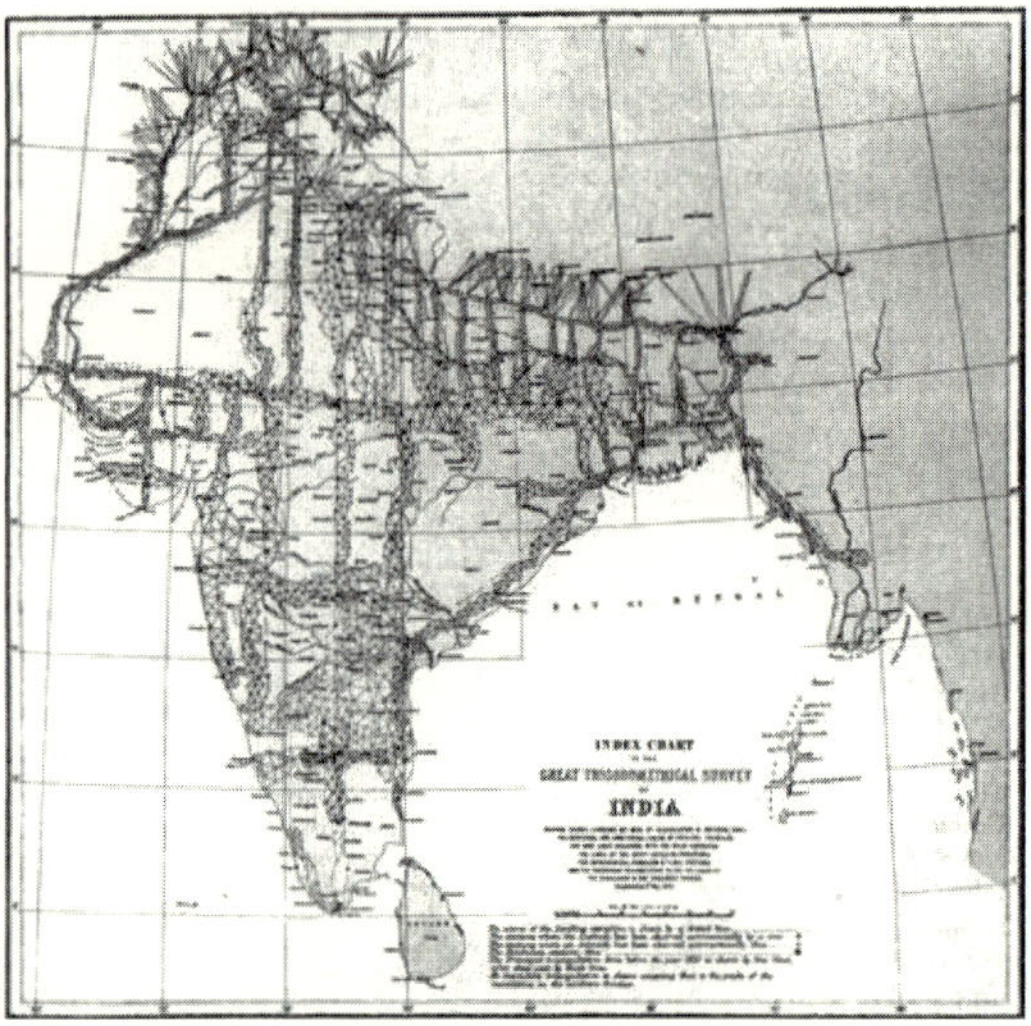

図6　三角測量の進行状況を示す地図
出典）J. Keay, *The Great Arc*, Harper Collins, 2000.

一九世紀の帝国事業——測量

その過程で具体的かつ決定的な役割を果たすことになったのが、一九世紀を通して推進された種々の帝国事業であった。それにより、インド社会は、定義され、記述され、分類され、ある面で平準化されていったのである。検討を加えねばならないのは、そこでカーストがどのような位置づけを与えられていたのかである。以下、主要な事業について概観しよう。

インドにおけるイギリスとフランスの覇権獲得闘争の過程では、軍事上の要請より散発的な測量と作図作業が続けられていたが、それは、プラッシーの戦いをへて、イギリスがベンガルにおける徴税権を獲得したことによって本格化していった。まずもってその任に当たったのは、一七六七年に「測量担当長官」に任命されたレンル James

Rennell, 1742-1780である。南インドのマイソールにおいては、マッケンジー Colin Mackenzie, 1753-1821が一九世紀の初頭より同様の任にあたっていた。その後、インドは世界に先駆けて三角測量の実験地域となっていったのである。彼らにより推進された初期の測量作業は、単に自然地形の把握にとどまらず、あわせて、対象地域に関する幅広い情報の収集を目的としていた。

測量事業は、地図の空白部をなくすべく、インド亜大陸の隅々まで、そしてヒマラヤに向けて、さらにはそれを越えた領域にまで、一九から二〇世紀にかけて継続して展開されていった。わけても、ヒマラヤをはさんだ北辺境界で行われた測量活動は、ヨーロッパ列強の植民地争奪をめぐる「グレートゲーム」のなかで、諜報活動の任務を併せもつようになっていったのである[1]。

地租査定事業

植民地期の租税収入は、たとえば一九世紀末では四割近くが地租によりもたらされていたから、その査定作業は、まさに植民地国家の根幹を支える事業であった。ムガル期においても地租査定や国勢調査に類する事業は、行われなかったわけではないが、一八世紀末にかけて開始された作業は、その規模において際立っていたばかりか、土地制度のとらえ方にヨーロッパの価値観が色濃く投影されていたことにおいて、その与えた影響は比較にならないほど大きかったのである。

そこにおいても、カーストの存在は、しばしば、主要な関心対象として立ち現れることになった。村落の土地所有関係をめぐる調査では、古典的ヴァルナ理論において最高位を占め、常に特権的扱いのもとで記述されているブラーフマンが、肥沃な土地や水利上の利便の占有など、特別の扱いを受けているか否かが、調査されたのである。

そうしたひとつの例が、一八六八年に地租査定官のエリオット C.A.Elliott, 1835-1911 により北西州において行われた調査である。この調査は、地租の支払いにおいて特定のカーストに対して何らかの優遇措置が賦与されている現象が、特定の地域で目にされたのだが、それを普遍的な現象であると想定する判決が、高裁で相次いだことをきっかけとしていた。エリオットは、ラーエ・バレーリー県において一八三六年に行われた地租査定作業の結果と現状とを比較検討し、村落における社会経済上の位置とカースト位階との関連を解明しようとしたのである。結果として明らかになったのは、特段、ブラーフマンが優遇されているわけではなく、他方、下位カーストも不当に扱われているわけではない事実であった。むしろ、そこで際立ったのは、世襲的占有権を有していた耕作者が、カーストに関わりなく卓越した生活状態にある事実だった(*Selection from the India Office Records*, N.W.P., no.1845)。

土地制度の整備と地租査定作業に関与した人々は、コーンウォリス Charles Cornwalis, 1738-1805、マンロー Thomas Munro, 1761-1827、エルフィンストン Mountstuart Elphinstone, 1779-1859 らにはじまりエリオットの同時代に至るまで、同様の現象に直面していたと言えよう。彼らの知見は、確かに村落共同体論の構築には寄与したものの、カースト論の形成に積極的に関与したとは、やはり言い難い。それは、カーストを基本的に宗教的なものとする見方から抜け出せないでいたことと、何よりも、インドの村落社会にイギリス支配を支えるに足るいかなる階層を見出すか、あるいは、生み出すのかに大方の関心が向いていたからである。

地誌編纂

測量事業に付随して行われていた地誌情報の収集は、一九世紀の到来とともに独立した事業として展開されてゆくことになった。一八〇三年に地誌編纂に関して、「年代記・地理・統治形態・法・政治的変化・技術の発展状況、そして特に域内および対外貿易についての、従前の、そして現状に関する」情報の収集を行うことが、ベンガル管区の支配機構末端にある官吏に通達されたのである。その背景には、ウェルズリー総督 R.C.Wellesley, 1760-1842 の命を受けたブカナン Francis Buchanan（後の Buchanan-Hamilton）, 1762-1829 によって、一八〇〇年四月より翌年七月にかけて行われたマイソール、カナラ、マラーバールの調査旅行が、大きな成功を収めていたことがあった。ブカナンに与えられた総督の命令書には、「最大かつ本質的な注意が向けられるべき対象は、その地方の農業である」とされ、その調査項目としては、植生・家畜・土地慣行・商業作物・鉱物資源・手工業・気候と自然地理、そして住民があげられていた。住民については、宗派・トライブ・生活水準・慣習・統治者の交代に対する反応等を調べることとされていた。この段階では、住民の属性を宗教やカーストに還元することで示そうとはしておらず、カースト名とともに従事する職業が記されていたにすぎず、後代に比べると言及の度合いははるかに小さなものだった。ブカナンは、一八〇七年から一一年にかけて、ミント総督の命令によりベンガル管区の調査を行い、一八一六年に報告書を提出していた。彼の調査方法と記述様式は、初期の地誌叙述の典型とされている。これ以降、各地に駐在した官僚や宣教師による地誌編纂が、盛んに行われるようになっていった(Buchanan, 1807)。

しかしながら、一九世紀前半に行われた作業が、多分に散発的で統一性を欠いていたのは否めない事実であった。それが、一定の様式に則って集中して行われるようになるのは、反英大反乱(一八五七年)後のことである。一八六七年に全国的な地誌・統計調査を行うことが決せられ、一八六九年にはハンターW.W.Hunter,1840-1900が「統計担当官」に任じられた。彼は、その作業過程で帝国地誌を編纂する必要を感じ、一八七〇年にそれを「帝国地誌編纂原案」として総督に上申することになった。その結果、彼は、「帝国地誌編纂担当官」を兼務することとなったのである。彼が推進した編纂事業は、一八七七年に決定された政府方針に従い、一八八一年までに完成を見た。

一九〇〇年には、翌年に予定された国勢調査の準備に関連して早くもその改訂増補の必要性が認識されるようになり、その基本方針は、一九〇三年に決定された。その結果、インド帝国の地誌は、その支配機構に対応した三層構造——帝国地誌(Imperial Gazetteer; 1877-1881)、州地誌(Provincial Gazetteer; 1908-1909)、県地誌(District Gazetteer; 1822-1945; 1903-1912)——に再編されることとなったのである。いっぽう、藩王国においても、英領域にならい地誌編纂作業が開始されていた。行政区分に対応した三層構造をなす地誌は、一九一〇年にかけて完成することになった。こうして、植民地期を通して刊行された地誌の総数は、一三五〇点余に達する。

二〇世紀の初頭にかけて行われた地誌編纂事業を推進したのは、インドにおいては総督のカーゾンと官僚のリズリであり、イギリス本国においてはインド担当相のハミルトンG.F.Hamilton, 1848-1927であった。この事業は、中央集権化が進み、まさに帝国主義支配が際立った時期に完成を見たのだった。ハンター以降に刊行された地誌とは、帝国支配を体現する書物だったのである。そしてそこでは、インド社会の叙述においてカーストは不可欠の要素であると語られていたばかりか、リズリが唱えた形質調査に基づき、各カースト集団を序列化しようとするランキング理論が展開されていたのである。

総じて見れば、インドの地誌とは、「英領の州や県の包括的な記述で、個人的に、あるいは政府機関の主導のもと、シリーズで刊行された」もので、そこには、「自然地理に関する概観のみならず、歴史、考古学、政治史、経済、社会状況、商業交易、統計についての情報が含まれていた」(Scholberg, 1970, p.iv)。執筆者は、当該県に駐在するイギリス人官僚が中心で、場合によっては、宣教師、学者、軍人、退職した官僚などが任じられた。その目的ゆえに、使用言語は英語以外には考えられなかった。それは、自らの必要を満たすために植民地政府が作り出した史書の代替物だったのである。地誌の記述項目であった住民に関する情報の収集は、民族誌と国勢調査という別個の行政行為へと発展してゆく。圧倒的に少数のイギリス人が、支配地域の拡大とともに増大した被支配人口をいかにして統制下に置くのかは、当然のことながら最大の関心事であった。問題は、カーストがそれに寄与しうるか、否かということであった。

国勢調査

民族誌学 ethnography、民族学 ethnology、形質人類学 anthropometory は、一九世紀後半においては、未だ新しい学問であったが、その重要性は、植民地政府のなかでいち早く認識されていた。
イギリス本国におけるセンサスの実施に関わる論議は、総人口、婚姻、出生死亡、教会より救貧金を受けている人口の統計調査を毎年実施するとの内容をもった法案が、一七五三年に下院に提出されたのを嚆矢とする。この法案に対しては、新たな課税を招くという反対や敵国に情報を流すようなものであるとの批判が相次ぎ、結局のところ貴族院が庶民の権利と自由を侵害する可能性があるとして賛成しなかったために、廃案に追い込まれてしまった。同様の議論は、一八〇〇年一一月に新たなセンサス法案が提出されたのを機に再燃することになる。前回と同じような反対が提示されたものの、一七九八年には匿名であったがマルサスの著作が刊行されており、人口調査には批判を受ける以上の利点があることが社会的に認知されるようになっていたため、反対のないままに法案は通過してしまった。第一回の調査は、一八〇一年三月一〇日に実施することが定められたのである。アイルランドにおいては、一八一二年にセンサスが実施されていたが失敗に終わり、良好な成果を挙げるには一八二一年の調査を待たねばならなかった。すなわち、全連合王国を対象としたセンサスは、一八二一年が最初のものだったのである。以降、イギリス統計協会などを中心として、①センサス実施の頻度、②質問項目、③情報処理の形態、をめぐって論議が展開されるようになった。そこには、英帝国内におけるセンサスの実施形態に関わる議論も含まれており、その面積と人口規模において突出していたインドも、当然検討の対象となったのである(Longstaff, 1889)。

インド帝国成立前に行われた初期の人口調査は、全国統一ではなく、各地方行政体に委ねられていた。北西州では一八五三年と六五年、アワドでは一八六九年、パンジャーブでは一八五五年と六八年、ハイダラーバードの委任統治領では一八六七年、中央州では一八六六年にそれぞれ単発の調査が行われ、マドラース管区では一八五一—五二年以降、五年ごとに実施されていた。中央における調整機関は存在していなかったことから、調査項目の設定や調査方法は多岐にわたり、結果として、収集された情報は比較検討したり英領の全体像を描くには、あまりにも多様でありすぎたのだった。

そうした不備を補うために、インドにおいても、イギリスの国勢調査に合わせて一八六一年を第一回とする全国的な国勢調査を行うことが企図されたのだが、それは、一八五七年の反英大反乱の勃発により中止を余儀なくされてしまった。結果として、最初の全国調査は、一八七一年にもち越されることになったのだが、それもパンジャーブのように行われなかった地域があったり、統一調査日を遵守し得ないなどの問題を抱えていた。それでも、国勢調査は、一八七一／七二年を境に一〇年ごとに末尾が一の年に全国規模で行われる国家事業として定例化されることになった。その業務を担当するために中央政府内務省内には国勢調査局が設置され、担当長官 Census Commissioner には、官僚のなかより民族誌に通じた人物が選任されていった（表1参照）。

表 1　国勢調査の開始時期と担当長官

North West Provinces, 1853, 1865
Oudh, 1869
Panjab, 1855, 1868
Hyderabad assigned Districts, 1867
Central Provinces, 1866
Madras, 1851/52-（5 年ごと）
1871/72 年　英領インド統一センサスの実施
1881 年　藩王国を包含するインド帝国センサスに拡大

Census Commissioner

1881	W. C. Plowden / F. A. H. Elliott	1891	J. A. Baines
1901	H. H. Risley / E. A. Gait	1911	E. A. Gait
1921	J. Th. Marten	1931	J. H. Hutton
1941	M. W. M. Yeats		

一九世紀に行われた三回の調査では、民族誌と宗教に関わる知見の収集が多大の関心事であり、一九〇一年と一一年の調査では、カーストランキングと言語調査に関心が払われた。一九二一年においては、経済指標が重要視され、一九三一年調査では、トライブの存在が強調されることになった。興味深いことに、イギリス本国においては宗教帰属を調査項目として立てることへの抵抗が大きかったのだが、インドにおいては、その是非が問わ

れることすらなかったのである。

カーストに関してみれば、一八七一／七二年国勢調査では、ヴァルナ区分が導入されたが、いっぽうで女性は上昇婚（社会的下層集団の女性が上層集団の男性と結婚すること）の存在を理由にしてカースト統計より排除されてしまった。一八八一年の調査では、一転してヴァルナ区分は放棄され、代わって職業分類が導入された。わけても、二〇世紀に入ってから行われた二回の調査は、リズリの影響を強く受けたもので、そこで試みられたランキングの公表は、インド社会に対して衝撃といっても過言ではないほどの影響を与えた。カースト団体や運動体の組織にはじまり、国勢調査を自らの社会移動の認知装置と見なす運動が、まさに頻発するようになったのである。その事実は、ほかならぬ一九三一年国勢調査担当長官自身が認めるところであった。

いずれにせよ、国勢調査担当長官の裁量範囲は、かなり大きなものであり、そうであったがゆえに、そこには同時代のインド社会観や官僚個人の価値観が、直接的に反映されていたのである。インドにおける国勢調査報告書が、単なる統計資料以上の意味をもつのは、こうした特性に由来している。

国勢調査の主たる目的は、人口動態と住民の属性を把握することにあった。しかしながら、その作業を進めるにあたっては、インド社会をまずもって定義してかからねばならず、なおかつ、その作業自体もそれほど単純なものではなかったのである。たとえば、宗教上の帰属を問う場合、ジャイナ教やスィック教を独立した宗教として認めるのか、それともヒンドゥー教に包含すべきなのか、あるいはまた、不可触民をヒンドゥー教徒のなかに含めて計上すべきなのかについては、在地社会のみならず、調査を担う官僚のなかにおいても意見の対立を生み出していた。厄介なことに、それらは、単に解釈上の差違にとどまらず、スィック教徒のサヘジダーリー sahajdhari のように周囲のヒンドゥー教徒とほとんど区別のつかない人々や、オースワール osval のようにヒンドゥー教徒とジャイナ教徒の双方を含むカースト集団、さらにはイスラーム教やキリスト教に改宗したものの、相変わらず不可触民として差別され続ける人々の存在によって実際に揺るがされていたのだった。また実際、最初の全国国勢調査のデータ処理において、マドラースではキリスト教への改宗者よりカースト指標となるような名辞を削除することを許可していたのである(H.D.(Public) Proceedings, Aug.1873, 431-439)。

いっぽう、インドの人々にしてみれば、国勢調査において、自分が信仰する宗教の名称にはじまり、話している言語名や、出自に関わる属性を初めて公然と問われることになったのである。なおかつ、そこで用いられる概念の多くは、在地社会においては従前知られることがなかったものであった。そもそも、「カースト」がその最たるもので、インド近代諸語でその語は、ジャーティともヴァルナともゴートラ gotra(伝説的始祖に連なる仮想血統)とも、あるいはヴァンシャ vamsa(一族)やクラ kula(家系血統)とも表現しえたのである。そのため人々は、その時々に応じて、自分の属する内婚集団名、伝説的始祖名、職業名、役職名、称号、村落名などをカースト名として回答したのだった。さらに、末端での記録は在地社会の言語で採られたが、公的記録は全て英語で刊行されたことから、インド諸語から固有名詞をローマ字化する際綴り方に生じる微妙な違いを利用して、別個の出自やランキングの変更を唱える動きを生じさせることになってしまった。情報は、基本的には自己申告に基づき収集されたため、そうした動きはさらにも拍車がかかっていった。いずれにせよ、それを記録し、比較し、その妥当性を判定したのは国勢調査に関与した官僚であったから、政府は、あたかも正統性と序列の認知機関となったかの如くであった。

このようにして、国勢調査の公開情報は、在地社会においては政治的意味合いをもつようになっていった。その背景には、一八世紀末に確立した私法運用準則では、宗教コミュニティごとの慣習法が認知されていたことから、大宗教への帰属が近代国家体制のなかでも意味をもつようになっていたことがあげられる。それを国制においても裏づけるかのように、モーリ＝ミント改革では宗教に基づく限定的な分離選挙制度が導入され、一九一九年のモンターギュ＝チェルムスファド改革によって定着していった。その結果、インドの人口が単に宗教帰属に基づいて分かたれただけでなく、利益集団化し、さらには政治化する端緒が開かれることになってしまったのである。そうしたなか、国勢調査報告書では、障害者人口を除き、人口動態のみならず、全ての社会指標において宗教人口比が示されたわけであるから、人口増加率や識字率、そして公務員や議員の宗教別占有比率などは、それぞれの宗教コミュニティの発展段階と将来を暗示するものと見なされるようになっていった。選挙が繰り返されるたびに、そうした意識は実体化してゆき、宗教人口比は第六章で見るように、政治権力の掌握と利益分与に直接関与するものとなっていったのである。このことは、宗教への帰属ではとらえられない集団を分断させたのみならず、トライブや不可触民を取り込もうとする大宗教側の改宗者獲得への努力となって立ち現れることになった。こうして、インド社会からすると、国勢調査への申告とその結果公表される数値自体が、闘争の目標と化すことになったのである。次の一文は、それをきわめて的確に述べていると言えよう。

国勢調査は、データの受動的な記録としてのみ存在したのではなく、その周辺の環境を記述し、変えたことから、変化のための触媒として働いたのである。記述する行為は、記述されるものに秩序を与え、同時にその秩序を変えることになる力に刺激を与えたのである。一〇年後、新たに変化した世界が新しい国勢調査によって記述されることになり、そして、それはまた、さらなる変化をもたらすことになるのである（Kenneth Jones, "Religious identity and the Indian Census," Barrier (ed.), 1981）。

国勢調査は、一方的に行われる、単なる人口動態調査に止まらなかったのである。

民族誌調査

一八八一年国勢調査の情報処理が進行していた一八八二年に八月に、国勢調査担当長官のプラウデン W.C.Plowden, 1832-1915 は、英領全域にわたりカーストと職業に関するより詳細な情報を収集する必要があり、そのために然るべき措置が取られるべきであると発議した。

それは、中央政府の認めるところとなり、実際の業務は地方政府に委託されることとなった。特にベンガル州政府はその作業に熱心に取り組み、一八八五年にその担当職に任じられたのは、リズリであった。彼は、主要なカーストとトライブの民族誌を編纂したのみならず、ベンガル、北西州、アワド、パンジャーブのいくつかの集団については、その形質調査も行った。成果は、『ベンガルのトライブとカースト *The tribes and castes of Bengal*』（一八九一年）として刊行され、それは後に州ごとに刊行されるようになる民族誌叢書の嚆矢となった。わけてもマドラース州とアッサム州にはリズリの影響が強く及び、前者においてはサーストン Edger Thurston, 1855-1935、後者においてはゲイト E.A.Gait,

1863-1950 の主導のもと公立博物館や州政府の事業として積極的に民族誌調査が推進されたのだった。

しかし、そこで常に問題となったのは、インド社会を記述するにあたり、どのような概念範疇を設定するのかということであった。この段階で行われていたのは、インドの住民をまずもってヒンドゥー教やイスラーム教といったような大宗教への帰属によって分かち、ムサルマーン(イスラーム教徒)は一体的なものとして扱い、ヒンドゥーはカーストに分化されたものとみなし、その周囲にトライブを配し、なおかつ宗教への帰属では分類しきれない部分を種族 race のなかに包含するというものであった(図4参照)。しかしながら、カーストやトライブという語で指し示されるのはいかなる人々で、両者の境界はどこに引きうるのか、また、内婚や外婚という概念は何を意味するのかなどについては、合意と言えるようなものは、存在していなかった。そのため、一八七一/七二年の国勢調査においては、データ処理にあたり混乱が生じ、なおかつそれは、一八八一年の国勢調査においても改善されないままに放置されていたのだった。こうした混乱と不統一を調整し、末端で監督にあたる官僚に徹底させない限り、全国的に調査を行う意味は半減しかねなかった。

この問題を解決するために、一八八五年三月一八日から二二日にかけて、ラーホールにおいて「北インド民族誌会議」が開催されることとなった。その中心となったのが、イビットソン Denzil C.J.Ibbetson, 1847-1908、ネスフィールド John C.Nesfield そしてリズリであった。イビットソンはパンジャーブ、ネスフィールドは北西州、そしてリズリはベンガルを知悉する官僚であり、三者ともに一九世紀後半より二〇世紀初頭にかけて、官僚の民族学者として名をなす人々である。

この会議で、改めて確認されたのは、インド社会の記述単位としてカーストとトライブを設定することである。その定義は、前者は職能集団であり、後者は出自を共にするか、あるいは、していると考えている同じ地域に居住する集団であるとされた。また、あわせて、両者の内部構造を理解するための枠組みが定められた。詳細に記述されねばならないのは、イスラーム教徒以外の集団であることが、諒承されたのである。これは、インド社会とヒンドゥー教徒を同一視することに他ならなかった。さらに重要なことは、一九世紀前半より断続的に作られてきた民族誌調査票の統一形態が定められたことである。そこでは、職業とカーストが結びつけられたうえで、ランキングの概念が導入され、それを決定する要因として、食習慣や婚姻習慣などに関わる情報が収集されることとなっていた。ここで合意を見た概念規定と記述様式は、いくつかの補訂を施された後に、リズリによって『インド民族誌調査の手引き *Manual of ethnography for India*』として一九〇三年に刊行され、植民地期を通して、民族誌調査と国勢調査の要綱となったのである。

一八九一―一九二年にかけて、イギリス本国においてなされた民族学者のスミス Robertson Smith とフレーザー J.G.Frazer による助言を受け入れて、また、リズリによる積極的な働きかけもあり、インド政府は全国的に民族誌調査を行うことを決定し、各地に設立されていた研究団体に助力を仰いでいった。ベンガルアジア協会は、その要請に積極的に応えることを決し、同協会が刊行するジャーナルに人類学・民族誌・民俗を専門とするセクションを新たに設置することを決めたのである。

こうした流れのなか、一九〇一年国勢調査の準備作業が進行していた一八九九年には、イギリス科学振興協会により、国勢調査では民族誌調査が強調されるべきであるとの要望書がインド省に提出されていた。インド省はインド政府と協議した結果、民族誌調査を国勢調査とは別個に恒常的な独立事業として推進することを決定し、各州ごとに「民族誌担当官Superintendent of Ethnography」を任命し、中央にはその統括職として「インド民族誌担当長官Director of Ethnography for India」を置くことが定められたのである。初代長官に任命されたのは、リズリであった。彼は、この職に就いたことにより一八八五年以来取り組んでいたインド社会の統一的な記述と分類を全国に拡大したばかりでなく、自ら信じるところのインド社会観を行政機構を通して広めていった。その集大成として、二〇世紀初頭にかけて、リズリの発議により全国的な民族誌調査の実施が企図され、中央政府の承認を得て担当部局を開設する寸前にまで至ったのだが、第一次世界大戦の勃発により計画は頓挫してしまった。代わって、行政府に属する調査研究機関であったインド動物学調査局のなかに人類学部門が付置されることとなり、それはインド独立直前の一九四六年にインド人類学調査局として独立していったのである。このように、民族誌や人類学に関わる研究が、行政機構のなかで重要な位置を占め、なおかつ、それが制度化されたことにおいて、インドは際立っていたのである。インドが、アフリカとともに応用人類学揺籃の地といわれるのは、こうした歴史背景をもっているからである。

さらにそこでは、当時、未だ新しい学問分野であった形質人類学が、リズリによって独特の意味づけと役割を与えられるようになっていた。彼は、「ヒンドゥーのなかに広まっているカースト制と、ムサルマーンのなかに見られる、しばしば、非常にカーストと類似した区分の存在ゆえに、インドにおける形質人類学は、際立った成果を生みだしている」と考えていた(Resolution, para.7, Mss.Eur.E.100)。それというのも、カーストは厳格な内婚規則により特徴づけられ、それゆえに、形質の特徴はカースト集団ごとに良好な形で保持されるとされたからである。そこより導き出された推論は、カーストのランキングと形質との間には相関関係があり、形質の測定はその重要な判断指標として用いうるというものであった。彼は、古典的ヴァルナ理論に代わる合理的かつ科学的なランキング理論を模索していたことから、その理論を自らが担当した国勢調査において実行に移し、民族誌や帝国地誌記述においても援用していったのである。

限られた範囲の地域社会のなかで、上下関係や位階が存在していたことは事実であったが、インドの人々は、それを予想だにしない方法で「科学的かつ客観的」に測定され、イギリスの行政区分内で比較されることになったのである。その結果、カーストのランキングに関わる意識は、かつてないかたちで高まらざるを得なくなってしまった。特に、リズリの任地であり、一九世紀末以降、集中して調査と記述の対象となったベンガル社会において、それは際立つことになった。

こうして、支配する側の観点による記述と分類のシステムが出来上がったことから、末端において集積された種々雑多の情報は、概念の不統一ゆえに多岐にわたり錯綜していたのではなく、もともと実態としてそうであった可能性があったにもかかわらず、中央に集積される段階で、整理され、平準化され、ある認識の枠組みのなかにはめられてゆくことを余儀なくされた。民族誌や国勢調査の公刊報告書に見られる社会構造に関する記述は、在地社会そのものの姿が示されているわけではなく、イギリス側の必要と認識によって加工されたものに他ならなかったのである。

植民地期に見られた民族誌調査の強調は、どこより力を得ていたのであろうか。もちろん、一九世紀のイギリスにおける知的関心にその淵源を求めることは可能だが、単にそれに止まらなかったのは、リズリによる次の発言を見れば明らかである。

行政府の様々な部局にとって、種々のカーストとトライブの慣習、そして、その内的および社会的関係に関わる正確で良好に整備された記録がもつ明白な利益については、詳述する必要はなかろう。インドの住民は、この種のグループにより構成されており、個人の地位と行為は、彼らが属しているグループの規則により大きく決定される。立法、司法、飢饉救済事業、公衆衛生と伝染病予防、そして、行政のほとんど全ての分野において、インド民族誌調査と人々の慣習の記録は、地租査定と小作人の諸権利の記録と同じように、良き統治のために欠くことのできないものなのである(Resolution, para.4, Mss. Eur.E.100)。

そして、「カーストは、最も手堅いまとまりのある性格と適応力のある構造をもった出来合いの党派会議で、常に変わることなく存在してきたもので、とりたてて世話を焼く必要もなく、そして、何よりも、世論が変わったり政治的な情熱が冷めたとしても崩壊することのない永続性をもった単位」(Risley, 1890)なのであった。しかし、いっぽうでリズリは、インドにおいては「経済力、特に土地所有と大衆が結集した場合にもつことになる権力は、もっとも発展した種族が握っている訳でもないし、知的水準に応じて分配されているわけでもない」ことから、普通選挙が導入されたとしても、決して望ましい結果を生み出さないと考えていた。それよりも、村落自治機構を再興し、利用することのほうがふさわしいとしたのである。

イギリス側が、間接統治の受け皿として用いうる単位を見出すか、あるいは、作り出すことを必要としており、そのためには民族誌上の知見は不可欠だったのである。そして、そこで発見され、特に取り上げられたのが、カーストであった。それは、植民地支配を容易にするとともに、ひるがえって、普通選挙の導入を否定する要因とみなされていたのである。

リズリらがこうした社会観をもつに至った背景には、反英大反乱の教訓が大きく働いていた。反乱を招来したのは、植民地支配がもたらした矛盾ではなく、誤ったインド社会認識に基づき統治方法を策定したためであると解釈されたのである。反乱直後より、ここに見られるようなインド社会観が急速に広まりを見せ、次章に見るように軍事適応種族やクリミナル・トライブをはじめとする新たな集団概念範疇が創出されていったのである。

いずれにせよ、リズリは一九〇二年にインド内務省次官というインドの政治的将来に大きな影響を与えうる役職に就任し、一九〇五年のベンガル分割にあたっては地域情報を提供することでカーゾンを支え、一九〇九年には内務大臣となり制限選挙の導入と分離選挙に途を拓くことになるモーリ＝ミント改革に関与したのであった。彼は、帰国後、最終的には一九一〇―一一年にかけてインド省の政務局長という内政と治安を統括する要職にまで登りつめたのだった。

植民地期の民族誌調査質問票――カーストの規格化

第二章で述べたように、カーストが慣習の保持単位とされた段階で、一九世紀の初頭より各地で慣行調査が開始されていた。それは、単に民族誌上の知見を収集する事業にとどまったわけではなく、カーストのヴァルナ帰属の判定材料とされ、民事訴訟において援用されていった。調査は、カーストが明確な境界をもって存在しているとの前提で開始されたが、調査結果が公表されると、慣習を共有するカーストどうしが、同族であるとして結びついたり、意図して慣習を変更してヴァルナ帰属の変更を企てるようになっていったのである。パンジャーブのアロール・バンシュなどは、自ら慣行調査を行い、ヴァルナ帰属の改変を主張すべく同族の統一を図ったのだった。こうした相互作用の繰り返しにより、カーストは明らかに親族組織以上の存在となっていった。

当初、この調査は、きわめて局地的な事業として展開され、質問項目もそれぞれ独自に用意されたものであったが、一八七一／七二年に開始された一連の全国統一国勢調査をきっかけとして、概念用語の定義に関わる整備、ならびに調査項目の統一を図る必要が強く認識され、一八八五年に北インド民族誌会議における討議と決定をへて全国一律に統一される方向へと向かっていった。

ここでは、質問表の形成過程をたどることで、カーストがいかなるものとみなされ、どのようにその規格化が推進されたのかを見てみよう。

前述のボラデイルが調査対象とした項目は、次の三分野に大別された事象であった(Borradaile, 1887, vol.1)。

Ⅰ　主要項目　①婚約　②パッラー Palla(花嫁代償)　③結婚　④離婚　⑤養育費　⑥葬送儀礼　⑦サンスカール sanskar(通過儀礼)　⑧相続　⑨家産分割　⑩カースト追放

Ⅱ　追加情報(Ⅰ⑦を除く)　①カースト慣行　②養子縁組　③その他

Ⅲ　付加情報　①ナーットラー natra(一定条件下での寡婦再婚)

司法廷が家族法に関わる判断を求められたとき、どのような項目を判断指標として援用していたのかが窺える。ボンベイ管区で見られたこの動きは、孤立したものではなく、司法廷の外でも一八二七年に王立アジア協会事務局長により、ボンベイとマドラース管区における「言語、文学、家族史、風習、貨幣、住民、建築、土地制度、美術工芸」に関する調査項目が示され、イギリス海軍省も『科学的調査マニュアル』を発行していた。そうした動きを受けて、教会宣教協会 Church Missionary Society に属する宣教師のロング James Long, 1807-87 は、一八五一年一二月にカルカッタにおいて設立された民間教育研究団体「ベチューン協会 the Bethune Society」に拠ってインド社会に関する調査研究を担当するようになり、その結果として『インドの住民の社会状況調査において求められる項目に関する五〇〇の質問票』を一八六一年四月に公表するにいたった。それは、次に掲げる三九章の大項目のもとにまとめられていた(Long, 1966, pp.33-70)。

①先住民　②農業　③占星術と魔術　④乞食と浮浪者　⑤カルカッタ　⑥儀礼　⑦階級(上流、中流、下層)　⑧商業　⑨改宗と社会的交流　⑩犯罪者　⑪弁論協会　⑫疫病　⑬医者　⑭家庭生活　⑮演劇、民間演劇　⑯衣服　⑰飲酒と喫煙　⑱教育とその社会的生産力　⑲女性　⑳祭礼　㉑漁民と船乗り　㉒食物習慣　㉓下級職員　㉔言語　㉕家屋　㉖法と社会状況　㉗婚姻　㉘イスラーム教徒　㉙インド人経営印刷所　㉚パンディット　㉛格言　㉜語り部　㉝余暇　㉞宗派　㉟召使い　㊱旅行　㊲労働者階級　㊳乗り物　㊴その他

これらの調査項目は、一見すると脈絡を欠き、相互に関わり合いをもっているとは見えないかもしれないが、インド社会がこうした項目によって記述可能であり、なおかつ、それによって理解可能となるという信念によって支えられていた。ただし、興味深いことに、全てをカーストに還元することで理解しようとする姿勢は、未だこの段階では見て取れない。それが変化を見せるのは、インド帝国成立後、民族誌調査と国勢調査が制度化されるようになってからである。そこでは、司法廷主導のカー

スト慣行調査は影を潜め、代わって前二者の帝国事業が典拠として援用されるようになっていった。

一八九一―九二年にかけてインド政府より民族誌調査を依頼されたアジア協会は、クルーク William Crooke, 1848-1923 に依頼し、一一章九一項目よりなる「民俗調査質問票」を用意し、それを関係機関に配布することを決めた。クルークは、インド高等文官職に任官してから一貫して北西州に駐在した官僚で、一八九四年以降、幾冊もの民族誌を公刊し、北インド社会にもっとも知悉する官僚の一人と見なされていた。彼は質問票にさらに改訂を加え、七章二九九項目よりなる非常に詳細な『民族誌・民俗調査質問票』として集大成し、一八九四年に英語・ヒンディー語・ウルドゥー語の三言語併記版として公刊したのだった。そこでカーストに対応する語として使われていたのは、ジャーティであった。

その間の一八八五年、先述の北インド民族誌会議において、イビットソン、ネスフィールド、リズリの合議によりインド社会の記述単位であるカーストとトライブに関わる定義とともに、二七項目よりなる「民族誌調査項目」が定められていた。

この質問票は、クルークが設定することになる細かな質問項目を統合したものといえるのだが、ジャーティという語は排除されていた。質問項目は、婚姻関係、職業、宗教生活、カーストランキングを判定するために比重を置いた選択と設定がなされていた。また、参考として挙げられる事例は、明らかにベンガルに偏っていた。この質問票は、会議の参加者によって実際に使用され、たとえばパンジャーブでは一八八八年より、全国レベルでは一八九一―九二年にかけて遂行された民族誌調査においても援用されたのである。前述のように、リズリは一九〇三年に『インド民族誌調査の手引き』をまとめあげ、そこにこの調査項目表を組み込んだことから、それはインドにおける民族誌記述の典拠となり、かくして記述様式は統一されていったのである。

ベンガル民族誌担当長官にして一九〇一年国勢調査ベンガル担当官の職にあったゲイトは、一九〇〇年にイスラーム教徒の民族誌を調査するために回状を発して以来、一九〇三—〇四年には特に多くの調査回状を発し、活発な調査活動を展開した。彼の後任には、モバリ A.N.Moberly, 1873-1934 が着

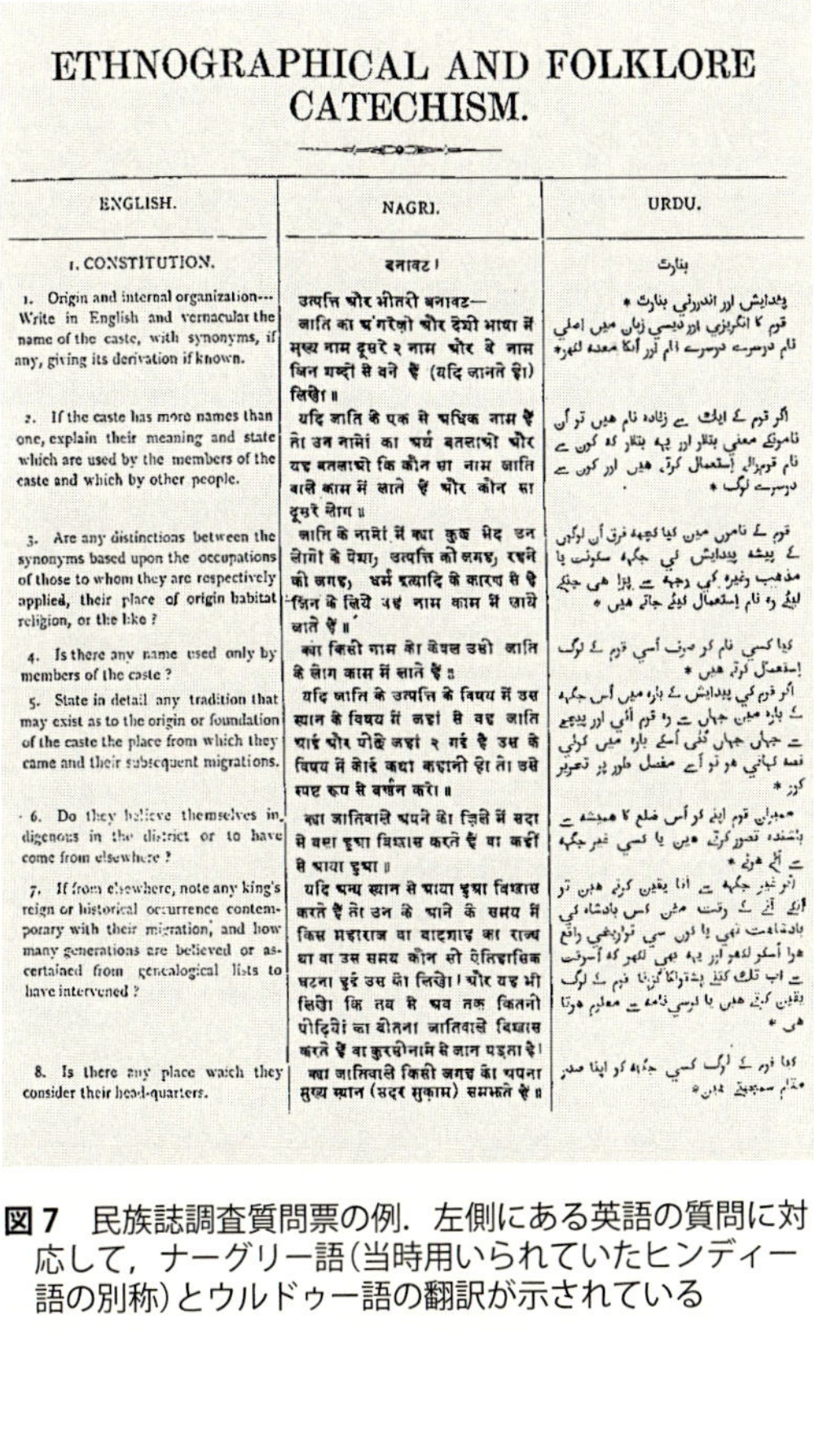

ETHNOGRAPHICAL AND FOLKLORE CATECHISM.

ENGLISH. / NAGRI. / URDU.

I. CONSTITUTION.

1. Origin and internal organization— Write in English and vernacular the name of the caste, with synonyms, if any, giving its derivation if known.

2. If the caste has more names than one, explain their meaning and state which are used by the members of the caste and which by other people.

3. Are any distinctions between the synonyms based upon the occupations of those to whom they are respectively applied, their place of origin habitat religion, or the like ?

4. Is there any name used only by members of the caste ?

5. State in detail any tradition that may exist as to the origin or foundation of the caste the place from which they came and their subsequent migrations.

6. Do they believe themselves indigenous in the district or to have come from elsewhere ?

7. If from elsewhere, note any king's reign or historical occurrence contemporary with their migration, and how many generations are believed or ascertained from genealogical lists to have intervened ?

8. Is there any place which they consider their head-quarters.

図7　民族誌調査質問票の例．左側にある英語の質問に対応して，ナーグリー語(当時用いられていたヒンディー語の別称)とウルドゥー語の翻訳が示されている

任し、その作業を継続していった。また、王立アジア協会も一八九三年には政府より助成金を得て、ベンガルとアッサム地方の民族誌調査に着手していたが、そこでも典拠とされたのはリズリの質問票だった。他方、クルークは一八九六年に引退してしまったこともあり、彼の精緻を極めた質問票は参照されることなく忘れ去られてしまったのである。

確かに、北インド民族誌会議のメンバーであったイビットソン、ネスフィールド、リズリの三者の間には、カーストの起源や機能に関する合意が存在しているとは、言い難かった(Bayly, 1999, p.141)。しかしながら、カーストにまつわる様々な現象のなかより、「合理的なランキングの発見」が優先されていたことで、あきらかに主導権を握っていたのはリズリであった。一九世紀末から二〇世紀初頭において、インド民族誌の調査と記述において、彼が果たした役割は決定的であったといえる。そして、彼の任地であったベンガルは、その影響を最も強く受けたところであった。したがって、第七章で見るように在地社会よりの反応が突出して現れたのもベンガルであった。何よりも、彼は在野の研究者であったわけではなく、高級官僚としてインドの政治的将来の決定に深く関わる立場にいたことを理解しておかねばならない。

一九世紀の初頭より一世紀にわたりカーストの記述に用いられてきた一連の質問表により、カーストが一律に規格化されて比較されるようになった他に、いかなる影響がもたらされたのであろうか。

最大の変化は、司法廷が推進した慣行調査が民族誌と国勢調査に取って代わられ、政府が刊行する報告書が、新たな権威として引用されるようになったことである。そして、そこでは、調査される側の意向が反映される余地が、かなり残されていたのである。

結果として、慣行自体の意味は減じられることはなく、そこには、規範的な価値を体現した慣行と、そうではない慣行という明確な区分が、全インド的に立ち現れることになってしまったのである。寡婦再婚、飲酒肉食、多重婚、幼童婚、上昇婚などの有無が、重要な判断点として問われただけでなく、葬送儀礼などのように、従来、カーストのヴァルナ帰属の証明とは関連づけられなかったものまで、問題とされるようになっていった。

したがって、何らかの形でヴァルナ帰属を上昇させることを企図したカーストは、前出のアロール・バンシュのようにカースト集会を開催して、自分たちで慣行調査を行うだけでなく、否定的評価を受ける慣行を廃し、規範的価値を体現しているとされた慣行を積極的に取り入れることを決するようになってゆくのである。それは、クシャトリヤ・ヴァルナへの帰属を主張し、軍事適応種族としての指定を受けようとしていたカースト集団にとっては、きわめて実利的な問題だったのである（第五章参照）。そうした動きは、二〇世紀にはいるとともに、とみに際立っていった。たとえば、慣行の改良を企図し、その過程を公開したカースト集団とその報告書の公刊年は次の通りである。マールワーリー（*Jatibhakti*, 1912）、アムラーヴァティー・ジャイナ教オースワール（*Amaravati Jain Osaval jatiy pancayati faisle ki riport*, 1921）、サイニク・クシャトリヤ（*Sainik-Ksatriy jati ke riti-rasm*, 1922）、マールワール在住クシャトリヤ（*Marvar ke riti-rasm*, 1922）、テーリー（*Teli jatiy niyamavali*, 1925）、ゴーハーイー・ヴァイシャ（*Madhyaprantiy Gohai Vaisya Janc Kameti ki*（*Garhavale*）*Palohiya prasn par vyorevar purn riport*, 1930）。慣行調査は、明らかにカースト団体の結成やカースト運動の展開に刺激を与えたのである。

このように、一九世紀末から二〇世紀初頭にかけて、インド社会はかつてなかった規模で、集中的に調査され、定義され、記述され、分類されることになったのである。それを担ったのが、地租査定作業であり、地誌編纂・民族誌記述・国勢調査の諸事業であった。それらは、相互に密接な関係をもちながら、リズリに代表されるような官僚らの主導により、特定のインド社会観に基づき実施されたのである。そして、そこで得られた知見は、調査と記述の単位であるイギリス領の行政区分において比較され、場合によっては格づけされたうえで、行政行為に援用されていったのである。そのため、インド社会にとって、そうした調査事業は価値中立的な行政行為とみなされることはなかった。また、行政区分も単なる線引きにとどまらず、イギリスの社会観が実体化するところとして、自らの利害に直接結びつく際立った存在となっていったのである。またさらに、植民地政府は、自ら作り上げた調査研究機関によって関連する史資料の収集とその編纂事業を管理し、その記述様式を定め、それらを高等教育機関において英語を媒介として再生産していったのである。こうして、インド社会に関わる知識の体系は、インド帝国の支配制度に対応して、非常に強固に制度化されることになってしまった。そして、そこで常に語られ続けたのが、カーストだったのである。

一九世紀後半以降、わけても反英大反乱後になると、インド社会はカーストと不可分に結びつけられていったのである。その過程で構築されたカーストをめぐる言説がいかなるものであったのかは、次章でみることにしよう。

第四章
カーストをめぐる言説

インド初期キリスト史におけるカースト

一九世紀に登場したカースト論は、キリスト教聖職者・宣教師、植民地官僚、そしてインド学者によって形成された。三者はカーストに関して価値判断を伴った膨大な言説を生み出し、植民地支配下でその制度化にくみし、それを後代に継承させる役割を果たしたのだった。ここではわけてもキリスト教聖職者と宣教師のなかでカーストがどのように意識化され、それが今日のカースト観の形成といかに関わるのかを検討し、近代における社会動態の解明に至る道筋を明らかにしたい（Neill, 1984-85 に基づく概観）。

布教という揺るがせにできない前提により、イギリス植民地支配の確立に先駆けてインド社会と関わったキリスト教宣教師と教会にとって、カーストはどのように意識されていたのだろうか。ここで、まずもって記憶に留めておかねばならないのは、インド・キリスト教史におけるカーストの位置づけを考える際、他ならぬカーストという語彙を生み出すきっかけを作ったポルトガル勢力とカトリック教会が、ほぼ一体化して存在していたことである。

ポルトガルがインドに到来したとき、すでにアラビア海沿岸地域には聖トマのキリスト教徒を自称することになる然るべき信徒人口が存在していた。カトリックの初期布教活動はそうした在来キリスト教徒に対して試みられ、徐々に在来宗教徒へと拡大していったのである。そこでしばしば採用されたのは、カーストと見なされたものを単位とする改宗の試みであった。

一五六七年にゴアで開催された教会会議では、共食の規制に代表されるカースト意識の存在が認識され、それを蔑ろにしてはならないことが示された。一五九九年にゴア大司教メネゼス Archbishop Aleixo de Meneses, 1559-1617 のもとで開催されたウディヤムペールール司教区会議においてローマ教会への集団改宗が行われ、その際、在来慣行の容認が確認されたが、そのなかにはキリスト教徒が上位カーストと共にあるときに下位カーストとの接触を避けるのを許す条項が含まれていた。

イエズス会宣教師のノビリ Robert de Nobili, 1577-1656 は、ブラーフマンを主たる布教対象とした結果、自らをカトリックのブラーフマンとして位置づけるようになり、改宗前の慣行の残留と下層被差別民を別個に扱うことを容認したのだった。それは、教会当局を含む批判にさらされたが、一六二三年に公許を受け、一七四四年に方針が転換されるまで程度の差はあれ継承されていった。これが、いわゆる「マラーバール慣行 Malabar rites」論争と呼ばれるものである。

カトリック教会は、イギリスの覇権確立に伴い一七七三年にインドより排除されてしまい、その活動が復活するのは一八三〇年代を待たねばならなかった。しかしながら、カトリックの布教活動が長く続いた南インドでは、わけても東インド会社傭兵のなかに多数のカトリック教徒を抱えることになり、それは政府に公費によるカトリック聖職者の雇用を強いるまでになったのである。その間、例外的に宣教師のデュボアJ.A.Dubois, c.1765-1848の活動が許容されていたが、それは彼が東インド会社の方針であった在地社会への非介入方針を了解しており、なおかつ、彼が提供する情報の有用性が認識されていたからだとされている。デュボアのカーストに関する姿勢は、ほぼノビリに倣うものだった。カトリックは、プロテスタント諸派とは異なり偶像を許容し、その儀礼もはるかにヒンドゥーに親近感を抱かせるものであった。それは、転じて両派のカーストに対する姿勢の違いに結びついていったのである。

イギリスの覇権確立とともに代わってプロテスタント系宣教師団が舞台に登場したが、インドにおいては特異な状況が現出するようになった。その最大の要因は、イギリスのキリスト教会が国王を頂点に戴く国教会という形態をとり、インドにおける国教会も一九三〇年三月に教会分離が成立するまでは、本国政府の統制下に置かれたことである。これはしばしば、政府と教会による統制を嫌う宣教師団との間に緊張関係を生み出したいっぽうで、植民地支配とキリスト教の布教が一体であるとの印象をインド社会に与えてしまったのである。

福音伝導のためにインドに赴いた宣教師達の出自は実に多様であり、それは彼らのインド社会観、わけてもカースト観の形成にも影響を及ぼさざるをえないものであった。しかし、それでも共通の問いを発することは可能である。つまり、プロテスタント諸派の宣教師達は、ヨーロッパに見られる階級を容認しながらも、どうしてカーストを認めようとせず、なぜそれをキリスト教とは相容れないものと見なしたのであろうか(Forrester, 1980, ch.1 参照のこと)。

一八世紀末にかけてインドに派遣されたプロテスタント派の宣教師は、ドイツ敬虔主義の影響を強く受けたルター派に属するドイツ系の人々だった。彼らは、デンマーク王の援助を受けて、タランガンバーディのデンマーク商館を拠点として活動していた。

そのなかで初期の二人(B.Ziegenbalg, 1682-1719; J.E.Grundler, 1677-1720)は、一七一二年に改宗にあたりカーストの放棄を求めたが、一四年後のシュルツ B.Schultze, 1689-1760 の代になると下層被差別民の処遇に関して困難が生じることが理解され、一七三二年の報告においてはシュードラが不可触民に対して示す反感が認識されたことから改宗者のカースト慣行を容認する傾向が顕著となっていった。一七五〇年に着任したシュワルツ C.F.Schwarts, 1726-1798 は、カーストを世俗的かつ政治的区分とみなし、なおかつ生得権であるとしたために、その放棄の強要は聖書に反すると判断したのである。一七六五年には「我がカーストではなく信仰を変えよ」という主張に対応してカーストの維持が容認されていった。ここで理解されていたところのカーストとは、共食や接触の拒否に代表される相互の排除、わけても不可触民への差別的待遇を意味していた。

彼らの信仰形態は非常に個人主義的で、人を束縛する国家や教会に類似した制度に対する関心は低かった。彼らはカーストの存在に気づいていたし、改宗がその喪失につながることも経験していた。しかし、基本的にそうした現象に大きな関心を払うことはなく、それはひるがえってカーストの容認につながることになったのである。

イギリスの宣教師団体「キリスト教知識普及会 Society for the Propagation of Christian Knowledge」は、

彼らを雇用していたがゆえにカーストを許容する態度をとり、一七六七年にシュワルツが同会に転入した後、その活動拠点となったタンジャヴールにおいては一八〇九年にカースト容認が表面化してゆく。ただし、デンマークの勢力圏が小さく、イギリスの覇権確立後も在地社会への不介入の方針が存在していた時期、こうしたルター派の姿勢が及ぼす影響はまだしも限られていた(Lehmann, 1955)。

イギリス国教会とカースト

キリスト教とカーストをめぐる関係が大きな変化を見せるのは、イギリス本国において、東インド会社のインド貿易独占に反対する自由貿易論者と、義認(キリストを通しての救い)を強調し聖書を絶対視する福音主義派の運動が成功を収め、結果として一八一三年の国王勅許状に篤信条項が付加され、キリスト教の布教活動が制限つきであったにしろ可能となったときである。キリスト教信仰が「真理・道徳・救済」を排他的に保有しているという揺るぎなき信念は、福音主義派固有の信仰と相合わさり、多神教にして偶像崇拝を内包したヒンドゥー教の存在自体への攻撃として立ち現れることになった。カーストがヒンドゥー教と結びつき、個人原理を否定する限りにおいて、それは否定の対象でしかなかったのである。もちろん、宣教師団の活動は教会組織と必ずしも一体化していたわけではなく、特に福音主義派諸団体は教会権力より遠ざかり独自の活動を目指すことが多く、植民地においては主教権と時に対立し、両者のあいだには常に緊張をはらんだ関係が存在していたといってもよかった。しかしながら、国王が世俗国家と教会の長を兼ねる国教会という形態ゆえ、インド社会よりするとその差異はほとんど意味をなさず、支配行為とキリスト教はほぼ一体のものとしてとらえられていた。キリスト教が権力を保持する側の宗教信仰であったとき、そこに生じたのは異なる価値体系の出会いというべきものではなく、キリスト教とヒンドゥー教、ひいてはカーストは支配関係のなかで対峙したのである。

一八一四年にインドにおいてイギリス国教会組織が成立したとき、ヒンドゥーのみならず改宗者のなかにも存在したカーストにどのように対処するのかは、それが、本来、神の前の平等や博愛を説くべき宣教師たちの一部によって容認されていた事実と相まって、即座に問題化していった。この矛盾は、何らかのかたちで解決されねばならなかった。ここに、原理と実態との関わりをめぐりインド内外で大きな論議が生起し、大量のカースト論が生み出されることになったのである。

教会当局によるカーストに関わる最初の調査は、一八二六年三月に第二代カルカッタ主教のヒーバー Reginald Heber, 1783-1826 によって主導された。そこではカーストが世俗的なものなのか、それとも宗教的なものなのかについては判断を留保したうえで、その制度を無視すると宣教師団は影響力を失うことが指摘されていた。現象として明らかにされたのは、教会と学校のなかで会衆がカーストごとに分かれて座るだけでなく、不可触民や低カースト出身の信者に別個の場所が設けられていたり、聖餐において聖杯を共有することや共食の拒否、さらには低カーストのカテキスト(教理問答教師)の来訪が拒絶されたり、低カーストと同じ墓地に埋葬されるのを忌避する事態だった。第五代カルカッタ主教のウィルソン Daniel Wilson, 1778-1858 は、先任者ヒーバーによって提示された問題を解決するために一八三四年一月一七日付け書簡において次のような方針を示した。これは一八六八年九月二日にもバンガルールにおいて宣教師団によって再確認されることになる。①改宗者は教会で共に席に着く。②聖餐台には差別なく列する。③インド人聖職者とカテキストは来訪者をカーストに関わりなく家に受け入れる。④会衆も正当に任命されたカテキストの教えを受ける。⑤インド人聖職者は低カーストより改宗した住民の多い村落に留まることを拒否しない。⑥名付親はカーストに関わりなく任命され、片方が異なるカーストに属していても反対は認めない。⑦会衆が集うとき、洗礼を受けている限り全ての人が歓迎される。⑧いわゆる高カーストのために別個の墓地を割り当てない。

この際、ウィルソンは一八三三年七月に示した「私はあなた方の民族的慣習、あるいは衣服や食物といったことには介入しない。しかし、古くよりの非キリスト教的慣習は放棄されねばならない」という立場を明確にしていた。そこではカーストは民族的慣習とはされておらず、その脱宗教化と世俗的位階への転換が企図されていたのである。初代マドラース主教のコリー Daniel Corrie, 1777-1837 も一八三六年二月に、カーストはいかなる意味においても社会における位階とは違うことを明言した。ウィルソンは、クラッパムセクトと呼ばれたイギリス国教会内の福音主義派グループに属する主教で、その論調は同派の立場を代表していた。カーストはインドにおける福音の普及に対する最大の障害であり、ブラーフマンは自己の利益確保のためにマヌ法典に代表される法典を作り出し、キリスト教の布教に反対していると見なされたのだった。カーストがもつ悪しき点はブラーフマンに集中して現れているとされ、それゆえに敵はブラーフマンであり、非ブラーフマンはイギリスの支配をブラーフマンよりの解放として歓迎しているという図式となったのである（*Essay on Hindu caste*）。

プロテスタント諸派のカースト観

一八世紀末から一九世紀前半にかけてベンガルに到来したバプティスト派やスコットランド長老派などの非国教会系諸派は、カーストに対してより苛烈な姿勢を取っていた。なかでも記憶にとどめるべき活動を展開したのが、バプティスト派に属し「聖霊に感じた靴屋」との異名で知られたウィリアム・ケアリー William Carey, 1761-1822 とスコットランド宣教師団のアレグザンダー・ダフ Alexander Duff, 1806-1878 であった。前者は、その出自もあり世襲的ヒエラルキーには敵意ともいうべき姿勢をとっていた。したがって、個人を集団に縛りつけ、健全な競争を不可能にし、進歩と発展を阻害するカーストは廃絶すべき対象でしかなかったのである。同じバプティスト派のウォード William Ward, 1769-1823 は「カーストは社会の安寧幸福に貢献するにほど遠く、最大の災いのひとつである。人口的に作り出された階層で、人々の徳質には関わりなく、人々の大半をその出生以前に精神的肉体的堕落に運命づけ、そこにおいてあらゆる知識体系と栄誉への道は閉ざされているのである。ヨーロッパにおける階級の区分は、市民としての徳質や学識に基づいており、社会の統合に重要な貢献をしている。しかるにこの制度は、いまだかつて生み出されたもののなかで最も非道な所業に起源をもっている」(Ward, 1822, pp.143-144)とした。ウォードは、インドにおける市民社会の欠如を語るとともに、カトリックに対抗するとの前提のもと、その聖職者に模して考えられたブラーフマンへの反発を顕わにしたのである。

ダフに代表される人々はスコットランド啓蒙主義の思想伝統に連なり、競争と社会移動を健全な社会の指標とみなし、啓蒙の手段としては教育を重要視していた。彼らのカーストに対する姿勢は明白だった。「偶像崇拝と迷信とは、巨大な構造物を造る石と煉瓦のようなものであり、カーストは全体に行き渡りしっかりとつなぎ合わせるセメントである。ならば、その共通の基盤を侵食し、一気に揺るがし、共に破滅をもたらそうではないか」（Forrester, 1980, p.33での引用）。

その目的を達成するために、たとえば、一八四六年八月にはスコットランド自由教会が運営する学校でカーストを批判する演説会が開催されたりしたのである（Roberts (ed.), 1847）。彼らにしてみれば、規律をもった有益な政体においてこそ権利と自由が全うされ、商業・財産・継承財は守られ、専制権力は追いつめられるはずだったのである（Bayly, 1999, p.113）。攻撃の向かう先は、カーストを作り上げ、支えているとされたブラーフマンであった。

アメリカより来訪した宣教師団も、一八四七年七月にカーストに関して次のような決議を行っていた。「カーストは、偶像崇拝を内包する異教の本質的要素であり、改宗後の信ずるに足る篤信の証として、その全幅かつ実際的な放棄が不可欠であると考える。また、カーストの放棄は、少なくとも、然るべき環境のもとで、どのようなカーストのいかなるキリスト教徒とも進んで食事を共にすることを意味する」（Smith, 1893, p.132）。

東インド会社の非干渉主義の前提のもとでこうした主張が展開されたことは、カーストは宗教と結びついた制度なのか、それとも非宗教的な機構なのかという論争を招来することになった。もしカーストが宗教と結びついているのならば、政府の方針により不用意に介入することははばかられたし、いっぽうでプロテスタント諸派の人々からすると、偶像崇拝をはじめとする「おぞましい」習慣をもつヒンドゥー教がカーストと不可分であったのならば、それは容認しがたいものであった。しかしながら、仮にそれが宗教とは何の関わりもない社会組織であったのならば、そこより邪悪な要素を取り除き、改宗者獲得の手段とすればよかったのである。共通の認識は福音伝導の使命であり、カーストと呼ばれるものが結集力の淵源であるという事実であった。

いずれにせよ、宣教師団のカーストへの反対は、単純な西洋優越主義ではなく、福音に基づくと信じていたがゆえに非妥協的であった。彼らは、インドにキリスト教徒のヒンドゥー(すなわち、インド人)を生み出すことを求めていたのである。

南インドのキリスト教会とカースト

キリスト教信仰とカーストの問題を検討するうえで重要な意味をもつのが、低カーストよりの多くの改宗者を含む大規模な信徒人口が存在する南インドである。そこでは早くも一八二〇年初頭に、カースト区分を許そうとしないヴェーパリー在住の宣教師に対して会衆が反発し、マドラース主教区委員会に直訴するという事態が出来していた。この問題は一八二四年にヒーバー主教の知るところとなり、最初の調査に結びついたのである。この種の調査は教会当局によって主導され、一八二八年に北部セイロンで行われた他、一八四五年一〇月にはマドラース主教の命によるヴェーパリー宣教師団の実状調査へと継承されていた。この時期、福音主義派が影響力を強めており、前提をなすカースト観はその立場を色濃く反映したものとなった。

こうした事態を受けて、南インドで活動するプロテスタント諸派宣教師団は、一八五〇年にカースト問題を検討する「マドラース宣教師団会議」を開催したのである。そこでは、カーストの属性とそれが提示する問題が次のように整理されていた(Minute of the Madras Missionary Conference)。カーストはヒンドゥーのなかに存在する出生による推定上の浄・不浄に基づいた区別であり、その本質において宗教的慣習であって、単なる世俗的区別ではない。カーストの位階において、富、才能、勤労努力、そして品性は、なんらの上昇ももたらさず、それらを欠いたとしてもなんらの下落も生じない。唯一、儀礼上の穢れが、その位階を壊す。それは、下位カーストの者より上位の者に対して、視覚、飲食、あるいは接触によって伝播しうる。その起源が何であれ、カーストは今やヒンドゥー教の本質的部分となっている。……それは神の言葉に反するにもかかわらずインドの土着教会において保持されてきた。もちろん、個人の自由は守られねばならないが、その起源と本質において非キリスト教的なものであるから、放棄されねばならない。

この目的達成のために、ウィルソン主教によって示された諸項目の実現が強く求められたのみならず、受洗にあたってはカーストの罪深い本質について説示され、最初の聖餐に列する前にカースト放棄の宣言が不可欠であるとされたのだった。教会全体よりカーストを容認する感情 caste spirit / feelings を除去するために絶えず注意が払われるべきで、その確認のためにも特別の方策が採られねばならなかった。そこで会議によって推奨されたのが、牧会職・教師を含む宣教師団の全構成員が、下層カーストによって作られた食事を共に取る愛餐 love feast であった。

この会議の議事録は、ボンベイとカルカッタの宣教師団会議にも送付され意見が交換された。その結果、カーストを宗教的慣行とみなしヒンドゥー教と不可分であるとすることでは一致したものの、他地域ではカーストをめぐる現象が一様ではないことが図らずも明らかとなったのである。

こうしたなか、一八四八年にはマドラース管区の国教会聖職者によって「カーストに反対する統一宣誓書」が発され、カルカッタ大主教による公認を受けていた。しかし、ヴェーパリー、タランガンバーディ、マーヤーヴァラム、プドゥコーッタイに拠点を構えるルター派ライプツィッヒ（旧ドレスデン）宣教師団のドイツ人宣教師たちはそれに同意するのを拒否し、カーストを放棄するという単なる宣言のみで他派よりの離脱者を受け入れていたのだった。同派のグロール K.Graul は、カーストは民族的慣習であり、問題とされるべきはカースト精神のほうで、それがなくなればカーストの悪は消滅するとして自派の立場を擁護していた。その廃絶は教育によって漸次的に進めねばならなかったのである（Graul, 1851）。

一八五八年には南インド宣教師団会議が開催され、再びカーストの廃絶とライプツィッヒ宣教師団の問責が話し合われた。しかしながら、南インドにおいてカーストが提示する問題は根深く、会議を重ねても決議されたことが具現化したわけではなかった。いっぽうでライプツィッヒ宣教師団の活動に対して、何らかの対抗措置を採ることは不可欠であった。そのため、一八六七年にマドラース主教によって、愛餐と寡婦再婚の進捗状況をめぐる調査が行われることになったのである。愛餐が判断材料のひとつとされたのは、共食にはカーストを維持する全ての精神が含まれているとされたからである。

その結果明らかとなった特徴的な事象は次の通りである（*Inquiries made by the Bishop of Madras*）。

ティルネルヴェリではカーストテストの名のもと愛餐の実行が決議されていた。かつてカーストの容認が表面化したタンジャヴールの宣教師団では、一八四七年よりインド人スタッフに対して愛餐を義務化しており、さらに一八五六年には地方委員会の決定によってそれを公開で行うようになり、調査が行われた時点まで継続していた。しかし、それに対しては他地域の宣教師よりは、南インドにおいてカーストが及ぼす影響は同じではなく、会衆へのタンジャヴール方式の強制は棄教者を生み出すとして、会衆とスタッフには別個の基準が適用されるべきであるとの意見が寄せられていた。たとえば、福音伝導協会 the Society for the Propagation of the Gospel（ＳＰＧ）に属したリーパー F.J.Leeper は、「教会における全ての位階の霊的平等は認めるが、ヨーロッパ人キリスト教徒以上にインド人キリスト教徒に対して求められるべきとは思わない」（前掲 p.22）と語り、同じ団体のアダムソン T.Adamson は、「タンジャヴールで毎年行われる公開愛餐は、インド人の考えの全てに反するものである。それはヨーロッパの価値観の押しつけにも等しい」（前掲 p.29）ものであるとした。愛餐の精神は理解されないまま形骸化してしまったとされたのである。

愛餐の強制には反対するもののカーストは廃絶されねばならないとした人々は次のように論じた。「カーストを廃絶するための主要な方策は啓蒙である。……カーストを放棄させることを試み、強いることは誤りである。良心に訴える説得のみが道理に叶った唯一の対抗手段なのである」（J.Marsh（ＳＰＧ）, 前掲 p.32）。「カーストに反対する闘いのために教育こそが必要であると提案したい。……事実、低カーストの人々はインドの他の高カーストに比べて政府に対して忠実である」（I.Ignatius（ＳＰＧ）, 前掲 pp.40-41）。「カーストをめぐる現在の状況と二〇年前のそれを比較したとき、キリスト教と教育の普及はカーストにより生じる先入観と偏見の力を打ち壊すにおいて大きな働きをしてきたと確信をもって断言してもよいと思う」（E.Sargent, 教会宣教教会 Church Missionary Society（ＣＭＳ）, 前掲 p.104）。このように、明らかに状況が変化していることと、教育こそがその変化をもたらすという認識が明確に立ち現れてきたのである。同様にカーストの属性に関する認識もより多様化し、「カーストは迷信というより民族誌上のものである。それはクランを保持するために編み出されたものである」(W.Hickey, 前掲 p.13)という主張が公にされるまでになっていった。

このように、一八五〇年の宣教師団会議より二〇年を経ずして、それまでの立場と方針を否定するような論調の登場を見たのである。それはアングロ・カトリック派寄りのSPGのみならず、福音主義派に連なったCMSのなかでも存在した傾向であったために、単に土着民族教会の設立を強調する傾向が強まったことだけでは説明がつかない変化であった。プロテスタント諸派においてカーストが問題視されるようになっておよそ半世紀、カースト観は明らかに多極化への途を歩んでいた。

このあいだに起こった最大の出来事は、言うまでもなく一八五七年の反英大反乱である。その原因究明は様々な立場から行われ、それぞれの利害を反映させた結論に達していた。宣教師団はカーストが果たした役割の評価に終始し、官僚たちは介入・非介入という従来の議論に執着した。そこでは、カーストの存在が反乱か安定かという二者択一の文脈で問われたのである。つまり、カーストを容認した結果反乱が起こったのか、それともカーストが揺らいだことが反乱を招来したのかが論じられたのだった。

そこで両者とつなぐ役割を果たしたのが、すでにふれたマックス・ミュラーに代表されるインド学者であった。彼は、言語概念であった「アーリヤ」を人種概念として広めることに大きな役割を果たしたが、いっぽうで、古代インドを称揚することで古典籍に見られる社会観や価値観を現代において蘇らせることにも一役買うことになったのである。ミュラーは、反乱のなかでカーストが果たした役割が論じられたときに、まずもってカースト概念の混乱を指摘し、インド学者の役割はその意味を明確にし、それによって正しい政策の策定に貢献することにあると主張したのだった。彼は、もしカーストが宗教と不可分に結びついているのならば不用意に介入してはならないことを認めていたし、ヒンドゥー教徒の側にも意見の相違があることにも気づいていた。しかし、ロマン主義者としてのミュラーは、宗教の本質はその根源に存在し、後代の付加物はその本来の姿よりの逸脱であるという考えをもっていたのである。つまり、ヒンドゥー教の本質はヴェーダのなかにこそ見い出され、同時代のヒンドゥー教のあり様は堕落以外の何物でもなかった。ヴェーダのなかには今日目にするようなカースト区分を支持するいかなる記述も見い出されなかったことから、結果として、カーストの現象は宗教の本質と何ら関わることのない人為的付加物とされたのだった。この見解は、カーストの属性判断に囚われることなく、その効果的利用を可能とする論理上の基盤を、宣教師団のみならず植民地政府にも与えることになり、いっぽうで、ヴァルナを理想的な分業体制とみなす前提条件をインド社会に用意することになった。さらに、カーストの存在ゆえに「インド人は国民意識というものを知らなかった」とミュラーが述べたことは、前章で見たように半世紀後に植民地官僚によって政策として実体化されていったのである。

いっぽう宣教師団は、反乱の後、一八六〇年から七〇年にかけて低カーストより多数の改宗者が登場してきたことから、彼らへの教育と雇用の機会均等を掲げて「キリスト教的な政策」を政府に求めるようになっていった。その主張は、留保措置の法制化要求の前提を用意したのである。「キリスト教大衆運動」と呼ばれた一連の事態は、カースト単位の改宗を図らずも容認させることになったが、同時に会衆が特定のカーストによって構成される「カースト教会」の成立につながりかねなかったために、旧来の論議を再燃させてしまったのである。

カースト観の変容

前節でみたカースト観の変容を最も顕著に示しているのが、カスト R.N.Cust, 1821-1909 のカースト論である。彼は、CMSの宣教師として活動した他にインド高等文官としての勤務歴も有していた。その主張をまとめると次のようになる(Cust, 1881)。

カーストは、議論の余地なくインドにおける社会的慣行 social institution であって宗教に関わる要素は小さい。その厳格さにおいてインド以外では見い出し難いが、四ヴァルナ区分に類するものは東洋諸国では珍しくはなく、通婚もアメリカやイギリスにおいても決して自由ではない。ヨーロッパの宣教師団はカーストを批判するが、インド人が自分の娘と結婚するのを許すか否かを考えれば、自らがインド人の上に立つカーストとなってしまっているのは明らかである。「分割して統治せよ」という観点よりすると、カーストは利用しうる既成の亀裂である。カーストが存在していない英帝国の他地域が、英領インドに比べて統治しやすく、その住民がより道徳的であり文明生活を営んでいるのかを考えてみればよい。このように支配者の立場よりするとカーストは確かに良い面をもっており、その突然の崩壊は不可避のものとして社会の瓦解を招来しよう。ヨーロッパにおける階級は水平面における分離であるとするのならば、インドにおけるそれは垂直面におけるものなのであって、どちらも非宗教的であることは変わりがない。いずれにせよ、公平な統治を行うイギリス政府のもとでは、カーストは考えられているほど邪悪なものとはなりえない。そのためカーストという民族的慣習に対する立法府による介入は行われるべきではない。不用意な介入は、帝国の喪失へと直結しよう。カーストから邪悪な部分を除去し、布教のために使いうる部分はそのまま残しておくように選択的に接すればよいのである。また、カースト上昇の動きは常態として目にされ、そこでは、虚構のカーストと家系が生み出されているのである。マラーターとスィックはそれを示すものであるし、イギリス支配においてはそうした動態を妨げる何物も存在しない。

カストの主張を継承して次のような発言もなされた（Melchizedek, 1909 より要約）。

宣教師団がヒンドゥー教の力はカーストにあるなどというのは誤解である。そう思うからカーストを破壊しないとキリスト教は広まらないとされる。カーストは民族的慣習であって宗教とは関係ない。カーストは理由づけのために宗教を求めるが、宗教はカーストを必要としない。それを徐々に良い制度に置換していけばよいのに宣教師団はひたすら否定しただけだった。ヨーロッパでは階級を認めているのになぜヒンドゥー教の裁可を受けたカーストを認めようとしないのか。高カーストヒンドゥーのほうが精神性において高く社会の支柱になりうる。宣教師団は、改宗者をして、彼が子供の頃から関わり合いをもたなかった人々と飲食を共にすることを強いる権利をもってはいない。

こうした主張は、改宗者の権利が法により保証されるようになった時期になされたものである。その時、教会の内外で何が起こっていたのかというと、いくつかの宣教師団では、下層の人々のみを受け入れ続けた結果、事実上、教会の門戸をカースト位階上位の人々に対して閉ざし、「カースト教会」を成立させていたのだった。植民地支配と一体視されていたキリスト教は、ここにおいて下層被差別民とも結びつけられたのである。民族運動の高揚に伴いキリスト教への反発が高まりを見せるなか、彼らに対して行政行為と選挙制度において留保措置が講じられると、それは差別の苛烈化に転じていった。いっぽう、宗教家ヴィヴェーカーナンダ Vivekananda, 1863-1902 のように単に西洋に対するインドの精神的優越を説くだけでなく、ヒンドゥー教こそが普遍性を体現させた宗教であるとする主張が登場したことは、ヒンドゥーがヒンドゥーであることを止めることなく新時代に対応するのを可能とし、改宗をいっそう阻害したのだった。また、一九世紀後半以降に展開された社会宗教改革運動ではカーストが推進単位となり、さらに宗派間関係の緊張につれ護教運動とカーストが一体化していったことは(第六章参照)、宣教師たちの影響力を減じ活動範囲を著しく狭めたのだった。こうしたことが相合わさり、布教活動を支えた神学思想の変容を強い、ついには成就神学 fulfilment theology の登場を見たのである。[1] そこでは、キリスト教による真理・道徳・救済の独占は影を潜め、非キリスト教信仰にも固有の価値体系が存在することが明確に認知されていた。そのうえで、インドにおけるキリスト教信仰は、異教徒の良質な部分が受容しうるような形で提示されねばならないとされたのである。その結果、偶像崇拝のみならずカーストを内包したヒンドゥー教への攻撃は、もはや聞かれなくなってしまった。

こうした論争のなかで編み出されたのが、カースト意識 caste spirit とカースト区分 caste distinction を峻別する論法である。前者は、カーストに基づく差別や悪習を容認する精神で排除しなければならないものだった。後者は、非宗教的な社会慣行でありとりたてて問題となるものではなかった。つまり、インド社会において目にするカーストから「カースト意識」を排除しさえすれば、カーストは純粋な社会組織となり、それゆえに布教にも用いうるのだった。宣教師団が闘わねばならないのは、「カースト意識」の方なのである。宗教組織としてのカーストは滅びるかもしれないが、社会組織としてのカーストは残り、発展を遂げてゆくに違いなかった。

このように、キリスト教のカースト観は決して既成の統一されたものが存在していたわけではなく、宣教師たちの出自や神学上の相違を横断して、インドの現実にふれるなかで相互に影響を及ぼしつつ形成され、変容していったものなのである。

カースト観の類型

一九世紀に提示されたカースト観は相互に関わり合いをもつ幾組かの類型にまとめうる。

一組目は、カーストを際立ったかたちで宗教的慣行 religious institution と見なすか、それともそれを起源と機能において社会的・非宗教的慣行 social / civil institution とするのかに関わるものである。そこには、カーストが世俗的位階や任意団体であるか否かという議論が付随した。植民地支配において在地社会といかなる関係を取りもつのかという観点よりすると、前者については、宗教的なものであるから介入すべきでないという立場と、それが異教徒のものであるから積極的に介入せよという姿勢が並存していた。後者に関しても、放任すべきであるという主張と、非宗教的であるがゆえに介入しても固有の価値観への干渉とはならないとする主張が同じく並存していた。それは双方においてカースト意識と制度を峻別して論じるかたちで洗練されていった。

二組目はカーストが民族的慣行 national institution/custom であるか否かをめぐる議論である。「キリスト教会は、どのような民族に対しても、キリストへの信仰を別にすれば他のいかなるものをもたらすことを義務とはしていない。教会は、民族的慣習と慣行(それが明らかな宗教的罪や法に背く犯罪でない限り)介入してはならず」(Peter the Pearker, n.d., p.19)、布教にあたっても否定されるべきではなかったのである。

三組目は、カーストが有益な区分であるか否かを判断点とした多様な議論である。肯定的に評価する人は、宗教と結びついたカーストの遵守がインドをして文明化し、変革期における混乱を防いだと見なした。宣教師よりするとカーストは道徳性を保証し、改宗を阻害しないとされた。支配者の立場よりすると、それは支配の受け皿となることで間接・分割統治にも利用できたのである。他方、否定的な立場を取る人は、カーストは邪悪な慣習で全ての時代においてヒンドゥーの活力と知性を奪い、人々に集団的敵意を吹き込むことで社会性をなきものとし、侵入者を利することになったと見なしたのだった。当然、その存在は改宗を阻害し反乱を助長するとされたのである(*The Times*, 1857/12/29)。この見方による限り、カーストは廃絶されねばならなかった。宣教師団がヨーロッパにおける階級を容認しながらもカーストに敵対したのは、「ヒンドゥーは世俗的位階の代わりにカーストをもつ。カーストは罪深いものであるのに対し、世俗的位階は正当かつ必要なものである。邪悪なものは除去されねばならないが、富、学識、地位、ならびに出生に基づき形成された世俗的位階を排除しようとしてはならない」(J.Cornelius（ＣＭＳ）, *Inquiries made by the Bishop of Madras*, p.115）というように個人の才覚と努力による社会移動を許容しない制度と見なしたからである。

カーストをインド固有の社会制度とみなす場合は民族誌上の範疇として扱っていることになり、いっぽう、アパルトヘイトのように出生によって決定される強固な区分を指す場合には、社会学上の範疇として用いていることになる。カーストを論じるにあたりこうした分析概念上の洗練が図られたのは近年のことだが、類型分類自体は、一九世紀前半にすでに宣教師達のなかでも用いられていたものだった。ただし、いずれにしても、そこにはカーストが出生に基づく非常に強固な制度であるとの前提が存在していた。

カーストをめぐる認識は、その語が広く知られるようになった一九世紀において、およそ考えうるような類型が出つくしたと考えてよい。何よりもそれは、布教活動や植民地支配の利害に直接に関わっていたがゆえに、事実認識と価値判断が著しく混交し、常に相反する評価を伴って扱われてきたのである。それが、カーストの起源と機能をめぐる理論化を阻害したのは否めなかった。その欠落は代わって官僚によって補われることになった。

植民地官僚とカースト

イギリス人官僚のようにインド社会と日常的に接した人々にしてみると、司法廷で展開される議論と現実に目にする現象との間には、大きな落差が存在するのは認めざるをえない事実だった。自らが身を置く地域社会は、古典籍に見られるインド社会とは様相を異にしたばかりか、そこにはヴァルナや規範的価値を意識しない人々がごく普通に存在したのである。浄・不浄観やカースト序列にしても、その程度については地域や階層ごとにかなりの差異があることは認識されていたし、当事者の意識や時間の経過によって変化することも知られていたのだった。しかしながら、そうした現実の動態がカーストに関わる公的認識に反映されたのかというと必ずしもそうではなかった。それは、植民地支配の確立とともに政治的一体性がもたらされ、そこで採用されたヒンドゥー法の運用形態や軍・行政府が援用したカーストの単純化された枠組みが、地域差を減じたり隠蔽したりする役割を果したからである。それはさらに国勢調査や民族誌記述の制度化過程で判定基準が統一されたために際立っていった（第三章参照）。

　ここにおいてカーストは、虚構の均質性をもつ全インド的な存在と見なされるようになったのだが、いわばそれは、地方的局地的に存在するカーストとの間に一種の重層構造が成立したこと意味していた。この段階で官僚たちの間では、古典籍と現実との落差を埋め、なおかつ一元的な解釈を可能とするような独自のカースト論への指向がかきたてられることになった。在地社会を揺るがすような不用意な介入をすべきではないという前提があったからこそ、かえってそこではカースト序列を説明する合理的理論への希求と系統・起源論への飽くなき関心が際立つようになったのである。「行政官の人類学」とも言うべき学問分野は、ここに生み出されることになる。権力の行使に関わり、なおかつ、任地に関する地誌や民族誌の執筆を行うことが慣例化していた時代において、彼らの果たした役割は決定的であった。今日、カースト研究史に名を残す業績は、そうした官僚の手になるものである。前章で詳しく検討したが、ここで再び簡単にまとめてみよう。

たとえば、一九世紀に代表的なカースト論を執筆した官僚のネスフィールドやイビットソンは職能起源論を打ち出していた。しかし、その関心は、たとえば後者に見るようにカースト的でない要素をもっている農村へも向いていたのである（Dirks, 2001, p.139）。この立場を支持していたのが、クルークやブラント E.H.A.Blunt, 1877-1941 らだったが、彼らはさらにそこに環境決定論などの付加的な調整を行ったのである。

いっぽう、リズリや帝国地誌編纂に尽力したハンターなどは人種起源論に拠っていた。ハンターは、ベンガルの統計調査報告を編纂したが、彼によればイギリス人がそこでカーストであると見なしたものは、インドに侵入したアーリヤ人によって作られた社会規範とは基本的に異なる崩れた組織に他ならなかった。ベンガルでカーストとされるものは、上位人種と下位人種、征服者と被征服者の争いの結果なのであり、同じアーリヤのなかに見られる階層化ではなかったのである（Bayly, 1999, pp.135-136）。

リズリは、カーストがヒンドゥー社会を固めるセメントとしては機能しているが、いっぽうで、共有される国民性 common nationality の醸成には決して寄与しないとみなしていた。そのいっぽうで、彼は形質人類学上の知見でカースト序列の科学的分析を企図したのである。彼には、ガルトンの優生学やトピナールの人種論の影響が、明白に見て取れた。同時代において民族誌調査に従事した官僚のなかには、たとえば、サーストン Edger Thurston, 1855-1935 のように、そうした立論を支持する者が多かったのである。しかしながら、「リズリがカーストを扱う聖典をきちんと読んでいれば、誤りを犯さなかっただろうに。……カーストの起源と社会的位置を理解するためには、ヒンドゥー教聖典に依ることが絶対的に不可欠である」（Nag Varma, 1893, p.i, p.1）というように、そこには常に古典的社会観の方に引き戻そうとするベクトルがインド社会に存在していたのである。イギリスによって発見された古代インドの栄光は、ヒンドゥーにとっても最大のよりどころだったのである。

リズリが推進した「科学的ランキング」の解析に対しては、まずもって反対運動が展開されたが、それを撤回させるのが困難であることが明らかになると、ランキングの向上や軍事適応種族（第五章）への指定を求める動きを誘発することになった。それが可能となったのは、在地社会での情報収集においては自己申告が大幅に容認されたことと、調査の末端では、しばしば、インド人識者の協力が求められたからである。その手がかりとして刊行されたのが、第七章で扱うカースト族譜であり独自のカースト制度論であった。それらは、サンスクリット古典籍におけるカーストに関する記述の欠落を補い、そのランキングやヴァルナ帰属を判定するもので、自前の典拠文献といっても良かった。歴史の欠如という非難に対して、カースト集団は、自らの手で史書を生み出すことで対抗しようとしたのだった。

インド社会に与えた影響という点に限ってみれば、人種起源論が与えた影響が大きかったのは事実である。しかしながら、二〇世紀中葉にかけて刊行された官僚のカースト論では、それを支持するものは少なくなっていった。たとえば、インド高等文官のハットン J.H.Hutton は、百科事典的記述をもち、広く読まれることになる浩瀚なカースト論を執筆したが、彼が立脚していたのはカーストのトライブ起源論であった。もはやそこでは、上位にいるアーリヤ人と低位に置かれたドラヴィダ人という単純な人種論上の立論は見られなくなり、結果として、インド側にも受け入れられていったのである（Dirks, 2001, pp.141-143）。しかしながら、ハットンの本は、官僚の人類学が終わりを告げようとしていた時期に刊行されたこともあり、また、人類学自体の関心が移っていったこともあり、学説史上の貢献以上の影響を行使することはなかったのである。

植民地期カースト論のその後

プロテスタント系のキリスト教宣教師たちが偶像崇拝とカーストに対して取った強硬な姿勢は、自らの存在のみならずキリスト教信仰自体をもインド社会において異化させてしまった。しかしいっぽうで、彼らのヒンドゥー教観は、そう定義することによって生じたリアリティーに他ならなかったから、それを必要とした環境の変化に連動せざるをえないのもまた事実であった。

成就神学と民族教会の成立によって、カーストに対するひたすら攻撃的な姿勢は見られなくなり、ヒンドゥー教とカーストをめぐる議論は教会史のエピソードとなったのである。そして、この枠組みを官僚たちのカースト論がたどった命運に当てはめたとしてもあながち誤りだとは言えまい。植民地支配という必然が消滅したとき、精緻をきわめた彼らの理論は一挙に遺物と化していったのである。結局、後に残されたのはカーストに関するステレオタイプとインド学者の社会観だった。ただし、忘れてならないのは、それは我々のインド認識のなかに生じた変化なのであって、インド社会ではその全てが明白な現実であったということである。両者の接点に生じたのがカーストの実体化であり自己再編運動であった。

在来の親族組織や職能集団、ならびに局地的に存在した階層のみならず宗教古典籍に見られた位階までもが一括してカーストとみなされ、それらが実際の植民地支配の行政行為に反映されていたインド社会では、他者のインド認識に生じた変化であっても、その全てが容易に現実に転じえたということである。

改宗者の獲得をもってして布教活動の成否が計られるならば、在来キリスト教徒人口が多数存在していた南インドは別として、北インドにおける布教活動は成功を収めたとは言い難かった。その際、改宗を阻害する要因はカーストであり、ブラーフマンの影響であるとされたのだった。それは、不可触民をして、その最大の被害者として特定することになり、彼らは最も有望な改宗対象集団として浮かび上がるようになったのである。

インドとカーストを結びつけるのは容易なのだが、ではいかにしてインドがカースト社会であると想起され、どのような文脈でどの部分が実際にカースト社会化していったのかは、そうした現象の分析を通して初めて可能となるのである。それには、第六章で検討を加えることになる。

第五章
実体化するカースト概念

植民地軍とカースト――反英大反乱前[1]

およそ二〇〇年に及んだイギリスのインド支配において特徴的であったのは、被支配地の人口に比して宗主国よりの移住型人口移動が、圧倒的に小さかったことである。それは、イギリスのインド関与の初期より見られた傾向で、武装する商社であった東インド会社が擁した軍隊も、近代兵器で武装したイギリス人部隊を擁していたものの、兵力の大半は本国より派遣されたものではなく、現地において確保された傭兵により構成されていた。そのうえで、在地政治勢力との合従連衡が図られたのである。

したがって、インドにイギリスが到来して以来、どのような人々を軍に雇用するのかは、常に重大な関心の的とならざるをえなかった。それは、ベンガルにおいて地租徴収権を獲得して実質的な植民地支配が開始されると、成文化された軍規則に基づく募兵方針に反映されていった。ただし、その初期においては、管区別の軍編制が採られており、全国一体の軍制は敷かれていなかったので、大きな地域差が存在していたことは理解しておかねばならない。マドラースとボンベイの両管区の動向を視座に入れつつ全インド性を勘案した募兵方針が論議されるようになるのは、一八三三年の勅許状改正により中央集権化の礎が置かれてからである。さらにそれが本格化するのは、反英大反乱鎮圧後に東インド会社が解散させられ、本国政府による直接統治が開始されてからだった。ただし、それが制度上に反映されるには然るべき時を要し、一八七九年に総督リットンにより任命された軍制委員会の提言に基づき管区軍が撤廃され、四つの軍管区が設置される一八九五年を待たねばならなかった（*The army in India*, p.23）。

一八世紀末から一九世紀初頭にかけて採られた募兵方針の大綱は、高カースト、わけてもブラーフマンの優遇と、低カースト、わけても不可触民の排除であった。これは、ブラーフマンが最も高い浄性を潜在的に有しているとされ、他カーストの人々に穢れを与える可能性が、相対的に低いと見なされたからである。寝食を共にする軍隊において、それは決定的な意味をもつとされたのである。さらに、そこでしばしば言われたのは、兵は低カーストに属する下士官の命令に従わないであろうということであった。

募兵業務と用兵において、カーストに関わる論議が他に先駆けて登場したのはマドラース管区軍においてである。当時、施行されていた募兵関係規則四条は、「騎兵、あるいは騎馬砲兵に雇用されうるのは、イスラーム教徒とヒンドゥー教徒のみである。低カースト、すなわち、パッラー Pullah、パリアー Pariah、そしてチャクラール Chuckler などは、緊急の場合を除き歩兵には雇用されない」として、低カースト(実質的には不可触民)を軍雇用より排除することを定めていた。

この規則に関して、それが高位カーストを不当なまでに優遇するものであるから、低カーストのなかには大きな不満が存在するとの報告が、麾下の指揮官よりマドラース軍司令官に寄せられていたのである。後述するように、マドラース管区軍は、募兵において多大の困難に直面していたことから、用兵の現場よりもたらされたこの報告は深刻に受け止められ、早速にその実状を調査するため、キャンベル少将を委員長として副司令官と需品長官よりなる司令官の私的検討委員会が任命されたのである。その報告書は、一八〇七年初頭までにまとめ上げられた(Extract Military Letter from Madras, 5 March 1807; Thomas Reynell, Military Secretary to Major-General Campbell, 19 January 1807; "Minute of the Commander-in-Chief," Extract Fort St.George Military Consultation, 13 February 1807)。

そこでは、低カーストを一律に排除する第四条を撤廃することが提言されていたものの、そうしたカーストよりの雇用を無条件に拡大するのではなく、募兵はあくまでも人物本位で行うこと、さらに騎兵は従来通り高カーストよりの雇用に限定することが答申されていた。この方針は、本国管理局より一八〇九年八月九日付けで承認を受けることになった。それにより、南インドにおいて人口のかなりの部分を占める低カーストの要望に応えて、新たな雇用機会が開かれるはずであった。

次にカーストをめぐる問題が顕在化したのは、管区を越えた募兵活動の是非をめぐってである。マドラースとボンベイの両管区、わけても前者は管区内で募兵を行い軍を編制するにあたり、恒常的な困難に直面していた。それは、マドラースにおいては早くも一六八六年に意識され、スマトラ島よりマラヤ人傭兵を移入することが議論されたほどであった。それは実行には移されなかったものの、傭兵軍の編制においては、分割統治の原理が有効であることが、東インドの他地域を例に取って次のように記されていた。「住民の様々なカーストの力の均衡を図るという賢いやり方によって、オランダ人は支配下にある住民一万人に一人の割合という少数でも、多大の人口を統制できるのである」(Despatch from India, 1681-86, pp. 215-216. Dodwell, 1922, p.13での引用)。軍雇用とカーストを結びつけて論じる傾向は、一八世紀中葉まではとりたてて際立つこともなく、せいぜい「適切なカーストのなかより兵を雇用すべきこと」が、語られているにすぎなかった(Dodwell, 1922, p.14.)。そこで言われる「適切なカースト」とは、ラージプート(第七章二〇五—二〇七頁参照)、イスラーム教徒、そしてインド南部のテルグ語圏の三つのカースト、すなわちカンマヴァール Kammavaru、ラーズ Razu、ヴェーラマ Velamaであった。しかしながら、募兵業務が順調に進んだかというとそうではなく、一七八八年に知事のキャンベル Archibold Campbell, 1739-1791によりカルナータカにおける募兵業務遂行の困難さが指摘されて以降、同様の発言が繰り返され続けたのである。その困難は容易に解消されることなく、一七九五年には他管区における募兵の推進が発議されるに至るのである。目が向けられたのはベンガルとボンベイの両管区であった。

ところが、ボンベイ管区自体も募兵に困難を感じており、一八一〇年に管区軍司令官は、兵を自前で調達できないことを認めた上で、次のように書いている。「マラーバールを領有したにもかかわらず、ボンベイ軍はその地方の住民より募兵することが能わずにいる。雇用されたのは、カナラかベンガル地方からの者である。グジャラート地方は、よそ者以外の兵士を供給することなく、兵士の多くはベンガルやヒンドゥスターン、あるいはマールワー地方出身の東国人(プールビー)である。デカン地方は、プーナ傭兵軍に兵士を供給するものの、その全てがペーシュワー〔インド西部のマラーター王国で一七一三年に設置された宰相位で、同王国の実権を掌握していた〕の領土よりやって来た者である。彼らがどの程度信頼できるのかは、軍隊が移動するときに明らかとなる。彼らのなかよりは、多くの逃亡者が出てしまうのである」(Extract Minute of Commander-in-Chief, Bombay Army, 24 June 1810)。その逃亡者について、別の文書では、一八〇八―〇九年には計四〇〇〇人、一八一〇年二四三六人、一八一一年一六九三人という数値が挙げられている。これは管区軍総体の五―八%に及ぶものであった。住民たちは、農業や村落業務に雇用される機会がないときに限って傭兵となるのが、その原因であると見なされていた。ペーシュワー政権が存在していた当時においては、逃亡兵の捕縛も能わなかったのである(the Adjutant-General of he Army to Secretary to Government, 11 September 1828)。

両管区は、こうして傭兵不足を補うために良質の兵が多数存在すると見なされたベンガル管区、わけてもあらたに英領に組み込まれた北インドに目を向けてゆくのである。まず、マドラース軍はベンガル管区内の三都市(カーンプル、バナーラス、ディーンプル)に募兵官を派遣しようとした。こうした行為は、二つの問題を派生させることとなる。ひとつは、ベンガル管区での募兵にあたり、マドラースとボンベイ管

図 8 描かれたマールワール地方のラージプート兵士

区の双方は、ベンガル管区では付与されていないような便宜、たとえば、高額の給与、好条件の年金、遺族年金を保障していたのである。分けても年金類は、ベンガル管区内に居住する受給資格者に公然と支払われていたために、ベンガル管区軍との雇用条件とのあいだに明らかな差違が立ち現れてきてしまい、兵士とその家族のなかに不満を表面化させてしまっていた。そして、何よりも問題となったのは、管区軍は可能な限り個別固有のものとして維持されるべきであるという、従前の基本方針にもとることである(Extract Military Letter from the Government of Bengal, 26 June 1819)。

本国理事会は、管区軍はあくまでも別個に扱われるべきであるとしたものの、他の二管区が直面する問題に一定の理解を示し、上述三都市における募兵業務への便宜供与を容認したのだった。しかしながら、それらの都市を越えてバナーラス、ビハール、アワド、アラーハーバード地区において募兵活動を展開することは、明確に拒否したのである(Extract Military Letter to Bengal, 5 December 1821)。この立場は、二年後の一八二三年になると、マドラース管区の募兵方針への全面的反対へと転じていった(Extract Military Letter to Bengal, 25 November 1823)。

その直後にボンベイ管区軍が北インドにおいて行おうとした募兵行為も、「三管区軍の一般的かつ制度的混交は、非常に危険な結果を招く」として忌避されてしまうのである(Extract Military Letter to Bengal, 6 September 1826)。その結果、ボンベイ管区軍は、より高額の給与と手当をもって、グジャラートと南カナラにおいて募兵活動を展開することを強いられていった。一八一八年にペーシュワーの政権は崩壊していたから、募兵は容易に推進されるかに思われたのだが、結局のところ望まれる成果を挙げることが出来ず失敗に帰してしまったのだった(Extract Military Letter from Bombay, 14 July 1830)。

表2は、一八二八年におけるボンベイ軍兵士のカースト・出身地域構成である。確かにブラーフマンの比率は低いものの、いっぽうでその倍の規模で低カースト(Moochee = Mochi)が雇用されている。また、イスラーム教徒よりはヒンドゥー教徒の、地域でいうと北インドからの雇用比率が圧倒的に高いことが目を引く。管区軍の固有性を保持するといっても、実際には北インドより供給される人材を抜きにしては、軍編制はおぼつかないというのが実態であった。確かに、反英大反乱前における北インド出身兵の卓越は圧倒的であり、それは、ひるがえって北インドの言語であるヒンドゥスターニー

表2 1828年ボンベイ軍所属インド人兵のカーストおよび出身地域構成

宗教集団・カースト構成		出身地域	
Brahman	190	Bombay	129
Hindu	22,171	Konkan	11,939
Musalman	3,245	Deccan	2,453
Christian	276	Gujarat	665
Purwarry	4,666	Kutch	4
Jew	278	Katiyawar	3
Moochee	399	Malwa	57
Rajpoot	83	Malabar	780
Soorty	1	Hindustan	10,630
Sudee	3	Mardas	225
		Bengal	3,905
		Carnatic	460
		Goa	26
		Mysore	29
		Arabia	7
計	31,312	計	31,312

出典) *Parliamentary Papers*, 1857-58, vol.43, p.123, paper 129 (Caste of Hindoos); 1832, vol.43, p.123. なお，ローマ字綴りには，今日使われるものに対応させて，表記に一部手を加えている．

語が、軍隊における共通語となる前提を用意するとともに、後述するようにタグの禁圧を招来するに至るのである。さらに興味深いのは、管区軍の七割を占めるヒンドゥー教徒に関して、そのカースト帰属の統計が取られていないことである。ところが、そのことは一転してベンガル管区においては、軍隊における望ましいカースト構成のありかたという問題設定のもと、論議の対象とされていたのである。

先に記したように、一九世紀初頭までは、軍雇用において優先されたのはブラーフマンであった。その募兵方針は、前述のようにマドラース管区においては一八〇七年に撤廃されていたが、ベンガル管区においては少し後まで残り、高カーストや菜食主義者の雇用が、カースト帰属の証拠として巡礼地においてパンダー(聖地案内僧)が保持している記録の提出とともに実施されていた。しかしそれも、一八三〇年八月に、ブラーフマンを排除しないものの、有能な兵になりうるイスラーム教徒やラージプートとバランスの取れた雇用を図るべきであるという命令のもと、変化の兆しをみせていった(Col.C.Fagan, Adjutant-General of the Army to the Officer Commanding, 9 August 1830)。この方針は、募兵の現場においてはブラーフマンの排除とイスラーム教徒とラージプートの優先として立ち現れてしまったことから、軍への雇用を望むブラーフマンがラージプートを装って入隊する事例が多数報告されるようになり、管区軍のカースト構成に歪みが生じていった。その結果、一八三四年に一八三〇年命令の再検討を求める書簡が、ベンガル軍司令官よりベンガル総督に発せられるに至るのである(Col.J.R.Lumley, Adjutant-General of the Army to Col.W.Casement, Secretary to the Govt. of India, Military Dept., 25 November 1834)。

それを受けて、総督ベンティンク W.C. Bentinck, 1774-1839 は、一八三四年一二月二九日付けで「インド人コミュニティの敬意を受ける階層に属する人々を、そのカーストや宗教に基づいて排除したり優先したりすることは、ベンガル管区インド人軍における雇用に関しては、機能を停止する」との命令を発したのである(Minute Governor-General, 29 December 1834)。

ここにおいて、ブラーフマンであれ、ラージプートであれ、あるいはそれ以外のどのようなカーストであれ、排除や優先的扱いの対象とはならないことが、全ての管区において明らかとなったのである。しかしながら、先にボンベイ管区の例で見たように、それが即座に実際の軍構成に反映されたか否かは、別の問題である。むしろ、植民地軍が、在地社会にとって東インド会社の非軍事部門ともども最大の雇用先として意識され、そこにどれだけ参入しうるのかが多大の関心事となっていたことから、インド社会においては既得権益の擁護や新たな権益確保をめぐって、熾烈な争いが展開されるようになったと見るべきであろう。そして、そこで雇用単位とされたのは個人ではなく、固有名が明示されない場合があったものの、やはりカーストが単位とされていたのである。さらにここには、ラージプートなる非古典的な曖昧範疇が利益分与の重要な指標として登場してきていたのである。

「軍事適応種族論」の登場

一八三四年の方針に大きな改編が加えられるのは、反英大反乱以降のことである。カーストと宗教に関わる植民地期の諸施策をみるとき、この反乱が与えた影響は、決定的であった。

ここで登場したのが、「軍事適応種族(あるいは、尚武《しょうぶ》の民)論 martial race theory」と包括的に呼ばれる募兵原理である。それは、「インドにはカーストが存在する。カーストは、代々同じ職業を継承する。事実、ヒンドゥー法典には戦士階級に模して考えられるクシャトリヤの存在が記されている。インドには、そのヴァルナに属する一群のカーストが存在するわけだから、彼らは良き兵士となる潜在的な能力をもっているに違いない。兵として雇用するのはそうしたカーストに属する人に限ればよい」という論理の展開に基づいていた。これは、ある特定の個人の発意により、画期となる年を境に誕生したものというよりは、一九世紀後半より二〇世紀にかけて徐々に形成された募兵方針の底流をなす考え方といえる。一八八〇年代に明確化し、第一次世界大戦をはさんでインド軍はこの理論に基づき再編されていったのである。その後、この方針はインド独立まで変わることなく維持されたことから、軍内部にとどまらない多大の社会的影響を及ぼしたのである。

それは、一つにサンスクリット語で書かれたプラーナ文献には、クシャトリヤの消滅伝承が存在しており、インド社会においては、純粋なクシャトリヤは存在しないと見なされていたからである。そうであるにもかかわらず、クシャトリヤに属し、なおかつ、良き兵となりうる資質をイギリスより認定されたカーストのみが、軍雇用の対象とされたのである。時を同じくして、第七章で見るように、アーリヤ・サマージに代表されるヒンドゥー教の復古的改革団体は、ヴァルナ帰属は生まれではなく、出生後の行いによって決定されうるとして布教活動を展開していたことから、軍雇用への参入を企図する人々は、神話的歴史を捏造し、それをカースト族譜に記すことでカーストを単位として集中的にクシャトリヤ帰属を唱えていったのだった。アーリヤ・サマージは、その動きに裁可を与えることで積極的に荷担したのである。いっぽうで、イギリスもそうした動きに対応するかのように、カーストを単位とする『募兵ハンドブック』の公刊によって軍事適応種族論をより具体的に制度化していった

表3 植民地期に刊行されたインド軍募兵のためのカースト・ハンドブック（caste/class handbooks for the Indian Army）

1. P. Holland-Pryer, *Mappillars or Moplahs*, Calcutta, 1904.
2. R. M. Betham, *Marathas and Dekhani Musalmans*, Calcutta, 1908.
3. T. P. Russell Strachey, *The history of the Muhiyals, the militant Brahman race of India*, Lahore, 1911.
4. Eden Vansittart, revised by B. V. Nicolay, *Gurkhas*, reprint ed., Calcutta, 1915.
5. J. M. Wikeley, *Punjabi Musalmans*, Calcutta, 1915.
6. A. H. Bingley and A. Nicholls, *Brahmans*, reprint ed., Calcutta, 1918.
7. A. H. Bingley, *Jats, Gujars, and Ahirs*, reprint ed., Calcutta, 1918.
8. J. Evatt, revised by K.Henderson, *Garhwalis*, Calcutta, 1924.
9. G. E. D. Mouat, *Madras classes*, Calcutta, 1927.
10. W. B. Cunningham, *Dogras*, Calcutta, 1932.
11. C. M. Enriquez, *Races of Burma*, Calcutta, 1924, 2nd ed., Delhi, 1933.
12. C. J. Morris, *Gurkhas*, Delhi, 1933.
13. R. T. I. Ridgway, *Pathans*, Calcutta, 1910,1918: Delhi, 1938.
14. A. Latham, *Kumaonis*, Delhi, 1933, reprint ed., Delhi, 1941.

のだった（刊行物総体は表3参照）。

そうしたハンドブックでは、カーストの歴史であれ本質的属性であれ、きわめて単純化されたステレオタイプが語られていた。その際だったものが、もともと虚構であったにもかかわらず、アーリヤのみが良き軍事適応種族となりうるという前提であった。問題となったのは、その是非ではなく、そこに描かれたイギリス側のイメージに沿って自らを再編していかない限り、軍雇用への参入は確保できないという厳然たる事実であった。これは、ヴァルナ帰属で括られたカーストを実体化させる最たる原動力となったと言える。ここにおいて生じた社会変動は、植民地支配確立前には、決して存在しえない規模のものだった。

軍事適応種族としての指定を受けたコミュニティとしては、スィック教徒やグルカー Gurkha がよく知られているが、決して彼らだけに限定されていたわけではなかった。なおかつ、スィック教徒については、反英大反乱前に遡る前史が存在していた。

イギリスは、第一次（一八四五―四六年）と第二次（一八四八―四九年）スィック戦争の過程で、スィック教徒たちと敵対しながらも、彼らが示した団結力とその優れた軍事上の適性に注目するようになっていた。総督ハーディング Henry Harding, 1785-1856 は、そのことを高く評価して、一八四六年にベンガル不正規騎馬部隊やパンジャーブの地方軍歩兵部隊にスィック教徒を先駆けて雇用するようになっていた。一八四九年にスィック勢力がイギリスに敗北し、パンジャーブが完全にイギリス領に併合されてしまうと、それまで、スィック勢力に雇用されていた多くの軍人が職を失うことになってしまった。彼らを野に放つよりも、積極的に植民地軍に採用することで雇用を安定させる方が、得策であるとされたのである。それは、植民地獲得のために在地支配勢力マラーターと戦ったマラーター戦争より得た教訓のひとつでもあった。こうして、反英大反乱前にスィック教徒がパンジャーブのイスラーム教徒ともども軍に雇用される現象が顕在化していった（Military Letter from the Governor-General of India, 4 July 1850）。イスラーム教徒一般も概してヒンドゥー教徒よりは軍人に適していると見なされていたのである。しかしながら、そうした方針が常に成功を収めたわけではなく、マラーバールに居住するイスラーム教徒コミュニティのマッピラーのように、軍事適応種族として特定されたものの、じきにそれが全くの誤判断であったことが明らかとなった例も見られたのだった。

では、具体的に軍事適応種族論は、どのように形成され、いかに機能していったのであろうか。

一八五七年五月に起こった反英大反乱は、忠実であるべき傭兵軍が蜂起し、一時は、インドにおけるイギリス支配を覆す寸前にまで至ったことから、反乱鎮圧後の原因調査は苛烈かつ徹底的に推進された。反乱は、まさに植民地支配の矛盾が暴発したものに他ならなかったのだが、当時、イギリスが自らそれを認めるはずもなく、全ての要因は他に求められていった。そこで、もっとも大きな信憑性をもって語られたのが、誤った募兵方針に基づき兵として雇用すべきでない者をもってして軍を編制したということであった。では、兵として適さない人々は誰で、いっぽう、良き兵となるのは誰であったのか。論議は、大反乱前の枠組みを受けて、何らかの形でカーストの扱いを軸として展開していったのである。

反英大反乱の後、一八五八年七月に本国政府戦争担当相のピール少将 Major-General Peel を委員長としてインドの軍制を検討するための委員会が任命された。委員は全てイギリス人によって構成されており、インド人は一人も参加していなかった。この委員会は、もともとは募兵方針を精査検討することを任務としていなかったが、調査が進展するにつれ、募兵方針がきわめて重大な意味をもつことが認識されていったのである。しかしながら、見解を統一することには、多大の困難が伴うこととなった。委員の多くは、高位カーストの排除を主張したが、それに対して彼らも良き軍人になりうると反駁する委員も存在したのだった。

すでに軍構成において然るべき比率を占めていたスィック教徒とイスラーム教徒に過重に依拠すべきか否かについては、意見が分かれていた。いっぽう、一七世紀の議論を甦らせて、英帝国の他地域よりの兵員雇用を主張する委員も存在したのだった。結果として、ピール委員会は、もっぱら経費の面からインド軍の欧化と英帝国他地域よりの兵員移入を否定し、最低限の合意点として、エルフィン

表4　インド人歩兵大隊の出身地域（1862-1914年）

地　域	1862年	1885年	1892年	1914年
Nepal（Gurkhas）	5	13	15	20
Hindustan east of the Yamuna（including UP and Bihar）	28	20	15	15
Punjab and NWFP	28	31	34	57
Bombay（including Rajputana and Central India）	30	26	26	18
Madras	40	32	25	11
合　計	131	122	115	121

出典）Omissi, 1994., p.11．数値は，大隊の数を示す．

ストン John Elphinstone, 1807-1860による「様々な異なる背景をもつ者が、同じ連隊に雇用されるべきではない……分割統治こそを我々のモットーにしなければならない」という反対にもかかわらず、「インド人軍は、様々な民族により構成され、部隊ごとに混交すべき」ことを答申したのであった。この段階では、ある特定のカーストが雇用されるべきとも、ある特定の地域より兵員が供給されるべきともされていなかった。実際のところ、軍内部においても見解が統一されていなかったのである。要は、四つの傭兵対象地域（パンジャーブとヒンドゥスターン平原よりなる北インド、ベンガル、マドラース、ボンベイ）を相互に競い合わせたうえで、最終的にイギリスが一元的に管轄すればよかったのである（Omissi, 1994, pp.6-8）。ただし、軍隊構成の変化に目をやると、一八六〇年代から九〇年代にかけて、募兵の重点地域は明らかにパンジャーブとネパールに移動していったのだった（表4）。

第二次アフガニスタン戦争（一八七八―八〇年）をへて、北西部においてロシア帝国の脅威が明らかになると、それに対応してインド軍の再編論議が再燃するようになっていった。その中心にいたのが、一八八五―九三年にかけてインド軍総司令官の地位にあったロバーツ Frederick Sleigh Roberts, 1832-1914 である。彼は、インド傭兵軍が反乱を起こす可能性よりも、ロシアの脅威の方を重大視していたことから、従来の均衡維持策を大胆に転換することを提言した。イギリスは、「インドが供給しうる最良の戦闘材料を手にいれねばなら」なかったのである。この戦闘材料が、すなわち軍事適応種族に他ならなかった。さらに彼は、四つの募兵地域に関して明確な価値判断をもっていた。マドラースをはじめとする南インドの人々は、代々、非戦闘的であり、中国人、ビルマ人、アビシニア（現エチオピア）人の軍隊とは戦えるかもしれないが、とてもロシア軍と対抗できるとは考えていなかったのである。民族や地域に関わるそうした先入観は、なにも彼に限られていたわけではなく、マコーレーの語った「臆病なベンガル人」に始まり、一八七六―八一年にかけてマドラース軍司令官であったチェンバレン Neville Bowles Chamberlain, 1820-1881 も、マドラース軍の歩兵は、そのベンガル軍のレヴェルにさえも決して到達し得ないと見なしていたのである。

ある一群の人々を軍務に向いているとする見方は、イギリス本国においては「好戦的なスコットランド高地地方人」というステレオタイプに淵源をもっていたが、インドでは、「インドは、観察者に対し、競い合う宗教、相対立する集団のみならず、軍事面で実に開きのある能力を有する集団の驚くべき混交を見せてくれる。……軍事面で適性を有する地域と集団と、そうではないものとの際立った対比は、ヨーロッパでは例を見ない」という認識のもと、カーストと結びつけて展開されていったのである（*Report of the Indian Statutory Commission*, vol.1, par.116）。

一八七九年に本国議会により任命されたエデン委員会は、軍編制における分割統治の原理を認めつつも、「パンジャーブは、インドにおける最良の軍事適応種族たちの故郷であり、我々の最も優れた兵士達の揺籃の地である」という発言を記録にとどめたのである。しかしいっぽうで、一八五七年に反乱を起こしたのは、ベンガル軍のブラーフマンをはじめとする高位カーストであったことは事実であったし、また、マドラース軍の低カースト兵が忠実な兵士であったことも否定しがたい事実であった。こうした相反する事態を前にして、忠実で強健な兵士としてのスィック教徒とネパールのグルカー族の存在が際立っていったのだった。特に、彼らがイギリス人将校にとって、ブラーフマンのように儀礼上の煩瑣なタブーをもっているとは見なされていなかったことも、それを側面より刺激したのである。

イギリス帝国軍事史に名を残すキッチナー H.H.Kitchener, 1850-1916 は、軍事適応種族としてスィック教徒を称賛してやまず、次にように語っていた。「その宗教生活において単純素朴であり、カースト偏見に囚われることなく自由で、その好戦的な信条において、真の意味で農民として男らしく、理解力が常に早いとは言い難いが、でも勇敢で、力強く、誠実であるこうした男たちこそが、帝国にとって真の意味で計り知れないほど役に立つのである」(Macauliffe, [1903], p.27)。

知的水準は高くないかも知れないが、純朴であるがゆえに忠実な軍人となりうるというイメージは、反英大反乱において在地のスィック教支配者が、イギリス側に立ったという記憶と相俟って、望まれるスィック教徒のイメージを作り上げていったのである。また、マックマンが記したように、イギリスにとってスィックらしく見える者、すなわち、髭を蓄え、パグリー(ターバン)を絞めた男が積極的に雇用されたために、外貌と一体化したカールサースィック(純粋なるスィック教徒)意識を強めることになったのも事実であった（MacMunn, 1979）。ある面で、軍事適応種族論は、そこに包摂される人々の外貌を規格化したとも言えよう。

軍事適応種族論の実体化

一八八〇年以降、こうして軍事適応種族論は具体化していったのだが、次に、それが実際にどのように運用されたのかを見ていこう。表5に掲載した統計資料は、一八七五年からインドが臨戦体制に入る一九四二年にかけて、インド国防省とインド軍総司令部より刊行された『インドにおけるインド人軍のカースト構成に関わる年次報告書』（一八九八年より『階層構成年次報告書』と改題）という興味深い政府内部資料よりの抜粋である（L/Mil/14/216-236）。表2と比較すれば分かるように、一九世紀前半において見られたようなヒンドゥー教徒・イスラーム教徒といったような大枠による統計処理は影を潜め、前者についてはカースト区分が、後者については居住地域区分が際立つようになっている。

反乱直後の一八五八年において軍総体でスィック教徒兵の占めた比率は、五%ほどであった。それが、一八七五年には一〇・九四%に増大し、一九一〇年に一七・九五%に達し、一九三三年には一三・〇〇%、一九四二年には一〇・六四%へと推移していった。これは、兵の雇用地域で見るとより顕著に現れ、反乱の中心となったベンガルと北インドのヒンドゥスターン平原地域より採用される兵は、イスラーム教徒（一八七五年一九・七九%、一九一〇年五・六三%、一九三三年一・六四%、一九四二年一・一二%）とヒンドゥー教徒（一八七五年二六・三二%。統計がカースト単位で取られており地域区分が不明のため、あくまでも概数だが、一九一〇年で多くて一八%ほど、一九三三年では一九%ほど、

1933 Indian Army Grand Total

イスラーム教徒	81,618	38.13%
Pathans	18,313	(8.56)
Hill Baluchis	901	(0.42)
Balties of Baltistan	3	—
Panjabi musalmans	46,292	(21.63)
Musalman Rajputs	1,983	(0.93)
Meos	344	(0.16)
Hindustani Musalmans	3,515	(1.64)
Rajputana & Central India Musalmans	3,675	(1.72)
Dekkani musalmans	4,651	(2.17)
Madrasi musalmans	896	(0.42)
Other musalmans	1,045	(0.49)
ヒンドゥー教徒及びその他の宗教徒	132,425	61.87%
Sikhs	27,820	(13.00)
Dogras	16,170	(7.55)
Kanaits	28	—
Gurkhas	26,547	(12.40)
Garhwalis	4,691	(2.19)
Kumaonis	3,071	(1.43)
Rajputs	15,598	(7.29)
Jats	10,889	(5.09)
Brahmans	3,552	(1.66)
Mahrattas	6,052	(2.83)
Ahirs	3,150	(1.47)
Gujars	1,930	(0.90)
Madras classes	3,067	(1.43)
Burma classes	4,683	(2.19)
Other classes	4,933	(2.30)
Christians	244	(0.11)
総計	214,043	

1942 India Grand Total

イスラーム教徒	279,558	37.63%
Pathans	47,980	(6.46)
Baluchis	2,029	(0.27)
Hazarwals	9,658	(1.30)
Panjabi musalmans	172,543	(23.22)
Musalman Rajputs	6,013	(0.80)
Meos	2,187	(0.29)
Hindustani Musalmans	8,340	(1.12)
Rajputana & Central India Musalmans	7,772	(1.04)
Dekkani musalmans	8,800	(1.18)
Madrasi musalmans	5,310	(0.71)
Other musalmans	8,926	(1.20)
ヒンドゥー教徒及びその他の宗教徒	463,364	62.37%
Sikhs	79,118	(10.64)
Dogras	39,851	(5.36)
Gurkhas	64,681	(8.70)
Garhwalis	16,097	(2.17)
Kumaonis	13,929	(1.87)
Rajputs	41,151	(5.53)
Jats	42,955	(5.78)
Brahmans	15,352	(2.07)
Mahrattas	32,667	(4.40)
Ahirs	13,661	(1.84)
Gujars	6,804	(0.92)
Madras classes	57,278	(7.71)
Other classes	31,934	(4.30)
Christians	7,886	(1.06)
総計	742,922	

出典）L/Mil/14/216-236.

注）・1875年の統計表は，原史料の各項目の固有名詞表記が一定しないため，原則として和訳した．それ以外の表記は，いずれも原綴を踏襲した．

・各宗教徒の下位区分の百分比率は，下三ケタ目で四捨五入してある．

・原出史料に見られる数値の計算ミスは，適宜訂正が加えられている．

表 5　インド人軍の集団・カースト構成の変遷

1875 India Grand Total

イスラーム教徒	41,195	31.37%
ヒンドゥスターン	25,987	(19.79)
ハザーラーを含むパンジャーブ	8,239	(6.27)
英領を越える辺境とアフガン	2,418	(1.84)
トランスインダス	4,551	(3.47)
ヒンドゥー教徒	62,225	47.39%
パンジャーブ(27,679:21.09%)		
スィック	14,366	(10.94)
ドーグラーと丘陵民	3,393	(2.58)
その他のヒンドゥー教徒	1,694	(1.29)
その他	8,226	(6.26)
ヒンドゥスターン(34,546:26.32%)		
ブラーフマン	6,861	(5.23)
ラージプート	8,320	(6.34)
ジャートとマラータ	3,557	(2.71)
アヒール，グージャル	3,457	(2.63)
バート，クルミー，カイト，バニアー	1,704	(1.30)
グラーリー，ロード	841	(0.64)
パスィー，ダーヌク，チャマール	1,046	(0.80)
カティーク，メヘタル	1,754	(1.34)
その他	7,006	(5.34)
北東辺境	5,752	4.38%
グルカーとネパール	5,120	(3.90)
クマウニーとその他の丘陵民	632	(0.48)
アッサムジャルワール	472	0.36%
キリスト教徒	3,698	2.82%
南インド	17,741	13,51%
テルグ	10,495	(7.99)
タミル	2,978	(2.27)
パルデーシー	1,051	(0.80)
パルワーリー	3,082	(2.35)
Maungs	10	—
Ramosees	7	—
Baidurs	118	(0.09)
ユダヤ人	220	(0.17)
総計	131,303	

1910 Indian Army Grand Total

イスラーム教徒	91,391	40.66%
Cis-Frontier Districs	12,532	(5.58)
Trans-Frontier Districs	6,943	(3.09)
Afridis	4,308	(1.92)
Panjab proper including Hazara	42,063	(18.72)
Hindustan and Cis-Sutlej Panjab	12,652	(5.63)
Rajputana and Central India	4,403	(1.96)
Bombay	164	(0.07)
Madras	3,279	(1.46)
Dekkan	4,134	(1.84)
Other musalmans	913	(0.41)
ヒンドゥー教徒およびその他の宗教徒	133,360	59.34%
Jat Sikhs	30,713	(13.67)
Other Sikhs	9,611	(4.28)
Dogras and Panjabi Hindus	11,805	(5.25)
Gurkhas	24,122	(10.93)
Garhwalis	2,813	(1.25)
Rajputs	16,841	(7.49)
Jats	10,277	(4.57)
Brahmans	4,389	(1.95)
Mahrattas	6,672	(2.97)
Gujars	1,845	(0.82)
Mers	1,218	(0.54)
Minas	749	(0.33)
Bhils	19	—
Tamils	2,596	(1.16)
Pariahs	1,405	(0.63)
Other Hindus	5,453	(2.93)
Christians	1,598	(0.71)
Jews	22	—
Burmans, Karens and Assamese	1,212	(0.54)
総計	224,751	

一九四二年では一五%ほど)の双方ともに減少し、代わって、過重なまでにパンジャーブ地方とネパールを含む北方丘陵地域へと重心が移っていったのである。これは、単にスィック教徒の雇用が増えただけではなく、同地域に居住するイスラーム教徒や、グルカー以外の丘陵民の雇用が増えたことによっていた。

いっぽう、軍事的能力が欠如しており、相対的に非好戦的であると見なされた南インドの人々は徐々に軍隊より排除されていき、同地域からは、戦時下を別にすればほとんど名目上の募兵が行われているにすぎないことが見て取れる。事実、一八八二年には四〇のマドラース歩兵大隊のうち八つが解隊され、二〇世紀に入る頃には、二五大隊しか残っていなかったのである(Omissi, 1994, pp.15-16)。

カースト単位で見ると、一九世紀前半において然るべき員数が雇用されていた不可触民やトライブに属する人々は、ブラーフマンともども、反英大反乱をはさみ、第一次世界大戦にかけて急速にその数を減じていった。

反乱前に「ヒンドゥー教徒」と一括して表記されていた人々は、それぞれ、ラージプート、ドーグラー Dogra、グルカー Gurkha、クマーユーニー Kumauni、ジャート Jat、アヒール Ahir、マラーターMaratha、グージャル Gujar 等のカーストへと分化していった。記載の対象となったカーストは、いずれも軍事適応種族の指定を受けているものである。『募兵ハンドブック』の記載内容と照らし合わせると、そのいずれもがクシャトリヤ・ヴァルナへの帰属を前提としていた。ジャート、アヒール、グージャルなどは、在地社会においては、従前、とりたててヴァルナ帰属と関連づけて意識されることはなかったか、仮にあったとしても、もっぱら農耕や牧畜に従事している人々が多かったことから、ヴァルナ帰属でいうとシュードラと見なされるのが常であった。それが、反英大反乱後、わけてもインド帝国の成立に合わせて軍雇用が拡大していったことから、急速にクシャトリヤ起源を主張するようになっていったのである。それは、第七章で見るように彼らが展開したカースト運動や、その過程で刊行された族譜に明白に見て取れるのである。他方、イスラーム教徒も、反乱後、決して軍雇用より排除されたわけではなく、むしろ、北インドよりパンジャーブ・北西辺境に募兵地域を移して、雇用が拡大していったのである。また、ジャイナ教徒と仏教徒の見事なまでの一貫した排除には目をみはるものがある。

最後に、政治社会的な面から軍事適応種族論として一括された人々が、その範疇を手がかりとして結集することが可能であったのか否かを見てみよう。

アジア太平洋戦争がすでに開始され、日本軍のインド侵攻が現実味を帯びてきた時期である一九四二年七月に、ニューデリーにおいて北インドを中心として約八〇名の出席者を得て「インド軍事適応種族連盟 The Union of Martial Races of India」の結成大会が開催されていた(L/I/1/1044)。運営委員会は、一一名より構成され、会長に選出されたのは、パンジャーブ連合党に属し、スィカンダル・ハヤート・ハーン Sikander Hayat Khan, 1892-1942 を首班としたパンジャーブ州政府の閣僚を務めるチョートゥー・ラーム Chotu Ram であった。この団体が、潜在的会員資格を有していると見なした軍事適応種族は、軍雇用に対応してラージプート、ジャート、マラーター、アヒール、グージャルに限定されており、イスラーム教徒は当面排除されていた。南インド出身者は、全くの対象外に置かれていた。会長となったチョートゥー・ラーム自身は、ジャート勢力を代表していた。

この結成大会では、連盟の活動センターを北インドの三カ所〔デリー、パトナー、デーワス〔ジュニア〕〕に設けることを定めた後で、いくつかの決議が可決された。一つにインドの完全独立と即座の権力移譲をイギリスに求め、その要求が認められた時には軍事適応種族が一体となって戦争目的に協力することを保障していた。決議では、インドに存在する軍事適応種族の総人口は、六〇〇〇万人であるとされ、そこより一〇〇〇万人に達する良質の兵士の供給が可能であるとされていた。しかしながら、仮に要求が受け入れられない場合は、然るべき行動に出ることが併せて示されていたのである。二つに、軍事適応種族間の交流を深め、その伝統を保持育成するために軍事教育を施す学校の開設や州公務員職への均等な雇用を要求していた。

イギリス側は、この動きに対して、この組織が親英の立場を取りうる可能性をもっていることを認めていた。いっぽうで、それが分割されざるインドを標榜し、イスラーム教徒を当座排除しようとしていることから、また、軍事適応種族の伝統保持の基盤として、ヒンドゥー教徒の藩王を擁する藩王国を重要視していたことから、同時代の政治環境よりして、反英独立と「ヒンドゥー支配 Hindu Raj」の確立を企図する組織と取られかねない可能性を見て取っていた。しかしながら、それが南インドを明らかに除外していたことから、当面は、大きな政治的影響力を行使することはなかろうと判断したのだった。政府が行うカーストを単位とする利益分与に対応し、暗黙のうちにアーリヤ神話を受容している限り、全インド的に何らかの目標を共有することは、不可能だったのである。

本書の検討課題に即してみると、軍事適応種族理論は、いかなる歴史的な役割を果たしたのであろうか。

一つに、軍事適応種族論により、カースト帰属が植民地支配下の利益分与と明確に関わる事態が固定化していった。そして、その決定権は、あくまでもイギリス側が保持していたことから、少なくともここにおいて分割統治は成功を収めていたと言える。二つに、それは意識面における価値体系に大きな変容をもたらした。すなわち、一九世紀を通して、インド社会においては私法の運用形態、さらには慣行調査を通して、すでにブラーフマン的価値が高まりを見せ、そこでは再生族と一生族との格差が強調されていたのだが、それに加えて、軍事適応種族論によるクシャトリヤ性の強調が招来されたのである。総じて見ると、植民地支配下において高まったのは単にブラーフマン的価値だけでなく、ヴァルナ意識総体の高揚を見たと言えよう。こうした事態は、近代前期に関わる史料では跡づけることのできない、まさに植民地期特有の現象であった。これは、次章で述べるアーリヤ・サマージの活動と勘案させて考えると、与えた影響は計り知れないものであった。三つに、軍事適応種族論は、いっぽうで軍事的弱者や非適合者とされるカーストやカースト内のグループ、あるいは地域を生み出す選別の機能を果たすことになった。そして、その適否の結果は公表され、時に民族誌における形質測定によって「客観的」に証明されもしたのである。浄・不浄以外の基準を包摂する階層化が、ここに始まり、それはカースト制度の存在と結びつけて理解され、ひるがえって、排除・差別・階層化というカースト制度の本質と見なされるものに還元されていってしまったのである。こうして、宗教とは切り離されて、ひたすら政治化してゆくカーストの存在が、立ち現れることになったのである。

「クリミナル・トライブ論」の登場

軍事適応種族論と同じ論理に依拠し、しかしながら、正反対の結果を招来した植民地期の施策に、「クリミナル・トライブ（職業的世襲的犯罪集団）Criminal tribes」の特定があげられる。これは、カーストがある特定の職業を継承するとの一般的な前提に立脚し、インドには犯罪を生業とするカーストが存在するという仮定に基づいていた。植民地支配下において減少することのなかった犯罪を、自らの治安維持施策の失敗にではなく、カースト制度の存在に求めたのである。この仮定の上に立って、犯罪を「伝統的職業」とするカーストを特定し、彼らを一律に予防拘禁し、さらに親と子を引き離して収容キャンプかコロニーに隔離してしまえさえすれば、職業の連鎖は絶ち切られることになり、最も効率の良い犯罪予防策となりうるとされたのである。

こうした刑事行政上の試みは、一九世紀前半におけるピンダーリー Pindari とタグ Thag/Thug に対する政策、わけても後者の禁圧に淵源をもっていた。

ピンダーリーは、もともと、マラーター軍に属した騎馬軍団であったが、給与の支給に代えて被征服者よりの略奪を許されていた武装勢力だった。第二次マラーター戦争（一八〇三―〇五年）によりマラーター勢力が敗北すると独自の行動をとるようになり、在地の諸勢力と連合して、しばしばイギリスを悩ましていた。イギリスは、彼らを野盗、ないしは略奪者集団とみなし討伐行動を繰り返し、総督ヘースティングスの代である一八一八年までには、ほぼ鎮圧に成功するに至ったのである。ここでは、犯罪的略奪者と一般市民、強盗と軍人という明瞭な範疇区分が成り立っていなかったことと、それがとりたてて世襲的伝統的職業や出生と結びつけて語られてはいなかったことに留意しておきたい。

タグとは、ヒンディー語で、偽る、騙す、欺く者という意味をもっており、タギー Thagi とも言われる。近代前期のインドにおいては、親密さを装い旅人や隊商などに近づき、薬物を飲ませたりして金品を収奪する職業的な窃盗・盗賊団を指していた。彼らは、北インド一帯とデカン地方に特徴的に存在していたとされる。殺害や収奪の方法により、ダトゥーリヤー Dhatulita（麻酔毒性のあるダッラ果を使う者）、バッダク Baddhak ないしパーンスィーガール Pansigar（両者ともに縄を用いる者）などとも別称された。タグのなかには、イスラーム教徒とヒンドゥー教徒の双方が含まれており、タグとなることに出生を要件としてもいなかったことから、別段、カーストに模して考えるべきものでもなかった。メンバーは、宗教上の帰属を越えて、ともにバヴァニー、カーリー、ドゥルガーといったヒンドゥー教の女神を崇拝していた。ムガル帝国のアクバルの治世（一五五六―一六〇五年）において登場したとされるが、確証があるわけではない。

イギリスには、ベンガルにおける植民地支配の基盤が確立し、徐々にガンジス河に沿って影響圏が拡大してゆく過程で、一七九九年にその存在が「発見」されたとされている。当初より、タグがもつ独特の習俗、仲間うちのみで通用する特異な言語習慣が、多大の好奇心をもって取り上げられ、当時の犯罪社会観と相合わさり、インド内外の関心を引きつけたのである。

一九世紀の前半を通して、東インド会社政府は、その禁圧に多大の努力を払うことを余儀なくされた。それは、地租を最大の税収項目とする植民地支配を確立するにあたり、土地慣行に関わる情報が在地社会より思うように収集できず、また、地租の効率的な収集が阻害されたとき、タグはその要因と見なされ、排撃の対象とされていったのである。文明化の使命を負い、在地社会の安定を自らの存在理由とする限り、不安要因は取り除かれねばならなかったのである。タグの存在は、ともすれば、国家権力の弱さゆえに発生すると考えられていたから、それは何よりもまず、イギリスの手によって禁圧されねばならなかったのである。

ベンティンクが総督であった一八二九年には、タグの取り締まりを専門に担当する「タギーおよびダカイティー局」が開設され、スリーマン W.H.Sleeman, 1788-1856 とスミス C.Smith が担当に任じられた。一八三六年には、「タギー法」と通称される法律第三〇号が成立し、法の成立の前であれ後であれ、また、東インド会社領の内であれ外であれ、タグと認定された者は、重労働を伴う終身刑に処されることとなったのである。これは、イギリス・イスラーム法体系の刑事案件に関わる規定であったが、従前求められていたイスラーム法官のファトワー(意見書)なしでの判決を可としていたことが、画期的であった。同法に基づきかなり徹底した禁圧政策が採られ、タグは一八六〇年頃までにイギリス領地域でほぼ根絶されるに至った。スリーマンは、任期中の体験をもとに幾冊もの本を著し、「タギー・スリーマン」と通称されるまでになった。

タグに関する議論において特徴的であったのは、「世襲的、専門的、伝統的職業としての犯罪」という見方の登場である。それは、次のような文言をもって繰り返し語られたのだった。「専門的、敢えて言えば生まれながらの強盗であり、彼らは整然とした集団を形成している」。「インドにおける強盗とは、物乞いと同じように伝統的世襲的職業であり、道徳的に卑劣な行為とは見なされていない」(Singha, 1993 に引用)。

すなわち、犯罪とは個人の問題ではなく、彼が属している集団の問題とされたのである。問題となるのは、個々の犯罪の立証ではなく、犯罪を犯した者が属する集団の属性であった。そのことは、実行に移されたか否かは定かではないものの、ヘースティングスの次のような発言に見事なまでに象徴されている。「強盗を犯したことで処罰された者の家族は、国家の奴隷にされねばならない。その者が属する村は、罰金を課せられねばならない」(前掲 p.85)。

タグに対して採られた諸施策は、「法による支配」を打ち立てねばならないというイギリス植民地支配の大前提と矛盾を来すのは明らかであった。では、そうした危惧を凌駕するに足る必然性は、いったいどこに存在していたのであろうか。この問題を考究したスィングは、次の三点を挙げる(前掲)。一つに、先に見たとおり、マドラース・ボンベイ・ベンガルの管区軍は、募兵において北インドに過重なまでに依存していた。管区軍兵士が、休暇で帰郷する際の安全のみならず、故郷に残した一族の平穏な暮らしを維持することは、傭兵軍の安定した運用にとって不可欠であった。二つに、イギリスは一八一七―一八年を境にラージプーターナーと中央インドにおいて阿片の独占権を獲得していた。それにより得られる利益を確保するためには、まずもって、北インドの通商路の安全が保障されねばならなかった。第三に、より上位の政治判断として、在来支配権力が未だ存在していた藩王国地域において、軍事的かつ政治的なあからさまの介入よりも、イギリスの権威と一体化した規範的価値を際立たせるような施策の方が得策であると見なされたからである。この論理の展開を支えたのは、インドが異質な社会であり、イギリスないしヨーロッパの価値観では理解しきれない事象が存在しているのだという確信であった。これは、全てベンティンク総督の時代の出来事であり、サティー(寡婦殉死)の法的禁止(一八二九年)が図られたのと時を同じくしていたのである。

タグの禁圧、さらにその背後にある政策的判断を補強するために、ダコイト dacoit(職業的強盗団)の捕縛を企図して一八四三年法律第二四号が、さらにタグとダコイトに関する法律が包摂し得ない一所不在の犯罪者を捕縛するために一八四八年法律第一一号が制定されていった。しかしながら、「職業的」が何をもって定義できるのかには曖昧さが残され、それがいかにして犯罪と結びつくのかについては、しばしば議論となるのは避けられなかったのである。

これら一連の施策の背景には、一八五六年のアワド併合の後、タールクダール(土地保有者)を植民地支配の支持基盤として取り込み、より安定した農村社会を構築しなければならないという大前提が控えていた。そこでは、単に農村部における犯罪の根絶を担保するだけでなく、土地経営の根幹にある農民と非定住民を分離する必要性があったのである。そして、その目的を最終的に担保するための方策として登場したのが、「クリミナル・トライブ」という法定概念範疇であった。その特定に至る法整備の過程では、たとえば、一八五六年にかけて展開されていたパンジャーブ州における犯罪集団サーンシー Sansi の法的規制に関わる論議が、またいっぽう、イギリス本国に目をやれば、クラフトン Walter Crofton, 1815-1897 の立論や常習的犯罪者規制法制定に関わる議論が参照されたのである。

クリミナル・トライブという概念が、明確に立ち現れてくるのは、一八七一年に制定されたクリミナル・トライブ法によってである。同法の立法目的は、犯罪を世襲的伝統的職業とする集団(tribe)、ならびに、ヒジュラー(半陽性者)集団の特定と登録にあった。この法律がいかなる前提に立っていたのかは、法案審議においてなされた東バラール長官の発言に端的に現れている。

我々は皆、インドにおいて職人たちはカーストに従うことを知っている。大工の一族は、この先一世紀であろうと五世紀であろうと、血統が途絶えない限りは大工となろう。穀物商、鍛冶屋、皮職人や全ての商売も同じことである。……このことを理解すれば、職業的な犯罪がもつ意味は、明白であろう。つまり、その先祖が記録にないほどの昔より犯罪者であった一族 tribe は、カーストの定めにより犯罪を犯すことを運命づけられており、その子孫もまた、一族が根絶やしにされるか、タグのように捕縛されない限りは、脱法行為者となるのである。……ある人物が犯罪者であることを認めたとしたら、それは、その人物が端からそうであり、生きている限りそうであり続け、矯正は不可能ということなのである。それこそがその人物の天職であり、カーストの定めだからである。犯罪をなすことは、その人物の信仰上の義務であるといっても過言ではなかろう(Government of India, Legislative Proceedings, Nov.1871, no.62)。

これは、生来的犯罪者ではなく、あくまでも職業的世襲的犯罪者の存在を確認したとみなすべきだが、その根元的原因をカーストの存在に求め、個人ではなく集団への帰属を前提としたことで際立っていたのである。

この法律は、総督の同意のもと当該州政府に、常習的に組織だった重犯罪を犯す集団を「クリミナル・トライブ」として特定する権限を与えるもので、さらにそうして特定された集団が非定住者であった場合は、通常の居住地と生計手段を報告することを求めていた。総督が、州政府から報告された内容を吟味した結果、ある特定の集団が常習的かつ組織だった犯罪を犯していると認定された場合には、州政府をして彼らを官報に「クリミナル・トライブ」として記載する権能を付与していた。ひとたび、その布告が公表されると、その妥当性をめぐる議論は、司法廷の管轄外に置かれるとされていた。そして、各州で当該集団が居住する地域を担当する官僚(マジストレイト)は、当該集団に属する全ての個人の登録業務を行うことを求められたのである。その登録業務への協力は、当該集団の法的義務とされ、拒否や虚偽情報の提出自体が処罰の対象とされていた。登録終了後は、対象となった集団は、警察の監視下に置かれ、非定住集団は州政府の指定する土地に定着することを求められた。総督の許可が得られれば、その集団を矯正キャンプに収容したり、成員の移動範囲を制限することも可能となっていた。動静確認のための点呼、村落や家の捜査は合法化され、村落の長や村番、あるいは地主には、当該集団に属する個人の動静報告義務が課せられた。

この法律は、立法当初、北西州(後の連合州。現在のウッタルプラデーシュ州)とパンジャーブ州のみを施行対象地域としていたが、一八七六年改正法によりベンガル管区下流域に適用が拡大されたのを皮切りに、一八九七年改正法では他州への適用が容認され、その後一九一一年改正法ではマドラース管区も適用地域に含まれていった。さらに一九二三年と二四年には再々度の法改正が行われ、規制内容の調整が行われた。

この法律の制定過程と全インドへの適用拡大過程においては、司法と行政、あるいは行政内部においてすら対立が見られたが、基本的に出生によって獲得されるカーストやトライブへの帰属を最優先させ、その後にそこに属する個人を登録し規制するという、集団帰属の卓越には変化が見られなかった。規制強化に特に熱心だったのが、パンジャーブ州と北西州であった。

軍事適応種族は、少なくともインド帝国成立後は全インド的な枠組みとして機能したことから、対象となったカーストの人口を把握することが可能だが、クリミナル・トライブは州ごとの特定を原則としており、なおかつ、指定は随時改訂されたために、その指定人口の経年変化をたどるには、いくばくかの困難が伴う。ボンベイ州では、一九一九年の年次報告によると一万五五一人という指定人口があげられており、いっぽう、連合州は、もっとも多くのクリミナル・トライブ人口を抱える州だったのだが、独立直後には、その人口は一五〇万人に達していた（*Report of the Criminal Tribes Enquiry Committee*）。それは、独立後においては、「その他の後進諸階級 other backward classes」の特定に関わる問題と結びついていくのである。

軍事適応種族論がそうであったように、クリミナル・トライブ法も、実際の運用にあたっては、各州ごとに『クリミナル・トライブ・ハンドブック』が編纂公刊され、司法・警察実務において用いられた。それは、軍事適応種族ハンドブック以上にステレオタイプに満ち溢れたものだった。

また、興味深いことに、先に記したようにイギリスは、かつて反乱を起こした集団であっても、彼らがひとたび帰順し、統制下に入りうる可能性を示すと、一転して軍雇用の対象としてきた。その結果、しばしば、クリミナル・トライブに指定されるいっぽうで、軍事適応種族にも指定されるコミュニティが生じてしまったのである。ピンダーリーの構成単位であったマラーターや南インドのマッピラーなどは、その最たる例であった。犯罪者集団と軍事適応種族の特定は同じインド社会観に依拠しており、およそ半世紀の時間差をもって相補的に結びついたのである。これは、イギリスの卓越がカースト属性を本質主義的に操り、社会的にそれが再生産されてゆくシステム以外の何ものでもなかった。同時にそれは、ヒンドゥー教徒の側にも単に社会移動の手がかりのみならず、自己再編のきっかけを与えるものだったのである。そのことを次章で見てゆこう。

第六章　インド的〈自画像〉の構築——アーリヤ・サマージとインド社会の自己再編

数値化されるコミュニティ——ネーション、ヒンドゥーであることとカースト

第一章で見たように、ヒンドゥーとは、近代前期においては、他者により与えられた名称概念であった。当初、それはインドに住む人々を包括的に指して用いられていたが、イギリスによる植民地支配の確立とともに、在来固有の宗教信仰をもつ集団を指す用語として固定されていった。しかしながら、「ヒンドゥーとは誰か」、「ヒンドゥー教とは何か」ということが、単純に合意を見たわけではなかった。

イギリス植民地支配の末期においてもそうした事態は変わることがなく、一九三一年の国勢調査担当長官は次のように語らざるをえなかった。「ヒンドゥーという用語を定義することの困難さの一部は、それが社会的のみならず宗教上の用語であり、実際のところ、非常に多岐にわたる宗教信仰と慣行を持つ組織化された社会の成員であることを示していることによっている。それゆえに人が〈生ま

れによってではなく〕社会的にヒンドゥーとなり、自らをその一員であると見なしていない人々と宗教信仰を共有することは可能なのである」(*Census of India 1931, vol.I, part 1, para.160*)。この見方は州国勢調査担当官によっても支持されていた。「人をしてヒンドゥー教徒とするのは、インドに生を享け、住民の多数派に知られているある種の宗教信仰を共有し、その多数派により受容されている社会制度の成員であり、同一の多数派により通常受け入れられているパンテオンに含まれる神格のひとつを信仰するという事実である」(前掲)。

国勢調査担当官によって示されたこの観点は、当事者によっても共有されたうえでさらに展開されていった。「ヒンドゥーとは誰か? ヒンドゥーとは、インダス河より大海にいたるバーラトヴァルシャの大地を自らの父祖の地にして聖なる土地とみなす人のことである」(Indra Prakash, n.d., pp.5-6)。すなわち、ヒンドゥーであることは、居住地と不可分に結びついた存在の様態そのものであり、ヒンドゥーイズム Hinduism という語で示されるような単なる主義や主張の信奉者ではないとされたのである。この意味合いを示すものとして造語されたのが、ヒンドゥットヴァ Hindutva(= Hinduness)であった(たとえば、Savarkar, 1938 や百科事典にあたる Gaur, 1995 参照のこと)。

ここに至ってヒンドゥーは最も広範な包括範囲をもつことになったが、それは必ずしも「ヒンドゥー教の寛容性」を意味したわけではなかった。それはこうした主張が登場する歴史環境を検討すれば明らかになる。インドにおける植民地支配の確立により、イギリスは支配制度の整備に乗り出したが、そこでまずもって設定されたのがインド社会を宗教徒集団によって構成されているとみなす枠組みだった。それは、一七九三年に確立された私法運用準則に始まり後代の限定的選挙制度に至るまで貫徹されていった。国勢調査においても一貫して宗教徒人口が数値化されて提示されたことから、各宗教徒が内的差異を捨象したうえで、数量上の実体をもつ集団としてとらえられてゆくことは避けられなかった。さらに、宗教上の帰属は公務における占有比率や教育水準の分析にあたっても指標として援用されたために、社会経済上の特性を体現していくようになった。なおかつ、一九〇九年以降、国政レベルにおいても宗教分離選挙区が設置されてゆくと、宗教徒人口は獲得するであろう政治力のみならず、その未来をも予見するものと解釈されていったのである。わけてもそれは、近代派イスラーム教の勢力が登場し、イギリスと協調路線を採りつつ、自らの社会経済上の後進性を克服する運動を展開するようになると、政治性を不可避に帯びることになった。

国勢調査の結果、表6に見るように単位人口あたりの各宗教徒人口構成比の動態が公表され、ヒンドゥー教徒の漸減傾向が明らかになると、それは「ヒンドゥーの死滅」を暗示するとみなされたのだった(Sarkar, 1911)。なおかつそれも、ヒンドゥー固有の人口動態に原因が求められたのではなく、改宗を容認する宗教(すなわちキリスト教とイスラーム教)の活動によって促されていると解釈されていた。こうした見方を良く示しているのが次の発言である。

イスラーム教徒とキリスト教徒が、ヒンドゥー・ジャーティ Hindu jati に比べてまとまっていることは良いことである。……〔ヒンドゥーがそうしたまとまりを欠くから〕ベンガルやパンジャーブにおいてその人口が減ってきている。……不可触民をヒンドゥーのなかに含めなければ、ヒンドゥーは〔二つの宗教によって〕消化しつくされてしまうだろう。ヒンドゥーという姿をした一本の紐の両端を、イスラーム教とキリスト教という二匹の鼠がかじっているのである(Sharda, [1925], pp.4-9)。

ジャーティという用語は、現在ではヴァルナに包含される親族組織を指すと考えられている。しかし、その意味内容と包括範囲は過去においても同一であったわけではなく、人々の意識と必要に応じて変化を遂げていた。インドに暮らす住民の構成単位をヒンドゥー教徒、ムサルマーンといった宗教徒集団とみなしたイギリスのインド社会観に対応して、各宗教徒集団の総体は、しばしば、ネーションに模してとらえられていた。そして、先の引用中に「ヒンドゥー・ジャーティ」とあったように、それに当てられた語がジャーティだったのである。ジャーティをより包括的な集団概念ととらえることうした新たな用語法は、当然のこととしてジャーティとヴァルナとの関係にも転換を迫ることになった。それを代表するのが次の発言である。「多くの人々がジャーティとヴァルナを同一の意味で理解しているのを目にする。しかし、実際のところ両者の意味は同一ではない。ジャーティという語は集団範疇を示すもので、ヴァルナの意味はその構成要素を指すものである。前者は広範な包括範囲をもち、後者は前者に比べて非常に限定された意味合いしかもたない」(Ghosh, 1923, p.3)。

ヨーロッパの国民国家構想がインドに及んだとき、すでにそこに存在し、なおかつ社会的影響力をもちつつあったこの枠組みといかに対峙するのかが問題となったのは言うまでもない。結果として、ナショナリズムに対応する概念として用いられたのが、ジャーティより派生したジャーティーエターー jatiyta であり、それはベンガルから北インドに移入され定着していった。その語が宗教徒集団とのつながりを払拭したラーシュトリーエターー rashtriyta に取って代わられるは、一九三〇年代にはいってからのことである。これは、インドの構成要素を宗教徒集団とするのか否かに関わる認識の転換に対

表6　単位人口(10,000)あたりの構成(宗教)集団比率の変化(1881-1941年)

	1881年	1891年	1901年	1911年	1921年	1931年	1941年
Hindu	7,432	7,232	7,037	6,939	6,856	6,824	6,593
Muslim	1,974	1,996	2,122	2,126	2,174	2,216	2,381
Christian	73	79	99	124	150	179	163
Jain	48	49	45	40	37	36	37
Sikh	73	67	75	96	103	124	147
Buddhist	135	248	322	342	366	365	n.a.
Zoroastrian	3	3	3	3	3	3	n.a.
Jew	1	1	1	1	1	1	n.a.
Tribal	259	323	292	328	309	236	658
Others	2	2	4	1	1	16	20

出典）1941年は *Census of India 1941*, vol.1(India), tables, the Manager of Publications, 1943. 数値合計が単位人口に達しないが，原出数値に従った．その他は *Census of India 1931*, vol.1 (India), part 1(Report).

応していたと考えられる。使用言語の共通性によって特定されるベンガリーやマラヤーリー等もジャーティという概念のもとでくくられたが、使用頻度は遥かに低かった。つまり、ここから明らかになるのは、二〇世紀の第1四半世紀にいたる過程で宗教徒集団が単にインドの構成単位としてではなく、共属意識形成における結集目標となっていたことである。

こうした認識は何をもたらしたのであろうか。「ヒンドゥーの危機」は「ネーションの危機」であり、カーストはヒンドゥー固有の宗教社会組織にしてその構成単位であるとされたために、同時にそれは「カーストの危機」に他ならなかった。ただし、国勢調査報告書ではカーストごとの人口が示されていたことから、その数値の寡多は、「ヒンドゥーの死滅」傾向を一身に体現したカーストが存在するいっぽうで、反対に増大傾向を示すカーストが存在するのを際立たせたのである(Sarkar, 1911)。通例、職能名で特定され共食と通婚における規制を伴っていたカーストは、社会経済上の蓄積や浄・不浄観に裏打ちされて階層化して存在するとみなされていた。それは、ヒンドゥーが内的不均衡を抱え分裂しているという認識に直結し、それこそがヒンドゥーの弱体化を招いたとされたのだった。そこより導き出される論点は、ヒンドゥーを擁護しネーションを再興するには、構成単位たるカーストを統合し強化しなければならないというものであった。

アーリヤ・サマージの登場とその活動

一九世紀末より顕在化するこの傾向を検討するうえで重要な手がかりを与えてくれるのが、ダヤーナンド・サラスワティー Dayanand Sarasvati, 1824-1883 と、彼が一八七五年にボンベイで結成したアーリヤ・サマージ Arya Samaj の思想と活動である。自らは否定したものの、ダヤーナンドがブラフマ・サマージや神智学協会といった「社会宗教改革」を標傍した諸団体との交流のなかで独自の教説と方法論を打ち立てたことは否定できない事実である。彼は、一九世紀に活躍したヨーロッパのインド学者達がサンスクリット語文献の考究と古代インドの栄光の発見に貢献したことは認めたものの、彼らによってヴェーダ文献の正しき意味解釈がなされているとは見なしていなかったし、何よりも彼らのなかにある同時代のインドに対する抜き難い偏見の存在に気づいていた。ヴェーダを正しく解釈し、黄金時代であった古代インドを復活させることでインドを再興しようとする意志が、ダヤーナンドの運動を根底から支えていたのである。彼の教説が最もまとまった形で提示された『真理を照らす光 *Satyarth Prakash*』(一八七五年初版、一八八二年改訂版)は、全編がこの目的のために捧げられていた。

サンスクリット古典籍に見られる「アーリヤ」という語は、マックス・ミュラーに代表されるインド学者によって民族集団概念として拡大解釈され、西方よりアーリヤ人がインドに侵入し先住のドラヴィダの人々を支配下においたとするインド史観が成立していた。ヒンドゥーの統合を図りインドの復興を企てたダヤーナンドにとって、それが容認し難い枠組みであったのは言うまでもない。彼は、それを次のように解釈しなおした。

> 至高の本性、敬虔さ、寛容さ、真理、学問といった徳を兼ね備え、アールヤーヴァルタの土地に常住する者こそをアーリヤと言う(Dayanand Sarasvati, 1975, p.576 ; 1980a, p.160)。

その根拠として彼はリグヴェーダを引用する。こうした論を展開することで、アーリヤとドラヴィダの対抗という歴史観の克服を試みたのである。代わって提示されたのが、生まれを要件とはせず、規範的価値観を体現しているか否かを判定基準とする見方だった。規範にそぐわない者は、「不信者」や「アーリヤにあらざる者」とされていった。当然のことながら、アーリヤ・サマージの名称はこの観点を体現したものである。

図 9　ダヤーナンド・サラスワティー

ダヤーナンドは、もとよりイスラーム教信仰を異質なものとして排除していたから、まずもって取り組まねばならなかったのは、ヒンドゥーの「アーリヤ化」であった。そして、それは構成要素であるジャーティの統合と並行して進める必要があった。では、何を結集目標として運動を推進すればよいのか。それは古代インドに存在した純粋なヴァルナに他ならなかった。純粋な四ヴァルナは分断や差別の制度ではなく、理想的な分業体制とされたのである。統合が達成されさえすれば、ヒンドゥーは確固たる一体として機能するに違いなかった。ここに至りアーリヤ・サマージは、単にヒンドゥー教の護教団体としてではなく、ヒンドゥー・ネーションの庇護者として立ち現れて来たのだった。自らの来歴への意識とヒンドゥー性の認識は、なんらかの形でカースト意識と切り結ぶことなしには確立されえなかったのである。次にそれを具体的に見てゆこう。

社会宗教改革におけるカースト観の相克

一九世紀中葉のベンガルにおいて、ラームモーハン・ラーイ Ram Mohan Ray, 1772/74?-1833 とブラフマ・サマージ Brahmo Samaj（一八二八年設立）によって切り拓かれた地平で推進されたヴィッディヤーサーガル Vidyasagar, 1820-1891 らの社会宗教改革運動は、まさにインドにおけるユガーンタル（転換期）の到来を象徴するものであった。その流れは、プラールトナー・サマージ Prarthna Samaj（一八六七年設立）やプーナ公衆協会 Poona Sarvajanik Sabha（一八七〇年設立）に代表されるいくつかの任意団体に受け継がれるいっぽうで、宗教の分野でも、新ヴェーダーンタを唱えたヴィヴェーカーナンダ Vivekananda, 1863-1902 に率いられたラーマクリシュナ・ミッション Ramakrishna Mission（一八九七年設立）などのヒンドゥー教新宗派の創設に連なっていった。こうした動きが、最も稠密な人口を有し、なおかつヒンドゥー教信仰の本源地をかかえる北インド一帯に広まったのは、アーリヤ・サマージの活動を通してであった。

一九世紀後半に生起したこうした新たな思想潮流に連なった人々は、時に協力し、時に対立しながら、ヒンドゥー教のみならず、その裁可のもとで様々な制度や慣習が機能しているインド社会そのものを変革することを企図した。宗教は、単なる信仰として個人レベルにおいて存在するのではなく、社会構造と密接に連関していると考えられたことから、どちらかいっぽうの変動は、ただちに他方に影響を及ぼすと見なされた。それゆえに、インド史においてこうした運動は、「社会宗教改革 socio-religious reform」という名を冠して呼び慣わされてきたのである。しかしながら、これは、あくまでも社会運動の現象面の特徴を示したものであり、運動を担った人々の社会・宗教・政治思想上の共通性を表すものではなかった。

社会改革運動が、一握りの都市在住者を越えて広がりを見せたのは、ムガル帝国が名実ともに滅び、代わってイギリスがインド帝国という名のもとで支配の正統性と権威を打ち立てた一八八〇年代に重なる。そうした時期において、インドの人々がいかなる現状認識のもと、自らの将来像をどのように構想したのかは、「社会改革が先か、それとも政治上の自由の獲得を優先させるべきか」をめぐる論議に象徴的に集約されていると見てよかろう。

以下では、インド近現代の社会宗教改革においてカースト制や不可触制がどのようにとらえられていたのかに焦点をあてることによって、インド的〈自画像〉がいかにして構築されていったのかに検討を加えてみよう。

国民社会会議の社会宗教改革運動

一九世紀後半において、全インド的規模で社会宗教改革が論じられたのは、国民社会会議 National Social Conference（NSC）を嚆矢とする。この組織は、インド国民会議を補完するものとして一八八七年に設立され、国民会議と同時期に年次大会を開催していた。そこには、ベンガルやボンベイで活動していた社会宗教改革を標榜する諸団体が、一同に会したといってもよかった。

年次大会への参加者は、初期国民会議と同様に、圧倒的にヒンドゥー教徒によって占められていた。そのなかで中心となって活動したのは、マハーラーシュトラや北インドのブラーフマンをはじめとするカースト・ヒンドゥー（再生族ヴァルナに属するとされたカースト）の人々である。

社会宗教改革は、決して一般論として論じられたわけではなく、個々の宗教が裁可を与えていた慣習を問題としたことから、論議において宗教が特定されることは避けられなかった。したがって、NSCの主張と活動は、必然的にヒンドゥー教改革運動を中心としたものとなり、それはひるがえって改宗を容認する異教——すなわち、イスラーム教とキリスト教——との境界を明確化させることになったのである。

そのことは、以下に示すNSCの年次大会決議において繰り返し取り上げられた事項を見るとき、より明白になる（*Report of the NSC, 9th, 10th, and 11th reports*）。そこでは、「宗教財産の明瞭化」において、わずかにイスラーム教徒のワクフ財（寄進財）が扱われただけであった。

①女性教育の推進（女性教師の養成、家庭学校の設立、パンディター〔伝統的学問に通じた女性〕の育成、教科書の作成、実業教育の実施）　②宗教財産の明瞭化　③抑制運動の推進（禁酒・禁煙・

阿片や麻薬の摂取禁止、踊り子雇用の廃止）④社会的友愛関係の向上と推進（宗教集団間の摩擦と対立の克服）⑤婚資の軽減 ⑥海外渡航への禁忌の撤廃 ⑦幼童婚の禁止（婚姻承諾年齢の確定）⑧宗教・道徳教育の推進 ⑨多重婚とクリニズム〔すなわち上昇婚・不均衡婚〕の撤廃 ⑩寡婦再婚の推進（特に、幼童寡婦再婚の推進）⑪パリアー〔不可触民〕の向上 ⑫カースト下位区分の再統合（通婚関係の拡大）⑬改宗者の再改宗の推進

いずれにせよ、ここには、植民地支配がもたらした西洋文明の影響のもとで露になった問題が網羅的に含まれていると考えてよく、一九世紀末のインドにおいて、ヒンドゥー教徒のなかで「社会宗教改革」の名のもとで何が想起されていたのかが良く理解できる。その多くは、キリスト教宣教師団が早くから取り組み、政府もまた介入することを厭わなかった分野である。しかし、これらを解決するための具体策について、NSCは統一した方針を打ち出せないままにいた。そのなかで、一部の人々は、たとえば抑制運動の推進において欧米の抑制協会より援助を受けることを公認していたように（"Third resolution regarding temperance," *Report of the 10th NSC*, pp.31-34, pp.147-148）、植民地政府と協調することを否定しなかった。しかし、イギリスの存在自体を自らの価値観への挑戦とみなし、政治上の自由を獲得することによってその脅威は除去されうると考える人々からすると、それは、許し難いものであった。NSC批判は高じてゆき、やがて、インド国民会議からのNSCの排除に帰結する（概略はHeimsath, 1964, ch.IX参照）。いっぽう、改革を肯定した人々のなかでも自助努力を重視した一派は、「内側よりの改革」を唱え、政府と協力し制定法によって改革を実効あるものとしようとした人々を「外側からの改革」を企てているとして批判したのである（この間の出来事を当事者として回顧した

Chandavarkar, 1911, pp.25-38 を参照)。

不可触制や不可触民固有の問題を解消することは、前掲のように確かに活動目標として掲げられてはいたが、主要な活動分野にはなりえていなかった(*Report of the 11th NSC*, p.54)。それは、NSCが西洋式教育を受けた人々を中心とする集まりであったために、取り上げられる問題も、必然的に彼ら固有の利益にそったものとならざるをえなかったことによっている。海外渡航に対する禁忌を撤廃することの主張は、その最たるものである。彼らの関心がもっぱら向いたのは、不可触民がイスラーム教やキリスト教に改宗することによって生じるヒンドゥー教社会自体の脅威だったのである。

そうしたNSCのなかで、低カーストや不可触民が直面していた問題が、具体的にどのように認識されていたのかを一八九五年の第九回プーナ大会において採択された第一〇決議「パリアーとその他のアウトカーストの教育と向上」によって見てみよう(*Report of the 9th NSC*, pp.54-63)。

①その子供達が、政府により設立された学校に自由に通えない。②ダルムシャーラー〔巡礼宿〕を使えなかったり、一般に解放されている貯水池より水を汲むことを許されない。③かつて認められていた軍隊への入隊を許されていない。④政府の〔清掃業務以外の〕他の部局に採用されていない。⑤様々な職業に就くことを許されていない。⑥買い物の際、買いたいと思う服や品物を手に取って検討することを許されていない。⑦債権者は彼らに不当につけ込み、帳簿を見せることを拒み、時として債務証書を偽造する。⑧もし低カーストのメンバーが、立派な家を建てたり良い服を身に纏ったりすると、まわりの人々より憎まれる。⑨彼らが船で河を渡ろうとすると、他の人々が渡った後に渡河を許される。

これらを解決するために、NSCに拠った人々は、たとえば一八九七年の第一一回アムラーヴァティー大会の第一二決議「アウトカーストの向上」に見られたように、「これらの階級が、その置かれた立場ゆえの不利益を解消し、他の宗教に改宗するのを促されることのないような地位を獲得するために、教育と産業によって彼らを引き上げるためのありとあらゆる努力がなされねばならない」(*Report of the 11th NSC*, p.54)として、まずもって、不可触民の教育水準を向上(uplift)させることを唱えたのである。問題の解決は漸次的でなければならなかった。それはいっぽうで、不可触民には、然るべき水準に達するまでは現状を堪え忍び、自己改造に励むのを求めることを意味していた。この点に限って見れば、改められるべきは、インド社会やヒンドゥー教ではなく、不可触民の方だったのである。NSCには、彼らの代表は一人も参加していなかった。こうした姿勢は、後述するように、伝統派ヒンドゥー教徒と相通ずるものであった。

確かに、インド国民会議が不可触民の問題を扱おうとしなかった時期において、全インド規模でこの問題が論じられたことは無意味とは言えなかったが、明らかに、これはNSCが推進した運動の限界であった。

NSCは、一八九五年に、政治上の自由獲得を優先させる急進派によってインド国民会議との同時開催を拒否された。その後に復古の傾向を強めるとともに、改革派のなかでも思想潮流の違いが明確になっていった。そのなかで、「社会改革か政治改革か」をめぐる論議には、かつての苛烈さは見られなくなっていった。しかし、それは論争が決着を見たからではなく、むしろ、論議の結果、互いに相容れないことが明白になり、それぞれ別の方向に動きだしたからだと考えるほうが良い。このなかでＮＳＣが保守化してゆく過程は、次のように理解できる。

ＮＳＣが推進した社会宗教改革は、最終的にはヒンドゥー社会に受容されねば意味をもたなかった。「最小限の抵抗しか受けない改革」という立場にとどまる限り実効ある変革は期待できず、インド社会の進歩と発展のためには、多少の摩擦と軋轢が避けられないことは認められていたのである（Chandavarkar, 1911, pp.25-51）。しかしながら、その場合でも、改革を求める主張が正当性を有することは不可欠であった。新たな支配者として登場し、従前とは大きく異なる価値観を持ち込んだイギリスやキリスト教に代表される西洋的価値観を体現していると見なされることは、否定的な意味合いしかもたなかった。裁可は、インド在来の価値体系より与えられねばならなかったのである。そのことは、イギリスとの協調路線を取る人々によっても認識されていた。たとえば、一八九七年一月の第一〇回カルカッタ大会に出席したチャンダーヴァルカル Narayan G. Chandavarkar, 1855-1923 は、その演説において「オーソドキシーの波がヒンドゥー教を覆い、社会の進歩を世紀とはいわずとも何年にもわたって遅延させるといわれている」（前掲 p.13）と語り、社会改革に立ちはだかる復古主義の影響力の拡大に危惧を表明したが、いっぽうで、社会改革に携わる者は、宗教規範を無視してはならないことを次のように説いたのである（前掲 pp.22-23）。

宗教が他のいかなるものにも増して人間の心に影響力をもっていることと、ヒンドゥー教徒が本質的に宗教的な人々であることを見るにつけ、我々はヒンドゥー大衆の心の内に彼らが導かれていると語るシャーストラ〔経典〕を介して接して行かねばならないという見解には、然るべき説得力があることになる。……もし、ヒンドゥー・シャーストラが、改革のあらゆる方策をも含むにたる広範で包括的なものであるのならば、社会改革者は、そこより助けを得ることを忘れるべきではなく、可能な限りそれに依拠すべきである。我々のシャーストラは、他のいかなるものにも増して、習慣や慣習はシャーストラの指示を変更しうると明言することで時代とともに変化し、我々に行動の自由を与えてくれるのである。ヒンドゥー社会の全歴史は、シャーストラに示された法よりの逸脱を必要としそれが的を得たものであった時には、いつでもそれを行なってきた歴史なのである。……社会改革者が絶えることなく大衆に言い聞かせなければならないのは、シャーストラは我々の歴史が変化の歴史であることを示す貴重な手段であるという、まさにそのことなのである。バンダルカル博士がここより二年前に語ったように、我々の女性達が教育を受けたばかりか学問をもち、幼童婚も広まらず、寡婦再婚も珍しくなく、カーストの区別も今のような変容した形では存在していなかった時代があったのである。そうした時代の後に、また別な時代が続き、我々は変わり続けたのだった。我々は疑いもなく悪しき習慣を作りだしたが、それにもかかわらず習慣を作ったのであり、シャーストラ自身をそれに合わせようとしたのである。今、我々は、その過程を逆転させ、良き習慣を作り、我々が出来る時、出来る所で、シャーストラに助けを求め、その裁可が我々に敵対するところでは、与えられた習慣を改めるよう訴えかけようではないか。

ここでは、ヒンドゥー教規範に依拠することが、社会宗教改革運動がたどるべき途であることが明確に示されている。

こうした見方は、シャーストラに新たなる解釈を施すという一点に限れば、有力な参加者としてN

SCを支えたアーリヤ・サマージの立場とも合致するものであった。

当然の帰結として、改革をめぐる議論は、正統性の淵源であるサンスクリット語文献の解釈をめぐる論争とならざるをえなくなった。これは、第二章で述べたような司法廷において行われていたヒンドゥー法解釈とも連なるものであった。こうして、近代的な試みであるはずの社会宗教改革に、旧来の教典解釈学がそのまま組み込まれることになっていったのである。

ここに至って、「西洋の規範に依拠する改革派」対「インドの伝統的価値観に立つ守旧派」という単純な図式はくずれる。サンスクリット語教典の解釈学を共通の基盤として、インドの伝統的価値観に立脚した保守派とヒンドゥー教改革派の両者が、西洋の規範を掲げる人々に対抗して歩み寄ることになった。社会思潮は相対的に復古保守化することを余儀なくされたのである。そうした事態は、ヒンドゥー教改革派のなかでアーリヤ・サマージに代表される復古改革派の勢力が増してゆくにつれ、さらにも加速されていった。インド国民会議が社会宗教改革を論じようとしなかったように、NSCは、社会改革の基盤拡大を意図して宗教そのものには手をふれようとはしなくなり、世紀の変わり目を迎えるのである。

もちろん、こうした復古保守化の潮流に対抗しようとする試みがなされなかったわけではない。「西部インドの大衆運動において無冠の帝王のような存在で」、「ヒンドゥー教プロテスタント派の布教者にして予言者」(Nanda, 1977, p.45 ; Chandavarkar, 1911, p.39)とも渾名されたラーナデー Mahadeo Govind Ranade, 1842-1901は、チャンダーヴァルカルの演説が行われた同じ年の暮れに開催された第一一回アムラーヴァティー大会において、「復古と改革」と題する報告を行い、復古改革派批判を展開した

（*Report of the 11th NSC*, p.8）。

我々が、制度と習慣の復古を求められるとき、人々は、何を復興しようとしているのか、大変迷っているように思われる。歴史の、いったいどの時期を古きものとみなすのか。ヴェーダの時代か、スムリティ〔聖伝〕の時代か、プラーナの時代か、イスラーム教徒の時代か、あるいはそれとも、近代のヒンドゥーの時代なのか。我々の慣習は、緩やかな発展、そして場合によっては衰微や堕落により、時代を経て変化してきており、その流れの連続を壊すことなしに、特定の時代にとどまることはできないのである。

しかしながら、こうした主張も、もっぱら依拠すべき規範の選択に限定されたもので、その他の点では共通するところが多かった。その最たるものが、カーストに関する解釈と評価である。復古主義を批判したラーナデーも、カーストを流動的なものとみなし、ヴァルナの変化も起こりうると考えていたものの、基本的にはそれを改革運動の媒介とすることを考えていた。社会改革運動を推進するにあたり、彼はカースト団体の結成を繰り返し呼びかけたのである（Chandavarkar, 1911, p.72）。他方、ラーナデーと並ぶ活動家であったバンダルカル Ramkrishna Gopal Bhandarkar, 1837-1920 は、「カーストは、我々が戦わねばならない最大の怪物である」（*Report of the 10th NSC*, appendix A）として、カーストに基盤をもつ団体を社会改革の媒介として用いることに疑問を呈したが、かといって、有効な代案を提示しえたわけではなかった。結果として、NSCの活動は、ラーナデーの主張通りカーストに依拠して進められることになったのである。

NSCは、改革をインド社会に広め、定着させてゆくために、一貫して各地で任意団体を結成することを奨励していたが、そうした団体の母体となり、改革を推進する受け皿として最も重視されたのが「カースト」だったのである。カーストごとに団体を組織し社会宗教改革を推進することが奨励され、年次大会では、その活動報告が行われた。少なくとも、ラージプートやカーヤスタのカースト団体は、一九世紀末から、こうした社会宗教改革のなかで機能し始めたのである。さらにこれは、カースト下位区分の再統合を図るNSCの活動目標と結びつくいっぽうで、後述するように、細分化されたジャーティを「純粋な四ヴァルナ」に統合することを目指すアーリヤ・サマージの活動方針とも合致するものであった。

「カーストは、それを廃絶しようとする努力が新たなカーストの誕生に帰結してしまうほど、ヒンドゥー社会に深く根づいてしまっている」(*Report of the 10th NSC*, p.29)ために、それを廃絶するのではなく、そこより共食や通婚における狭量さと海外渡航に対する禁忌を除去しさえすれば、最も利用価値の高いものとなりうるのだった。ここにおいて想起されるのは、第四章で見たキリスト教宣教師団の議論である。このようにカーストの存在は、改革すべき宗教とは切り離されて考えられていったことから、NSCの活動のなかで、カースト自体の妥当性が問われる可能性はきわめて低かったと考えてよい。ここでも、低カーストと不可触民の利益は、顧みられることはなかったのである。

アーリヤ・サマージの存在意義

こうした状況下で展開したアーリヤ・サマージの活動を理解することは、社会宗教改革の変容過程のみならず、カーストと結びついた近代インドの〈自画像〉の構築過程を解明するうえで、重要な意味をもつことになる。

アーリヤ・サマージの思想とその活動を評価するにあたり、支持者のなかにも相反する立場が見られた。創始者であるダヤーナンドの評伝を執筆し記念文集の編纂にもあたったばかりか、自らも社会宗教改革運動に参画したシャールダー Har Vilas Sarda, 1867-1955 は、西洋の影響を一切認めようとはしなかった（Sarda, 1933, p.xxxiv）。それに対し、有力な支持者のひとりで政治上の急進派を代表したラージパト・ラーイ Lajpat Rai, 1856-1928 は、西洋の影響を認めていた（Lajpat Rai, 1915, p.254）。実際のところ、ダヤーナンドがアーリヤ・サマージを創設したきっかけや、彼が作り上げた組織とその活動形態は、明らかに西洋の影響を認めざるをえないものであった。そのことを、ダヤーナンドの教説とアーリヤ・サマージの活動が、北インドでなぜ影響力をもちえたのかということとあわせて考えてみたい。

ダヤーナンドは、グジャラートにある藩王国で生まれたことから、グジャラーティー語を母語としていた。彼は、一八六九年にヒンドゥー教規範の中心地であったマッディヤデーシャ（ガンジス平原）のカーシー（バナーラス）に乗り込み、伝統派のパンディットを相手に法論を挑み、論破するのに成功して名を馳せた。しかし、当時は、宗教活動に付随した演説や著作、さらには書簡においてもサンスクリット語のみを用いていたことから（Dayanand Sarasvati, 1980b, vol.1, p.10）、少数の宗教者にしかその存在を知られていなかった。その後、一八七三年にベンガルを訪れ、セーン Keshab Chandra Sen, 1838-1884 とヴィディヤーサーガルと会見したことを契機として、一転して、ブラフマ・サマージとプラールトナー・サマージの例に倣い宗教活動を組織化させてゆくことになる。手本となった団体が、キリスト教宣教師団や欧米の任意団体の影響を受けていたことは明白だった。

ダヤーナンドは組織化を推進するにあたり、教義の正統性の裏づけはサンスクリット語文献に求めつつも、それへの注釈と布教活動においては、北インド一帯で用いられていたヒンディー語を採用した。一八七五年には、教派の根本教典となるヒンディー語で書かれた『真理を照らす光』の初版が発行された。そして、同年にラージコートとアフマダーバードで、少し遅れてボンベイにおいてアーリヤ・サマージが結成されたのである。一八七七年にはいるとラーホールでも組織化が進んでいった。イスラーム教の影響が少なくヒンディー語も通じない南インドは活動対象とはならず、パトナー・ラーンチー・カルカッタにおいて支部が設立されたが、ベンガルにおいてはヒンディー語圏よりの移住者を別とすれば、布教に際だった成功を収めることはなかった。そのなかで、最も大きな影響力を行使しえたのは、パンジャーブであった。そこでは、教育を受けた知識層を手がかりにして、商業コミュニティへと影響力を拡大していった。

アーリヤ・サマージの勢力拡大に大きな役割を果たしたのは、ラーホール支部の設立後に行なわれた初期二八条規約の新一〇条規約への簡約化である(Sarkar/Bhartiy/Vedalankar, 1984-89, vol.1, pp.258-260,pp.298-306)。それにより、ダヤーナンドによるヴェーダの解釈を支持するという一点を拠り所にして、実に様々な思想背景をもつ人々の参入が可能となったのである。特に、海外渡航の禁に反対を唱え、サンスクリット古典籍より海を渡ることに裁可を与えたことは、西洋式の教育を受けた新興階層の利益に添うものであり、多くの支持者を見い出すことになった。アーリヤ・サマージは、西洋の影響を受けつつもそれに押し流されることを拒否し、同時に正統性を揺るがされることなく新時代に対応する手だてを人々に与えることになったのである。確かに、ヒンドゥー教の他宗派と他宗教への攻撃は苛烈であったが、ヒンドゥー教への再改宗を可能としたことは、その存在理由を大きく際立たせることになった。こうした姿勢は、保守伝統派には過激なものと映ったが、それがヴェーダを引用しつつ行われたことは、一定の支持者を見いだすのに十分であった。思想の復古性と成立事情の斬新性は並立しうるのである。

アーリヤ・サマージと保守伝統派の双方とも一線を画していたガーンディーM.K. Gandhi,1869-1948は、前者に対して次のような批判をもっていた。これは、アーリヤ・サマージの宗教思想が、同時代のインド社会においてもった意味を示すものである(Gandhi, 1927, pp.40-41)。

私はアーリヤ・サマージの聖典である『真理を照らす光』を読んでみた。……私は、かくも偉大な改革者のかくも失望感を与える本を今まで読んだことがない。ダヤーナンドは、まさに真理のみに立脚することを説いた。しかし、彼は知らずにジャイナ教・イスラーム教・キリスト教を不純な形で提示してしまった。……彼は、この世において非常に寛容で自由な宗派のひとつ〔すなわちヒンドゥー教〕を狭量なものにしようと試みたのである。

ダヤーナンドの死の直後、地方支部の数は全インドで一三二を数え、一八八五年には二〇〇、その翌年には二六五に達した(Graham, 1965)。アーリヤ・サマージは、「ヴェーダに帰れ」をスローガンとしたことにおいて、明らかに復古主義を標榜していた。その含意は、中世以降のヒンドゥー教とインド社会、わけてもイスラーム教とキリスト教勢力が到来してから後に生じた変容を、一律に堕落し汚辱にまみれたものと見なすことであった。

しかし、ダヤーナンドは、ヴェーダの内容とその時代の全てを容認し、それをそのまま現代において復興することを主唱したわけでは決してなかった。ヴェーダの時代に行われていた肉食と飲酒、ならびに動物供犠などは、『真理を照らす光』においては明白に否定されていた。彼は、ヴェーダに見られる思想とその時代の社会習慣のなかより、一九世紀後半のインドにおいて必要とされた事象のみを選択して取り上げたのである。その意味で、彼の主張は、単なる原理主義的かつ古典的な復古主義ではなく、選択的に復古を企てたネオクラシカルな主張であった。この点で、アーリヤ・サマージは、ラーナデーらの復古主義批判を乗り越えて、改革派のなかで確固たる位置を占めることになったのである。

アーリヤ・サマージは、一八八一年に一八七八年より続いていた神智学協会との関係を断った後に（Sarkar/Bhartiy/Vedalankar, 1984-89, pp.346-376）、一八九三年には肉食の可否と高等教育における英語の位置づけをめぐる対立から派閥の存在が表面化してしまう。ダヤーナンドの存命中は顕在化することがなかったが、これは西洋の影響を肯定的に評価するのか否かをめぐる対立であった。英語教育を重要視した一派は、ラーホールに拠点を構え、ダヤーナンド・アングロ・ヴェーディック・カレッジ Dayanand Anglo-Vedic College に拠ったことから、カレッジ派と呼ばれた。そのなかのある者は、肉食を容認していた。いっぽう、ダヤーナンドの教えを反映させたサンスクリット語教育を主唱したグループは、ハリドワールにグルクル gurukul と呼ばれる学校を建て、マハートマー派と呼ばれることになった（Pandey(comp.), 1978, "Arya Samaj"）。この後、両者のあいだでは、社会宗教改革のみならず、政治思潮においても明らかな違いが生じていった。重要なのは、社会宗教改革運動の転換期において、ダヤーナンド自身はすでに没しており、その教説は後継者たちによって様々に解釈されたうえで広められていったということである。そこでは、『真理を照らす光』に記された原理よりの逸脱も生じたのである。その結果、教育活動には以前にも増して力が注がれたものの、社会宗教改革は相対的に背後に押しやられることになっていった。

アーリヤ・サマージとサナータン・ダルム

アーリヤ・サマージの教説に反対する人々は、サナータン・ダルム sanatan dharm の名のもとで、自らの信ずるところの宗教信仰と慣習を語った。サナータンとは、「原初、あるいは太古より変わることなく伝わってきた、不滅の」を原義とし、つまりは「伝統派」の宗教信仰体系を意味していた。しかし、これは、改革派の主張への対抗概念として初めて存立しうるもので、批判する対象は明白であったが、いっぽうの当事者の内実については、実に多様で、アーリヤ・サマージに反対するという一点を除けば統一的に把握するには困難が伴った。サナータン・ダルムの信奉者を自認した人々も、「多数の宗派の集まり」(Gangaprasad Shastri, vs.1989, p.70)という以上の自己定義を用意しきれないままにいた。彼らは、それぞれ自らの信ずるところの教義を擁護したが、それらは現象として、神格信仰・偶像崇拝・聖地巡礼・先祖崇拝の擁護となって現れ、さらにプラーナ文献を典拠とみなすことで共通していた。NSCのチャンダーヴァルカルのように、シャーストラを時代とともに変化してきたものとみなした人々からすると、伝統派が唱えるサナータン・ダルムとは、彼らがそう思い込むことによって生じるリアリティー以外の何物でもなかったのである。

こうしたサナータン概念が一般化するのは、北インド一帯にアーリヤ・サマージの影響力が広まった一九世紀末以降である。それに先だって、ベンガルで結成されたブラフマ・サマージの影響が北インドに及んでいたが、その波及力はアーリヤ・サマージに比べるとはるかに小さなものであった。それは、ひとつに、ブラフマ・サマージがキリスト教をはじめとする西洋の影響を色濃く残しており、ヒンドゥー社会とは明確に独自の存在を主張しようとしていたことによっている。それに対しアーリヤ・サマージは、ヴェーダという至高にして無謬な存在とみなされた文献を教義の根本に据え、その唯一の正統な解釈者であることを主張しつつ、ヒンドゥーの枠に留まりながら新たな宗教規範を打ち立てようとしたのである。それゆえ、伝統派にとっては、内なる最大の脅威と映ったのであった。

アーリヤ・サマージの影響力の拡大は、既成宗派においてさらなる組織化を促すいっぽうで、反社会宗教改革を標榜する団体の結成を招来した。北インドにおいて、アーリヤ・サマージを主たる攻撃目標として結成されたのが、サナータン・ダルム側の連合組織であった印度《バーラト》伝統的宗教協会 Bharat Dharm Mahamandal である。この組織は、一八九八年にマトゥラーで結成された団体に淵源をもち、一九〇二年には団体として政府に登録された。設立直後には、保守伝統派の宗教指導者六人より支持を取りつけ、藩王国支配者四三人より財政援助を受けていた。支部が設けられたのは、連合州、ベンガル、パンジャーブ、ラージプーターナー、ボンベイ、中央州、ビハールおよびオリッサで、活動範囲は、もっぱら北インドに限定されていた。それは、同会が発行した雑誌の使用言語(ヒンディー語、ベンガル語、ウルドゥー語、マラーティー語、グジャラーティー語、英語)からも明らかである(Chatterjee, 1915, p.3)。同会は、二二〇〇人の布教僧を有し、そのうち半数が同会の行う資格試験に合格していた。

この団体がアーリヤ・サマージに対抗して設立されたことは、その支部の分布や組織形態、さらには指導者の名前からも窺える。アーリヤ・サマージ・マハートマー派の学校（グルクル）に対抗して建てられた学校が、リシクルといい、発行された教典がアーリヤ・サマージの『真理を照らす光』に対して『真理を照らす理知 *Satyarth Vivek*』といった。指導者の名前もスワーミー・ダヤーナンド・サラスワティーとヴィヴェーカーナンダを模して、スワーミー・ダヤーナンドとスワーミー・ヴィヴェーカーナンドといった（Svami Dayanand, 1927）。これらは、布教対象となった人々を惑わすのに十分であり、まさにそれこそが彼らの目的であった。この団体は、政治的には親英の立場をとるいっぽうで、ヒンドゥー保守派の政治組織であるヒンドゥー・マハーサバー（一九〇六年設立）とも関わりをもっていた。

この他にも、伝統的信仰協会 Sanatan Dharm Maha Sabha, Kashi、伝統的信仰中央協会 Sanatan Dharm Pratinidhi Sabha, Panjab、ヴァルナ制度自治協会 Varnashram Svarajy Sangh, Kashi らが、北インドにおいて活動していた。しかしながら、設立された団体の数の多さにもかかわらず、永続するものは少なかった。

サナータン・ダルムを標榜した諸団体のなかで、伝統的信仰協会、伝統的信仰中央協会は、不可触民の寺院参拝等の権利を認知していたが、印度伝統的宗教協会、ヴァルナ制度自治協会は否定していた。前二者は、その裁可をヴェーダをはじめとする宗教古典より得ており、不可触制は出生によるのではなく、その状態によっているとし、なおかつヤッギャ（ヴェーダ祭式）の権利を有すると見なすことで、アーリヤ・サマージと共通の基盤に立っていた。このように、サナータン・ダルム側の拠って立つ基盤も様々だったのである。

ダヤーナンドとアーリヤ・サマージのカースト論

では、ダヤーナンドとアーリヤ・サマージのカースト論は、どのような内実をもつものであったのだろうか。『真理を照らす光』によって具体的に見てみよう。本書の主部は、問答形式で書かれている。

問い）　両親がブラーフマンである者がブラーフマンとなるのか。両親がブラーフマン以外であったとき、その子供はブラーフマンになることができるのでしょうか。

答え）　もちろん。過去において多くの人々がブラーフマンとなってきましたし、今もなっていますし、将来においてもなってゆくでしょう。……

問い）　一体全体、生殖によって生まれた肉体が変化して、他のヴァルナにふさわしいものとなりうるのでしょうか。

答え）　生殖によってブラーフマンの肉体が生まれるのではないのです（Dayanand Sarasvati, 1980a, p.58）。

そして、ダヤーナンドは、マヌ法典を引用しつつ、ヴァルナへの帰属は、その人の行いによって決定されることを説くのである。

生殖によってヴァルナ制度ができていると考え、徳と行いとによって成り立っていると考えない人には、もしある人が自分のヴァルナを捨てて、下位のカーストや不可触民となったりキリスト教徒やイスラーム教徒に改宗したとしたら、どうしてその人をブラーフマンとみなすのでしょうかと尋ねねばなりません。そうすると、その人はブラーフマンの行いを捨ててしまったのだから、もはやブラーフマンではないのですと答えましょう。したがって、このことから、ブラーフマンなどで正しき行いをなす者こそがブラーフマンなどになり、下位の生まれでも、ブラーフマンの徳と行いをもつ者ならば、その人もブラーフマンとなり、ブラーフマンでありながら劣った行いをなせば、その人は下位のヴァルナに包含されねばならないことが証明されたのです（前掲p.59-60）。

ヴァルナが生まれによって決定されることの裏づけとしてしばしば引用される、プルシャ（原人）の口、腕、腿、足よりそれぞれブラーフマン、クシャトリヤ、ヴァイシャ、シュードラが生み出されたとする見方も、この前提に立って解釈の仕方が正しくないとして排除されてしまう。プルシャとは、無形の最高自我を具象化したものであるから、それを現実の人間の器官に対照させて理解してはならず、機能分担とみなさねばならないのである。すなわち、遍在する神が創造した世において、口とは最も優れた者を象徴するもので、人間でいうとそれはブラーフマンに相当し、同様に力のある者がクシャトリヤ、腿の支えによって諸国に物産を流通させる者がヴァイシャとなり、足とは下位の存在や愚かさを象徴するもので、シュードラを意味すると解釈されたのである（前掲p.60）。

シュードラの血統に生まれても、ブラーフマン、クシャトリヤ、そしてヴァイシャと同じ徳質をもち、行いをなし、本性をもつ者ならば、その人はブラーフマン、クシャトリヤ、そしてヴァイシャになるであろう。同様に、ブラーフマン、クシャトリヤ、そしてヴァイシャの血統に生まれたとしても、その徳質と行い、そして本性がシュードラのものであるとしたならば、その人はシュードラとなろう。同じように、クシャトリヤ、ヴァイシャの血統に生まれたとしても、ブラーフマンやシュードラに等しいのならば、その人はブラーフマンやシュードラとなるのである。つまり、四つのヴァルナのなかで、そのそれぞれのヴァルナにふさわしい人が、そのヴァルナに属する人とみなされるべきなのである。……このような体制を維持することによって、全ての人々が向上心をもつことになろう。なぜならば、上位のヴァルナの人々は、もし自分の子孫が欠点をもつ者となればシュードラとなってしまうと恐れ、子供たち〔それぞれのヴァルナに求められる〕行いをなさず、学を積まねばシュードラになってしまうと恐れ、また、下位のヴァルナの人々も上位のヴァルナになるために意欲的になるからである（前掲 p.65-66）。

端的に言って、ダヤーナンドとアーリヤ・サマージのヴァルナ論は「行い（カルマ）決定論」に立ち、それと対立した伝統派は「生まれ（ジャナム）決定論」に立っていた。前者は、後者の主張の前提となるヴァルナ帰属が出生の偶然性によって定められることを否定し、行い、すなわち自助努力によるヴァルナ変更の可能性を容認したのである。つまり、仮に低カーストや不可触民に生まれたとしても、行いを正し、差別の要因となる穢れを取り除きさえすれば、現世において上位の再生族ヴァルナのなかに含まれうるのであった。そして、この教理を支えるものとして案出されたのが、後述する「浄化（シュッディ）」儀礼である。それによって、多くのシュードラと不可触民に再生族の象徴である聖紐が付与されていった。アーリヤ・サマージと保守伝統派との相違が明確に立ち現れたのは、このヴァルナ観においてである。伝統派側のアーリヤ・サマージ攻撃は、もっぱらこの点に集中したと考えてよい。

伝統派による代表的な論駁は、次のようなものである。

> 生まれ・行い・知慧という三者にヴァルナ制度は関係をもっているのだが、〔そのなかでも〕生まれとヴァルナ制度は直接的かつ非常に密接な関係を有している。なぜならば、人が前世においてなした行いに従ってブラーフマン等のヴァルナに生まれてくるからである。……もし、現世における行いによってヴァルナへの帰属を定めるのだとすると、一人の人間の一生のうちに複数のヴァルナが生じることになる。……その結果、父と子のヴァルナは多くの場合一致しなくなろう。……ヴァルナ制度は、アーリヤ族の本源であり、それを欠いてはアーリヤ族はこの世に存在し得ないのである。アーリヤ族に対して何千年にもわたって異民族の暴虐と攻撃がなされてきたが、それにもかかわらず、今日、彼らが生存している要因の根幹には、ヴァルナ制度があったのである(Svami Dayanand, 1927, p.38)。

伝統派は輪廻の原理に立って、そのなかでしか、ヴァルナは変わりえないとしていた。現世におけるヴァルナの変更を容認し、一生族に聖紐を付与する行為は、ヒンドゥー社会の崩壊をもたらすものと映ったのである。

ダヤーナンドのヴァルナ論のもうひとつの特徴は、各々のヴァルナに属する人が、そのヴァルナの求められる徳質、行い、そして本性を兼ね備えるよう努力すれば、そのヴァルナは純粋なものとして存在し続けることになり、ヴァルナの混交(ヴァルナ・サンカラ)は生じえず、結果として、いかなるヴァルナも非難されたり、無能力状態には置かれえないというものである。彼は、ジャーティを廃絶することを主張し、同一ヴァルナ内での共食と通婚の拡大を主張したが、それは「純粋な四ヴァルナ」を生み出すために他ならなかった。そうして誕生した「純粋なヴァルナ」は、もはや分断や差別の制度ではなく、理想的な分業形態であると理解されたのである。

この点において、四つのヴァルナを分業制の一形態としてとらえ、ヒンドゥー社会にとってその存在は不可欠であるとした伝統派とは、全く対立することがなかった。そうした区分の廃絶を唱えることは、西洋の悪しき影響を象徴する社会主義やボルシェヴィスムと一体であるとみなすことでも、両者は共通していたのである。対立は、ジャーティの存在をも不可欠と見なす人々との間に生じただけであった。

アーリヤ・サマージは、ともすればカースト制そのものに反対したかのごとく理解されているが、それは全くの誤解である。ダヤーナンドは、四ヴァルナ制をヒンドゥー社会に不可欠なものとして認知していたのである。ジャーティとヴァルナは、明確に分けて考えられていた。

もちろん、伝統派——わけてもブラーフマン——からすると、現世においてシュードラもブラーフマン等の再生族になりうるとするカルマ決定論は、容認し難いものであった。しかしながら、アーリヤ・サマージもシュードラの扱いにおいては、伝統派とほとんど異なることがなかった。『真理を照らす光』のなかで、シュードラは次のように位置づけられている。

非難、嫉妬、自惚れ等の欠点を捨てて、ブラーフマン、クシャトリヤ、そしてヴァイシャに然るべきかたちで仕え、そのことで自らの生計をたてることこそが、シュードラの徳質であり行いなのである。……シュードラが人に仕える権利を有しているのは、彼らが学問を欠き愚かであるがゆえに科学的な仕事は全くすることができないが、肉体労働をすることは可能だからなのである(Dayanand Sarasvati, 1980a, p.65-66)。

アーリヤ・サマージのカルマ決定論は、学問を修めず、教育を受けず、アーリヤ・サマージが解釈したヒンドゥー教の枠組みより逸脱すれば、人はシュードラとして扱われるとしたことで、限定された条件下であったにしろ、被差別民の存在を容認していたことになる。それを象徴するように、アーリヤ・サマージに加入しようとするシュードラは、再生族とは異なり浄化の儀礼を経ることが求められていた(Pandey (comp.), 1978, "Arya Samaj)。彼らがそのような位置に置かれているのは、自らに原因があるためであり、制度自体の欠陥ではなかったのである。

さらにダヤーナンドのこうしたカースト論は、独自の食餌論によって支えられていた。

問い)　再生族は、自ら調理したものを食するべきなのか、シュードラが作ったものを食べるべきなのでしょうか。

答え)　シュードラの作ったものを食するように。なぜならば、ブラーフマン、クシャトリヤ、ヴァイシャ・ヴァルナの人々は、学問を教え、政治を執り行い、家畜を飼育し、耕作し、交易を行うことに専心しなければならないからである。シュードラの用いる器で彼らの家で作られた食物は、非常時を除いて食さないように。

ムサルマーン、キリスト教徒等の飲酒・肉食者が作った物を食することにより、アーリヤの人々にも同様の穢れが生じる。しかし、アーリヤの人々が共食することによっては、何らの穢れも生じないのである（Dayanand Sarasvati, 1980a, p.191）。

このようにダヤーナンドは、シュードラ、そして不可触制の前提となる浄・不浄の存在をはっきりと認めていた。アーリヤ・サマージは、同一ヴァルナ内のジャーティを越えた共食と通婚を奨励したが、それを無制限に認知することはなく、イギリス人、シュードラや不可触民、ムサルマーンとの共食は否定されていたのである。特に、飲酒者と肉食者への批判は大きかった。ジャーティを越えて共食と通婚関係をもつことを忌避した伝統派も、この点については異議を唱えることがなかった。

いっぽう、アーリヤ・サマージの宗教観を批判し、不可触民問題においては後に独自の立場をとることになるガーンディーは、次のようなヴァルナ・カースト観をもっていた。

私は、全ての人は、何らかの性向をもって生まれてくると思っています。ですから、全ての人はある程度定められた則《のり》をもっており、それを乗り越えることは能わないのです。そうした則を考究した結果、ヴァルナの規則が生まれたのです。それは、ある性向をもった人々に、異なった活動分野を与えるものなのです。そうすることで、ヴァルナ制度は、この世の中で不適切な争いが起こるのを抑えたのです。ヴァルナの規則は、人がもつ自然な則を認めてはいますが、そこに上下の区分は認めないのです。ヴァルナは、全ての人が自分の労働の成果を間違いなく手にしうるように保障するいっぽうで、人が隣人の重荷となることをとどめているのです。この崇高な制度は、今日堕落しきってしまい非難の対象となってしまったのです（Gandhi, 1960, p.261）。

ヴァルナ制度にみられる社会の四分構造こそが、私には真で、自然で、必要なものと思われるのです。数え切れないジャーティと副ジャーティの存在によって時として簡便さが生じたのかも知れませんが、大体の場合は複数のジャーティの存在で障害がもたらされたことに疑いはありません。そうした下位ジャーティがひとつになってゆけばゆくほど、社会にとって利するものとなるのです(前掲 p.262)。

私は、実際のところ、ヴァルナは生まれに基づくと述べてきました。しかし、同時に、たとえば、シュードラがヴァイシャになることも可能であるとも述べています。……しかし、現世においてあるヴァルナより別のヴァルナに変わることは、必ずや大変な偽瞞に終わります。その当然の帰結は、ヴァルナの根絶になってしまいます。その廃絶には、何らの正当な理由も見いだすことができません(Gandhi, 1954, p.39)。

このように、ガーンディーも「古典的かつ純粋な四ヴァルナ」の存在がヒンドゥー社会にとって不可欠であり、可能な限り細分化されたジャーティを統合しなければならないとしたことで、アーリヤ・サマージや伝統派と立場を同じくしていた。彼は、生まれ決定論に立っていたものの、部分的に行い決定論を取り込んでいたのである。彼にしてみれば、ヴァルナは差別の制度ではなく、不可触制はそれとは無縁なものであった。ヴァルナを越えた通婚や共食に対する考え方は、当初、伝統派と変わらない保守的なものであったが、晩年にはそれを容認するようになっていった(Gandhi, 1960, p.265 ; 1954, sec.7)。

ここに見られるようなカースト観の相違は、被抑圧階級・不可触民の何を改善するのか、その置かれた立場そのものなのか、それとも、彼らの慣習なのかという改革運動の活動目標の違いに直結した。伝統派とアーリヤ・サマージの双方にとって、社会改革は社会変化の全ての要素を含んでいたわけではなかった。それは、社会革命ではなく、社会改良に他ならず、社会のシステムを変えることなく、その成員のあり方と考え方を変えることを意味していた。つまり、彼らにとって「改革」とは、ヒンドゥー教とヒンドゥー社会の根幹を変革するのではなく、本来のあり方より逸脱した、西洋の影響が及んだ社会を改良するという意味をもったのである（Heimsath, 1964, pp.321-327）。かくして、カーストをヒンドゥー教より切り離し、社会改革の範疇に入れさえすれば、アーリヤ・サマージと伝統派は、協同することが可能となったのである。

宗教規範に沿った形で被差別民の抱える問題を解決しようとした人々は、その立場を問わず、純粋な四ヴァルナの存在を不可欠なものとみなし、なおかつ、そのなかのシュードラを、それが生まれによるものであれ、行いによるものであれ、一段劣った存在とみなすことでは軌を一にしていた。言い替えれば、ヴァルナ制度自体を差別の構造とはみなさず、被差別民の存在自体は、彼らに非があるとして容認していたのである。こうした姿勢は、カースト・ヒンドゥーの活動につきものであった「引き上げ uplift」という語に象徴されている。

アンベードカル Bhimrao Ramji Ambedkar, 1891-1956 に代表される不可触民としての出自をもつ人々が、当初は宗教規範に救いを求めたものの、じきにそれを放棄し、政治権力の獲得や差別撤廃の法制化といった非宗教的な方策の確立を強硬に主張してゆくことになったのは、このことに気づいたからに他ならない。彼のカースト観は次のようなものであった。

いかにして〔NSCに代表される〕社会改革派は〔政治改革を優先する人々に〕破れたのか。……彼らは、ヒンドゥー社会の改革を支持しなかった。闘いは、〔ヒンドゥーという〕家族の改革をめぐって闘われたのである。それは、カースト制を廃絶するという意味合いでの社会改革には、関わりをもたなかった(Ambedkar, 1979, pp.41-42)。

アーリヤ・サマージが思い描く社会組織は、四ヴァルナ制、つまり、現在インドに四〇〇〇近く存在するカーストに代わって四つの階級に社会を分かつことである。……その四ヴァルナは生まれではなく徳質に基づくとされる。……この見方を緻密に検討した結果、四ヴァルナは社会組織の体制として現実に機能せず、害があり、あわれなまでの失敗に帰結してしまっていると結論せざるをえない(前掲 pp.58-59)。

カーストは、石壁や有刺鉄線のようにヒンドゥーが融合することを阻み、それゆえに引き倒さねばならないような物理的障壁ではない。カーストは、観念であり、心理状態である。カーストの廃絶は、それゆえに、物理的障壁の廃絶を意味しない。それは、観念における変化を意味するのだ。……ヒンドゥーは、非常に宗教的であるからカーストを守っている。……それゆえに、誤っているのは彼らにカーストの観念をたたき込んだその宗教なのである。……闘わねばならない敵は、カーストを擁護する人々ではなく、人々にカースト制遵守の義務を説くシャーストラなのである(前掲 p.68)。

カースト制を打破することを望むのならば、理性と道徳を認めようとしないヴェーダとシャーストラにダイナマイトを仕掛けなければならない(前掲 pp74-75)。

この主張から判断しても、アンベードカルとアーリヤ・サマージやガーンディーが全く相容れない存在であったことは自明であろう。アンベードカルにとって、「ガーンディーを含む多くの社会改革者はこうした根本問題を十分に理解していない」（前掲 p.68）存在だった。カースト制そのものの変革を求めるのは、不可触民の側からしか起こってこなかったのである。こうして、二〇世紀の中葉にかけて、「いますぐに解放を」が不可触民のなかでスローガンとなっていった。

アーリヤ・サマージのカースト改良論

では、アーリヤ・サマージは、ジャーティに細分化されたカーストのどのような点を問題視し、それをいかに改めようとしていたのだろうか。アーリヤ・サマージの会員であったガンガープラサードの整理に基づきまとめてみよう（Ganga Prasad, 1953, ch.III）。

①カーストは多くの社会的不都合を生み出した。特に、共食と通婚の制限においてそれが際だっている。②商業と産業の発展を阻害し、人々を貧困に追いやった。③国民としての一体感を生み出すことなく、発展を阻害した。④シュードラに対して社会的な暴虐を強い、ヒンドゥー教自体を弱体化した。他宗教への改宗者が増えるのはその証左である。⑤不当なまでにブラーフマンに対して寛容で、そのことはひるがえってブラーフマンの性向に破滅的な影響を及ぼした。⑥人々のなかに極端な保守的傾向を生み出した。⑦偶像崇拝やブラーフマンによる宗教権威の独占等の要因となり、宗教上の観点よりすると害悪以外の何物でもない。⑧ヒンドゥーの国民統合を阻害し、政治上の観点からすると害悪以外の何物でもない。

そして、これらの欠点を正すにあたり留意しなければならないは、以下の諸点であるとされた（前掲 ch.IV）。

①カーストを性急に廃絶しようと考えてはならない。ブラフマ・サマージの失敗は、その性急さと、カースト偏見の強さを軽視したことにある。彼らは、自らを唯一目覚めた者と認識した結果、ヒンドゥー社会との断絶を招いたのである。カーストの完全かつ全的な廃絶は、新たなカーストの創出に帰結するだけである。②大衆の教育が必要である。カーストについての正しい知識を大衆に広めるとともに、シュードラのなかでは自尊心を広め、ブラーフマンには、その生まれだけでは何らの優越も獲得しえないことを理解させねばならない。制度が変わる前に、意識が変わらねばならないのである。不可触民の直面している問題を制定法により解消しようとすることは、大きな試みではあるが、この問題は政治的であるというよりも社会的なものだから意識の変革を目指すことの方が大切である。③再改宗の推進とジャーティ間通婚の拡大を図らねばならない。アーリヤ婚姻有効法の成立により高められた可能性をさらにも拡大する必要がある。国際アーリヤ連盟 International Arya League が、ジャーティ区分解消のためのアーリヤ協会 Jati Bhed Nivarak Arya Parivar Sangh を結成することによって推進しているカースト間通婚は、さらにも奨励されねばならない。④カースト団体を組織し、カースト大会を開催することが、アーリヤ・サマージの活動家によって奨励され、そこが社会改革の受け皿となっているのを目にする。カーヤスタがその最たるものであろう。しかしながら、それは、本来打ち破られるべきジャーティ意識を温存し、国民意識が育つのを阻害しがちであることにも、気づくべきである。その解決方法として考えられるのは、ヴァルナ下位区分の融合である。カースト団体は、そのことに全力を注ぎ、四つの純粋なヴァルナへと結集してゆくべきなのである。そのために、ジャーティ間通婚が不可欠なことは、

言うまでもない。⑤この目的を達成するにあたり、カースト団体に比べるとヒンドゥー・マハーサバーは、非常に重要な位置にある。

こうした目論見のもと、カレッジ派のパルマーナンド Bhai Parmanand は、カースト団体の結成には反対しながら、一九二二年にジャーティ区分廃絶会 Jat Pant Torak Mandal を組織し、「不平等を容認する思想、カーストにより定められた上下の区別、不可触制や通婚・共食への規制が存在しない強力で統合された民族へとヒンドゥーを統一してゆく」ために(Pareek, 1973, p.133n)、アーリヤ・サマージ内のジャーティ区分解消を主唱した。しかしながら、共食と通婚においては見るべき成果をあげることができず、その目標の一部は、一九三四年に新たに設立されたヴェーダ時代のヴァルナ制度協会 Vedic Varnashram Sangh に受け継がれていった(前掲 pp.133-136)。ジャーティを純粋なヴァルナへ統合することが、問題解決の手段にして到達目標となったのである。

しかしながら、在来ヒンドゥー法にはアーリヤ・サマージが称揚した婚姻形態に裁可を与える慣行が存在していなかったために、制定法をもってしてそれを合法化しようとする運動もあわせて展開され、最終的に前述の一九三七年「アーリヤ婚姻有効法」の成立に帰結したのである(制定過程における論議は、一件書類 L/P&J/7/944 にまとめられている)。つまり、この段階で、法的には、異なるカースト間の婚姻、ひいては、それによる連携や統合を妨げるものは消滅したのである。残されたのは、浄・不浄に関わる意識の克服であり、共属意識を獲得する手だてを見出すことであった。それは、第七章で見る「族譜」の慣行によって達成されてゆくようになる。

アーリヤ・サマージと不可触民問題

このようなカースト観をもっていたアーリヤ・サマージも、設立後二十余年は不可触民の問題にはとりたてて大きな関心を示すことはなかったといってよい。変化が生じたのは、二〇世紀に入るとともに、コミュナル(宗派的)な対立が高まるなかで、イスラーム教徒とキリスト教徒、ならびに不可触民よりの再改宗者の獲得運動が重要な意味合いをもつようになったときである。そのなかで、わけてもマハートマー派が関心を示すようになっていった。

アーリヤを生み出しヒンドゥーの統合を図るいっぽうで、改宗を容認する宗教によって切り崩されつつあるとされた人口を回復するための最も有効な早い方法は、布教活動を行い改宗者を獲得することだった。しかしながら、出生によって帰属を獲得するとされたヒンドゥー教は、インドを越えては広まらない「民族宗教」と見なされ、実際のところ改宗や布教を可能とする教理や方法論も存在していなかったのである(ただし、この点に関してはトライブのヒンドゥー化などを例証として異論を唱える向きもある)。そうした状況に転換を告げたのがダヤーナンドの行い決定論であった。アーリヤ・サマージは、浄化の名のもと他宗教への改宗者や不可触民に「浄化の儀礼」を施し、彼らにヴァルナ上の位置を与えて再びヒンドゥーに包含してゆく実質的な布教・(再)改宗運動を展開したのである。

その契機となったのは、イギリスをはじめとするヨーロッパ列強の影響下に組み込まれつつあったオスマン帝国のカリフ制擁護を企図して、インドのイスラーム教徒たちにより展開された「ヒラーファト運動」が終焉した時期に生じていた政治社会状況である。ガーンディーは、この運動をインド国内における民族主義運動の底辺拡大と、高まりを見せつつあった宗教対立の克服に利用しようとして、ヒンドゥー教徒の諸勢力に参加を呼びかけていたのである。しかしながら、その目論見は、トルコ共和国革命により頓挫してしまう。結果的に、民族運動の場に登場した宗教勢力間の対立は、従前にも増して激しくなっていったのである。

国民会議派は、すでに一九一七年のカルカッタ大会決議において被抑圧者階級(不可触民)の問題に言及していたのだが(Pareek, 1973, p.131-143)、一九二三年の会議派コークナード大会で議長を務めたマウラーナー・ムハンマド・アリー(ヒラーファト運動の指導者の一人)が、「不可触民をヒンドゥー教徒とイスラーム教徒陣営の双方で折半し、それぞれが自宗教側に改宗させれば良い」(Sarkar/Bhartiy/Vedalankar, 1984-89, vol.2, p.557)と語ったことを契機として、アーリヤ・サマージを含むヒンドゥー保守派は、ガーンディーと国民会議派がイスラーム教徒に対してあまりにも融和的であるとして批判を強めていったのである。

伝統派と復古改革派は、こうして一九二〇年代末にかけて、宗教問題については対立を残したまま、政治・社会問題において合意を見ることになった。

ヒラーファト運動にも参画したアーリヤ・サマージのシュラッダーナンド Shraddhanand, 1857-1926は、一九二一年に被抑圧者向上協会 Dalitoddhar Sabha を創設し、二三年には会議派を脱退したうえで、本格的に不可触民の向上・再改宗・社会再統一 sanghatan 運動に従事するようになっていった(Jordens, 1981)。彼により掲げられた目的は、以下の通りであった(Pareek, 1973, pp.140-142 ; Sarkar/Bhartiy/Vedalankar, 1984-89, vol.2, pp.558-561)。

①インドの不可触民に正しき行いを広める。②被抑圧者を伝統的な教えよりパティト〔堕姓者〕と

みなす人々の攻撃より守り、古来の教えのなかに確固として引きとどめる。③嫌悪感をもたらす偽りの慣行を被抑圧者のなかより除去し、人間としての失われた諸権利を回復する。④時期と可能性を見て、他のインドの人々と共に学び、社会のなかで然るべき場所が与えられるような学校を開設する。

この協会は、一九二六年には全印度・シュラッダーナンド・被抑圧者向上協会 Akhil Bhartiy Shraddhanand Dalitoddhar Sabha と改名し、不可触民への聖紐付与やガーヤットリー賛歌の教授等の活動を推進し、彼らをヴァルナ制度のなかに再生族として引きとどめることに力を傾注した。浄化は、前述のようにアーリヤ・サマージのなかでは宗教上の穢れの除去という意味合いを未だ失ってはいなかったが、この時期になると「再改宗者の獲得」の側面が際だって強調されていった。

イスラーム教徒やキリスト教徒に改宗してしまったヒンドゥー教徒を浄化のうえ再びヒンドゥー社会に受け入れようとする試みは、もともとダヤーナンドのパンジャーブ訪問をきっかけとして、一八七九年以降散発的に執り行われてきた。それが組織化されたのは、二〇世紀に入ってからであり、イスラーム教徒とキリスト教徒のみならず、不可触民をも対象としてジャーティ単位で推進されていくようになった。主たる対象となったのは、マルカーナー・ラージプート Malkana Rajput とムーラー・ジャート Mula Jat と呼ばれるイスラーム支配期に改宗した人々だった。一九〇九年に結成されたラージプート再改宗協会 Rajput Shuddhi Sabha が約一〇〇〇人の再改宗を執行した前例を受けて、一九二二年八月にはクシャトリヤ援助協会 Kshatriy Upkarini Sabha が活動を開始していた。その流れのなかで、一九二三年二月には、シュラッダーナンドが会長を務める印度《バーラト》ヒンドゥー教徒再改宗協会 Bhartiy

Hindu Suddhi Sabhaが設立されたのである。この団体は北インドを中心として全インドで活動し、一九三一年までに一八万三〇〇〇人余のマルカーナー・ラージプートの再改宗を執り行い、八〇〇〇人余の不可触民を他宗教への改宗より「救った」とされている（Sarkar/Bhartry/Vedalankan, 1984-89, 前掲pp.561-564）。特にラーホールでは、低カーストを対象とした布教活動が盛んに行われた。一九三五年インド統治法の制定作業において、不可触民へ分離選挙区を付与するのか、それとも合同選挙区内で彼らに留保議席を付与するのか否かをめぐる論議が過熱化すると、浄化運動はさらに苛烈に推進されるようになった。しかし、不可触民が再生族に含まれれば良いとする立場は、その状況の改善に直接に結びつかなかったのは、すでに述べたアーリヤ・サマージのカースト観よりすれば自明のことであった。

伝統派の人々は、当初、この運動には、「ヒンドゥーになるのではなく、ヒンドゥーに生まれるのだ」（Chatterjee, 1915, p.viii）として否定する立場をとっていたが、反イスラームの風潮が高まり、分離選挙区問題が浮上するにつれて、態度を軟化させていった。政治面においても、ヒンドゥー・マハーサバーの活動を支援することで両者のあいだには連携が生じていた。「アーリヤ・サマージは、新しい宗教ではなく、別個の教義をもっているわけではない……これは、同じ宗教を守る運動である」（Bhai Parmanand, 1936, p.79）とみなされたのである。ヒンドゥー・マハーサバーは、結成当初は不可触民の抱える問題には冷淡であったが、一九二四年のカルカッタ大会において「不可触民の向上」を活動目標に加えてから関心を示すようになり、アーリヤ・サマージからもシュラッダーナンドやパルマーナンドが参画していた。

最後までアーリヤ・サマージに反対し続けたのが、マーラヴィーヤ Madan Mohan Malaviya, 1861-1946 に代表される宗教上の保守派と政治上の親英派である。マーラヴィーヤは、前出の印度伝統的宗教協会の中心人物でもあった。彼らは、「サナータン・ダルムの名のもとで、アーリヤ・サマージの布教がなされている。人々を浄化して聖紐を与えてブラーフマンを作り出している。我々を欺いてこうした行いがなされている」として、アーリヤ・サマージ流の再改宗者獲得運動に批判を加え、ヒンドゥー再改宗会議 Hindu Punahsanskar Sammelan を独自に組織し、別個に活動を展開したのである。こうした人々の批判のもと、シュラッダーナンドはヒンドゥー・マハーサバーを離党することを余儀なくされてしまった(Sarkar/Bhartiy/Vedalankar, 1984-89, vol.2, pp.565-569)。しかしながら、浄化と改宗者の獲得が、サナータン・ダルム側でも容認されたことは、ヒンドゥー教にもたらされた大きな変化だった。

「浄化・再改宗」の試みは、数値化された宗教徒相互者の切り崩しに他ならなかったから、宗教への帰属意識が政治化するのは避けられなかった。ここにおいて前述のヒンドゥーに対して行われた広範な意味づけは、攻撃性に転じることになる。それは浄化運動がアーリヤ・サマージを越えて伝統派によっても執り行われるようになったときに決定的となった。さらにその影響は単にムスリムに対してのみ及んだのではなく、スィック教徒やジャイナ教徒のなかでもヒンドゥーとの境界を明瞭にしようとする純化傾向を生じさせたのである。

こうして一九三〇年代にかけて、宗教信仰に関わる部分を除けば、アーリヤ・サマージは反キリスト教・反イスラーム教の姿勢において、伝統派のヒンドゥーと一体化し、コミュナルな存在となったと考えて良い。ここに至り、政治行動において両者が協同することをとどめる何物もなかった。むしろ、社会主義・共産主義に代表される西洋文明一般への対抗において、さらには、脅威の淵源としてのイギリスの存在に反対することにおいて、両者ほど近しいものはなかったのである。

ディギンドラナーラーヤンとサヘジャーナンド・サラスワティーの活動[1]

アーリヤ・サマージの活動に関しては、その影響力が強く及んだのは、北インドとパンジャーブおよびラージプーターナー地方に限られ、それ以外の土地では、これら三地域出身の移住者コミュニティを別とすれば、見るべき地歩を築きえなかったとされている。それは事実であるが、アーリヤ・サマージが推進したようなカーストの統合運動や新しいヴァルナを賦与する活動は、北西インドに限定されていたわけではなかった。アーリヤ・サマージと直接的な関係をもたない人々によっても、類似の運動が各地で独自に推進されていたのである。たとえば、それをベンガル地方で体現したのがディギンドラナーラーヤン・バッターチャーリヤ Digindranarayan Bhattacharya, BS.1291 (1884/85)-? であり、東部ヒンディー語圏で推進したのがスワーミー・サヘジャーナンド・サラスワティー Svami Sahajanand Sarasvati, 1889-1950 であった。彼らの活動を概観することで、本章で見てきたカーストと社会宗教改革との関係が、より鮮明に浮かび上がってくるに違いない。

ディギンドラナーラーヤンは、スワデーシー(国産品愛用)運動に参加することを通して第一次不服従運動に参画し、投獄された経験も有していた。政治的には、インド国民会議派の保守派に近く、ヒンドゥー・マハーサバーとも連携を保った。一九一〇／一一年頃より政治より社会問題へと活動分野を転じていったが、その当初より、活動対象はカーストにまつわる問題に絞られていた。ベンガルにおいては、ヒンドゥー法解釈によれば、ブラーフマンとシュードラ・ヴァルナしか存在していなかったが、彼はマーリーやナピトといった職能カーストにクシャトリヤやブラーフマン・ヴァルナを与えようとしただけでなく、周辺地域に居住する完全にヒンドゥー化したとは見なされていなかったトライブにも、同じようにクシャトリヤ・ヴァルナを賦与していったのである。

その一環として、かつて西インドのコールハープル藩王国で展開された運動に倣い、ヴェーダの朗誦と学習をシュードラ・ヴァルナに帰属するカーストにも認めさせる運動を展開し、自らその先頭に立ったのだった。そのため、ヒンドゥー教の保守伝統派よりは大きな反発と抵抗を受け、ベンガルをイスラーム教徒勢力に売り渡した「裏切り者」として歴史に名をとどめていたカーラーパハール Kalapahar になぞらえられ、侮蔑と非難を受け続けたのだった。

その運動は、生まれによるヴァルナ決定を否定し、行い決定論を唱え、低カーストや半ヒンドゥー化段階にあるトライブに再生族ヴァルナを付与し、あわせて、純粋な四ヴァルナを創出すべく通婚関係の拡大を企図したことで、アーリヤ・サマージの活動と何ら異なるところがなかった。

彼が展開した活動では、規範価値の導入企図、忌み期間の延長、肉食・不浄な行いの放棄、ヴェーダの朗唱と学習の拡大、共食と通婚の拡大、床屋や家庭司祭（プローヒト）等のサーヴィス範囲の拡大、寡婦再婚の推進などが、取り上げられていた。そのいずれも、ヒンドゥー教社会の下層に置かれた人々に名誉ある地位を賦与することによって改宗の「危険」を除去し、東ベンガルにおいては多数派であったイスラーム教徒に対してヒンドゥー教徒総体を擁護しようとするものであった。そのため、活動対象となったカーストはベンガル語圏に居住する者に限られており、彼の名前がインドの他地域に知られることは稀だったのである。

東部ヒンディー語圏において、興味深いカースト活動を展開した人物が、サヘジャーナンドである。彼は、連合州東部のガーズィープル県のジュジョーティヤー Jujhautiya・ブラーフマンの家庭に生まれ、一九〇七年に出家してダスナーミー派のダンディー・サンニャースィーとなり、一九一三―一四年頃までは宗教生活を送った。その後、東部インドのビハール州一帯に居住するブーミハール Bhumihar というカースト集団にブラーフマン・ヴァルナを賦与する活動に深く関わるようになっていった。ブーミハール人口の多くは、農耕に従事しており、在地社会においてはシュードラ・ヴァルナに属する一生族と見なされていたが、サヘジャーナンドの出自集団であるジュジョーティヤー・ブラーフマンとの間には上昇婚の関係が成り立っていたのである。サヘジャーナンドは、ブーミハールのブラーフマン帰属を証明するために幾冊もの大部の本を書いただけでなく、彼らのなかにヴェーダ学習を広めることで聖職者を養成するなどして、一九三〇年に至るまでカースト運動を支援したのである。その過程で一九二〇年代にはガーンディーの非暴力不服従運動に関与し、一九三〇年代以降には農民運動に関わるようになっていった。その段階で、彼の関心は農業労働に従事するクルミー、コイリー、ヤーダヴといったカーストにも向いていったのである。それは、ともするとかつて連携したブーミハール土地保有層の権益と対立するものであった。

サヘジャーナンドの宗教思想は、明らかにアーリヤ・サマージとは相容れない保守伝統派のものであったが、ヴァルナ上昇を担保する論理をもつという点では、ほとんどアーリヤ・サマージと異なるところがなかった。

ここで取り上げた二人のような活動を展開した人々は、インド各地で見出されたが、彼らは必ずしもアーリヤ・サマージの会員であるわけではなかった。本章でみたように、ヒンドゥー教の外に対抗すべき「敵」が設定されたとき、アーリヤ・サマージのカースト論は、護教のためにもっとも利用しやすいものだったのである。

不可触民問題の政治化——インド奉仕者協会の活動

先述のごとく、選挙制度における不可触民の処遇についての議論が過熱していった。それは、不可触民が政治的に別個の実体となってゆくことを認知するか否かの議論に他ならなかった。すでに、イスラーム教徒には分離選挙区が認められており、人口比はそのまま政治力に対応すると見なされていたことから、ヒンドゥー教徒とイスラーム教徒双方の政治勢力にとって、自らの政治力を決定づけるうえで不可触民とトライブの存在が重要なものとして立ち現れてきたのである。政府や独自の運動を展開しつつあった不可触民の側より分離選挙区の要求が提示されると、恐慌をきたしたのは、イスラーム教徒の側ではなく、カースト・ヒンドゥーの方であった。こうして、不可触民を自陣営に押しとどめるために、彼らとの交渉が不可欠となり、その要求が初めて正面から取り上げられるようになったのである。それは、①カースト・ヒンドゥーと同等の宗教上の権利の享受、②市民的権利の行使における差別の撤廃、という二点に集中することになった。前者は、具体的には寺院参拝権の獲得を意味し、後者は、井戸・道路等の公共施設の利用権と教育権の確保を意味していた。

この問題の解決策としては、社会活動と法制化という二つの方法論が存在した。以下、それぞれの立場を簡略に紹介しながら、その思想上の特徴を論じてゆきたい。

一九世紀末においてNSCが低カーストと不可触民の抱えていた問題の解決に失敗した経験に基づき、二〇世紀にはいるとともにカースト・ヒンドゥーの側から新たな試みが開始された。それを代表するのがインド奉仕者協会 Servants of India Society（SIS）である。この団体は、一九〇五年にゴーカレー Gopal Krishna Gokhale, 1866-1915 により設立され、政治的には親英派を含む穏健中庸な立場をとり、自由主義的かつ合法的説得による漸次的改革を進めていた。同会は、誓約を立てたカースト・ヒンドゥーの専従会員を中心に構成され、政治活動（統括・藩王国・ジャーナリズム）と社会活動（労働・教育・社会奉仕・未開民族と被抑圧階級・村落向上と協同組合ならびに地方自治活動・スカウティング）を推進していた（*Report of the SIS for 1931-32*）。

社会活動のなかで、「未開民族と被抑圧階級」を担当したのが、タッカル Amritlal Vitthaldas Thakkar, 1869-1951 である。彼は、一九一四年にインド奉仕者協会に加わり、ボンベイの不可触民コミュニティのなかでの活動を経て、一九二二年にはビール Bhil と呼ばれたトライブを対象とした社会活動団体であるビール奉仕団 Bhil Seva Mandal を創設し、政治とは一線を画すなかで活動していた。二〇年代末において、すでに「不可触民とビールのグル」という尊称を奉られ、カースト・ヒンドゥー側の第一人者とみなされていた。ガーンディーとは、彼が南アフリカより帰国しアフマダーバードに拠点を設けて活動を開始したときに、そこに不可触民の家族を送り込んだことをきっかけとして密接な関係を結ぶようになっていた。

不可触民を活動対象としたＳＩＳに連なる団体には、グジャラート不可触民奉仕団 Gujarat Antyaj Seva Mandal（一九二三―三三年に活動）、被抑圧者階級ミッション Depressed Classes Mission, Mangalore（一八九七年設立）、バンギー奉仕協会 Bhangi Seva Samaj 等があった（*Report of the SIS for 1931-32*, pp.20-22）。いっぽう、ブラフマ・サマージ系の全インド反不可触制会議／連盟 All India Unti-untouchability Conference/League も活動を続行していた（Chakravarti / Ray, 1933, ch.II）。

これらの団体やタッカルに代表される指導者たちは、社会向上と社会奉仕活動に徹底し、宗教思想の根幹やカースト制そのものには、一切言及しないことを特徴としていた。学校を開設し、衛生観念を広め、抑制運動を推進し、無権利状況や差別には個々に対応してゆくというのが、その方法論であった。改宗者の獲得という側面を除けば、キリスト教宣教師団の活動ときわめて似ていたことになる。タッカル自身、その方法論を宣教師団に学んだことを公言していた（Thakkar, "Social work amongst Gujarat Bhils" "The Bhil", Jagadisan / Shyamlal (eds.), 1949, pp.297-298）。

こうした性格ゆえに、ＳＩＳ系の団体はトライブの人々にとってはヒンドゥー化を暗黙のうちに推進するものと映り、いっぽうで、ヒンドゥー教とカースト制を差別と抑圧の制度とみなす人々にとっては、問題の本質を避けて通っていると見なされたのである。

ガーンディーとハリジャン奉仕者団の不可触制論

不可触民問題に決定的な変化をもたらすきっかけとなったのは、一九三二年八月一七日にイギリス首相マクドナルドによって発表された、不可触民に分離選挙区を付与することを内容とする「コミュナル裁定」である。その知らせがインドに伝わると、ガーンディーは裁定の撤回を求めて死に至る断食に入った。その時公表された彼の考えは、次のようなものであった。

たとえインドの独立を獲得するためとはいえ、私は不可触民の重大な利益を売り渡したくはない(Gandhi, 1954, p.207)。

私は、被抑圧者が過重に代議員を獲得することに反対すべきではないと考えます。私が反対しているのは、不可触民達がそこに属することを望んでいる限り、ヒンドゥー総体より、たとえ限定されたものであれ、法的に分離することなのです。被抑圧者階級に分離選挙区を設けることは、ヒンドゥー教を破滅させ、被抑圧者階級自身にとって何の利益にもならない毒薬の注射に思われるのです。……被抑圧者階級の問題は、もっぱら宗教に関わるもので、私は、生涯にわたるその問題への関与ゆえに、わけても自らの問題とみなしているのです(Varma, 1971, p.34)。

突然、彼の関心の全てが不可触民問題に集中したかのようであった。

この時、アンベードカルら不可触民の指導者が、分離選挙区を望んでいたのにもかかわらず、ガーンディーは、それを不可触民一般の希望ではなく、なによりもその利益に叶わないと断じたのである。彼は、自らを不可触民の権益を代表する者とみなしたうえで、その断食を「ヒンドゥーの意識を正しい宗教行為に向けて刺激するためになされた」ものと規定し、それによって不可触民の直面する問題は解決しうると考えていたのだった。

イギリス政府側の姿勢は、分離選挙区の付与こそが被抑圧者階級の利益と希望に叶うものであり、関係するコミュニティが他の選挙制度について合意しない限り、裁定の変更はありえないというものであった。こうしたなか、ガーンディーは、分離選挙区の廃案に向けて、合同選挙区における留保議席までは譲歩するとして、妥協の途を示した。その結果、アンベードカルに代表される不可触民側に譲歩を強いることで、分離選挙区に代わって合同選挙区において不可触民への留保議席を設けることを内容とした「プーナ協定」が、ヒンドゥー教徒側で結ばれることになったのである。

ガーンディーは、この間も次のような考えを公表していた。

私の断食は、ただ分離選挙区に反対するだけのもので、法的な留保議席にまで反対するものではないのです。……私は、生まれは可触民だが自らの選択としては不可触民だと主張したく思います。それに、私は、不可触民のなかでも上層の人々ではなく、可能な限り、常に私の意識より去らない下層の人々を代表し関わりたいと努力してきたのです。……彼らが向上しなければならないのならば、それは、留保議席によってではなく、彼らのなかでのヒンドゥー社会改革者の精力的な活動によってなのです。分離選挙区の撤回は、私の誓いを表面で満たすかもしれませんが、その背後にある私の願望を満たすことは決してないでありましょう。私は、可触民と不可触民の間にある溝を繕うことでは満足しそうもありません。私が望み、そのために生き、また喜んで死を迎えようとしているのは、不可触制の根底からの根絶なのです（前掲 p.35）。

これ〔分離選挙区の付与〕は、単に政治的な一面にすぎません。もし、ことが純粋に政治的ならば、私は生命を掛けようとは思わないのです。私を最も傷つけるのは、その道徳的側面なのです（前掲 p.38）。

ガーンディーのこうした談話が繰り返し喧伝されたことによって、政治問題として生起した不可触民への分離選挙区付与の問題は、モラルの問題に転化していった。したがって、その解決のためには、対症療法はもちろんのこと、カースト・ヒンドゥー側の改心が必要であるという結論が導き出されたのである。プーナ協定が締結された後に、この精神を具体化するために何らかの措置をとることが、ガーンディー自身のみならずカースト・ヒンドゥーにとっても避けられなくなっていったのは言うまでもない。そうして、「ハリジャン奉仕団」構想が具体化したのであった。

一九三二年九月三〇日に、ボンベイにおいて開催されたプーナ協定締結のために参集したヒンドゥー教徒指導者の会合において、マーラヴィーヤが議長を務めるなか、反不可触制連盟 Anti-Untouchability League の設立決議が採択された（前掲 pp.52-53）。その具体化にあたって、ガーンディーには依拠しうる何らの組織もなかったことから、彼が全面的に頼ることになったのが、前出のＳＩＳとタッカルの団体だったのである。

設立されることになった団体の活動目標には、①ダルムシャーラー・道路・学校・墓・ガート（沐浴場）の被抑圧者への開放、②一般に開放されているヒンドゥー寺院での不可触民の礼拝の容認、の二点が挙げられていた。方法論としては、強制を排除し、平和的説得を唯一の手段とすることが確認された。会長に就任したのはビルラー G.D.Birla, 1894-1983 で、事務局長を務めたのはタッカルであった。この団体が、一時的に不可触民奉仕者協会 Servants of Untouchables Society の名を冠した後に、一九三五年からは、正式にハリジャン奉仕者団を名乗ることになるのである（Gandhi, 1954, p.62, pp.66-67）。そのとき改めて確認されたのが、次の点であった。

再生族の人々の心のうちに、ハリジャンの人々を自分の兄弟と同等にみなし、彼らとそのように接するような根本的な変化をもたらすのが、この団体の目的なのです。しかし、カースト制の廃絶やカースト間共食などの推進は、活動の対象外となりましょう（Shah, 1955, p.266）。

ガーンディーにしてみれば、不可触制はカースト・ヒンドゥーのモラルの問題である以上、債権者は不可触民で、債務はカースト・ヒンドゥーの方にあった（Gandhi, 1954, pp.234-236）。債務の履行は、あげてカースト・ヒンドゥーの責務となり、それはハリジャン奉仕者団中枢からの不可触民の排除に直結したのである。

こうしたガーンディーの不可触制論の特徴は、その用語の選択にも現れていた。ハリジャン Harijan とは、中世グジャラートの宗教詩人のナルスィー・メヘターが「神への帰依者」の意味合いで用いたもので、ガーンディーはそれに不可触民を指す意味合いを新たに加えようとしたのである（前掲 p.14）。同様の言い替えは、後述するようにすでにコールハープル藩王国において行われていたし、不可触民のなかでも自己認識として「被抑圧者 dalit」や「外縁カースト exterior」という用語が使われ始めていた。さらに、植民地政府の側からは、不可触民を対象とする行政行為のために様々な範疇用語が案出されていた。そうした用語は、単なる標号にとどまったのではなく、それを用いる人々の思想上の違いに直結していた。ガーンディーは、個々の用語に結びついた思想・政治上の色合いを払拭し、全く新たな用語を案出することで自らの主唱したカースト・ヒンドゥーの改心による不可触民向上論を際立たせようとしたのである。[2]

ガーンディーは、不可触制はヴァルナ制とは無関係であるという立場をとっていたことから、不可触民が直面している問題は制度の瑕疵ではなくなり、その結果として、まず論議の前提を拡大することに成功した。さらに、「改心」しさえすれば、再改宗や制度自体を変える必要もないとしたことで、保守派をも取り込むことに成功したのである。その上で、アーリヤ・サマージと保守派の双方がもっていた差別的なシュードラ観をモラルの問題として克服しようとしたのだった。

こうした努力の結果、マーラヴィーヤらの保守派も不可触制の除去に取り組むようになり、ヒンドゥー・マハーサバーも、不可触民の寺院参詣を容認するようになっていった。それは、モラルの問題であった以上、社会的な存在であることを自他ともに認める人々にとって、「不道徳」であるとされることは避けなければならなかったのである。

制定法による解決の企図（*Social Reform Annual 1939* に基づく要約）

国制改革のなかで不可触民の問題が苛烈化してゆくにつれ、それまでもっぱら任意団体によって担われていた社会活動とは別に、法律を制定することによって不可触民が直面している問題一般を解決しようとする動きが、一九三二年以降、地方と中央の双方において活発化してきた。

一九三四年に中央下院に議員立法として上程されようとした二つの法案では、それぞれ不可触民にブラーフマンとシュードラのヴァルナを付与することによってその不能状態の改善を企図していたが、これは、私法運用準則と対応したヴァルナ帰属意識の再興に他ならなかった。

不可触制が提示する問題を制定法により解決しようとする試みは、英領域より藩王国のほうが先んじていたといってよい（前掲 pp.96-114）。アーカルコート藩王国においては、不可触民が普遍的な権利を行使できるように罰則規定を伴ったアーカルコート刑法改正法が成立し、バローダ藩王国においてもカースト暴虐除去法が発効していた。さらに、同国では、不可触制除去法案の審議が進められていた。確かに、これらの法律の恩恵を受けることができたのは非常に限られた人々であったが、独立後に制定される同種の法律を先取りしていたことは、確かだった。

この点で、最も先進的であったのはコールハープル藩王国である。同国政府は、一九一九年一〇月一一日付け官報において、全ての教育施設は全ての不可触民に開放されねばならないこと、ならびに、不可触民と可触民のあいだに何らの区別も設けてはならないことを宣言したのである。その結果、同国では不可触民のみを対象とした学校は廃止され、可触民との共学が実施されていった。同年、藩王は、タラーティー（徴税官）の任命において不可触民に留保を与えるとする布告を発したのである。さらに、一九二一年になると官報に布告（Notification no.41, 25 November 1921）が掲載され、不可触民や被抑圧者階級という用語に代えてスーリヤヴァンシー Suryavamshi という呼称が用いられるべきことが指示されたのだった。

英領地域において、こうした法制化を推進したのは、シャールダーに代表されるようにアーリヤ・サマージの会員であったり、ラージャー M. C. Rajah, 1883-1943 のように政治的には穏健で思想的にはガーンディーに近い人々だった。アンベードカルは、すでに不可触民の指導者として名をなしていたが、この動きに対しては必ずしも好意的であるとは言えなかった。それは、分離選挙区の獲得によって政治権力の確保を目指したその方法論のみならず、思想上の立場の相違によっていたと思われる。

ヒンドゥー的〈自画像〉の内実

本章で検討を加えた社会宗教改革運動においてカースト制が論じられたとき、細分化されたジャーティは否定的に扱われたものの、四つのヴァルナの存在は必要不可欠なものとされるのが常であった。インド諸語で前者をジャーティ・プラター jatipratha (pratha = 習慣) と言うように、それは慣習によって規定されたもので、それゆえに可変であり規範とはなりえなかった。いっぽう、後者はヴァルナ・ヴィヤワスター Varna-vyavastha (vyavastha = 規範、制度) と言い、それ自体で正統性をもつゆるがせにできない枠組みだったのである。

新たな思想潮流がもたらした変化は、アーリヤ・サマージとサナータン・ダルム両派の関係に集約して現れることになり、ガーンディーはそれを止揚しようとした。しかし、彼もヴァルナ制度を擁護したことから、三者ともにヒンドゥー教の枠組みを捨てることがなかったのである。なおかつ、彼がカースト問題に本格的に取り組むようになったのは、一九二〇年代後半以降のことであった。カースト制度や不可触制の存在ゆえに生じる不利益の除去は、制定法や社会運動により企図された。しかしながら、四ヴァルナ制がインド社会にとって不可欠であるという見方は、ついに変わることがなかったのである。

アンベードカルは、そうしたヴァルナ制度自体を差別の体系として批判したが、その主張はカースト・ヒンドゥーのなかには支持者を見い出しにくかった。一九二七年にアンベードカルが、改革派にとっても典拠文献であったマヌ法典を焼き捨てる挙に出たことは、彼の焦燥感を象徴する出来事であるとともに、不可触制撤廃のために独自の途を歩むことの決意表明に他ならなかった。

戦後に展開されたインド研究の到達点は、現実のインド社会において内婚と共食の単位として機能している組織をジャーティとし、ヴァルナをそれを包摂する理念上の枠組みとみなし、前者の成立をサンスクリット古典籍に見られるようなヴァルナ間の雑婚に求める立論を廃したことである。そこにおいて、カースト制は、いわばジャーティ・ヴァルナ制として想定されたことになる。しかしながら、この見方は、近代インドにおいてヴァルナがもつことになった意味の大きさを一面で看過させることになった。私法運用においては再生族と一生族ヴァルナとの間には差異が設定され、社会宗教改革運動においては、ジャーティをヴァルナに統合することで「純粋な四ヴァルナ」を創出しようとする試みが、ヒンドゥー教徒によって一九世紀後半以降強力に推進されたのである。これらのことを勘案するとき、ヴァルナは単なる理念上の枠組みにとどまったわけではなく、社会移動の重要な手がかりとなったことで、明らかに実体化していったのである。

一八七七年にイギリス領インド帝国の成立を記念して開催された謁見式《ダルバール》によって、統治体制のコードがインドのそれよりイギリスのそれへと変化したことは、コーンが説くところである〈Cohn,1983, pp.165-209〉。一言でいえば、アーリヤ・サマージに代表される復古改革派は、コードの「再インド化」に成功したのである。しかし、そこでいう規範的「インド」は、イスラーム教とキリスト教が伝播する以前のインドのことであったから、コミュナル対立の基盤を不可避に内包していたことになる。選挙制度や雇用をめぐる闘争のなかで、それは具現化する手がかりをえて、表面化していった。

ガーンディーは、政治の分野にモラルの概念を持ち込むことによって特筆すべき役割を果たしたが、不可触民問題においては影響力を行使しえたものの、コミュナルな対立の解消には直結しなかった。

彼は、ＮＳＣに倣いヒンドゥー教典を軽んじることがなく、そのうえでアーリヤ・サマージに見られた宗教上の狭量さを排除しようとした。しかしながら、自らの思想にとって不都合な部分を「ヒンドゥー教の本質には関わりない」としたことで、一九世紀に始まった社会宗教改革運動の枠を越えることがなかったのである。

一九世紀中葉から二〇世紀前半にかけて登場した社会宗教改革団体は、カースト問題を扱いはしたものの、その断片的な批判に終始するのが常であった。それに対し、ダヤーナンドとアーリヤ・サマージは、カーストの内的構造や相互関係にまで踏み込み、代替理論と新たな価値体系を提示しえた点で際立っていた。そのうえで、英語に依拠した高等教育や女子教育を主唱したために新興階層にも受け入れられ、ヒンドゥー社会に影響を与え得たのだった。彼らが近代ヒンドゥー教思想の展開を代表することには、疑いの余地がない。しかしながら、宗教教典解釈論のうちにとどまったことから、時代環境の変化にともない、ヒンドゥー至上主義と一体化してゆくのは避けられなかったのである。

ヒンドゥーとしての自意識が、改革であれ、護教であれ、カーストをめぐって形成されていかざるをえなかったことが、植民地支配下においてインドがたどった困難そのものなのである。ひるがえってみると、今日のインドにおいては、植民地期に見られたようなヴァルナ意識の高揚は、もはや際立つことがない。代わって目にされるのは、指定カーストや後進諸階級といった法定範疇である。検討を加えねばならないのは、それが、カーストと呼ばれたもの自体が変化した結果なのか、それとも国家制度のなかでカーストの位置づけが変わり、カーストに関わる認識が変容した結果なのであろうかということである。

第七章
カースト族譜より見えてくるもの

「カースト族譜」が生み出されるまで

アーリヤ・サマージやディギンドラナーラーヤンらによって推進された諸ジャーティの再生族ヴァルナへの統合や、ヴァルナ位階の上昇運動は、単にヒンドゥー法上の裁可を獲得するだけでなく、共食と通婚範囲の拡大によって保証される必要があった。その達成のためには、内婚の原則に従い共通起源の保証が不可欠であった。つまり婚姻関係を拡大する(横に広がる＝同族意識をもつ)には、単に浄・不浄観に基づく障壁の克服のみならず、縦の歴史(同起源・同系統意識)が保証されねばならなかったのである。カーストの統合において対象となったのは、アトムとして存在する個人ではなく親族集団であったから、共属歴史意識の確立は個人ではなくカースト集団を視野に入れて遂行されていかざるをえなかったのである。では、そもそもカーストにとって「歴史」とはどのようなものだったのだろうか。

宗教徒集団をインド社会の構成単位と考えたイギリスのインド認識においては、カーストは本源的構成要素とされたために、インド社会の性格や歴史は、そうした諸カーストがもつ特性と来歴の集合体として解釈されていた。しかしながら、在来固有の歴史が記されているはずのサンスクリット語文献より、ヨーロッパの史書概念に沿った情報を得るのは困難であり、実際のところ各ジャーティの歴史を記した書物や、ヨーロッパの家族史 family history に相当するような文献は存在していなかったのである。すでに述べたように、こうした認識と一体となった現実は、「インドにおける歴史文献の不在」、ひいては「インド人の歴史意識の欠如」という神話の成立を招来し、それはインドの精神性が強調される前提を用意するいっぽうで、その構成要素とされたカースト総体より「歴史」を奪うことにもなったのだった。それはさらに、歴史をもたない者は素性が知られず下層の民であるという見方に直結し、わけても、第五章で論じたクリミナル・トライブの特定において際立つことになった。

すなわち、ジャーティの統合をヒンドゥー擁護の寄る辺としようにも、共通起源を保証する「歴史」が存在せず、そのこと自体がヒンドゥーの崩壊を象徴すると考えられたのである。それは、当事者によっても意識されており、かつては一体であったカーストが歴史過程において分断されたために、やがては互いを忘れ去ってしまったと繰り返し語られていたのだった。

この事態はいかにして克服されたのだろうか。イギリスがカーストに歴史は存在しないと見なし、また、実際に存在していなかったのならば、必要とされる歴史を自らの手で生み出して行けばよかったのである。そうして、アーリヤ・サマージのカースト再編運動を契機として刊行されることになったのが、ジャーティの内的構造や歴史を記し、ヴァルナ上の帰属を明示した「カースト族譜」であった。[1]

それらの文献においては、あるカースト、あるいはカースト集団名のもとに、そこに包含される家系や家族、さらに個人の来歴と事績が主たる内容として記述されていたが、場合によってはそれにとどまらず、結婚適格者の名簿が示されていたり、人口・地域分布・教育水準などの実態調査にも等しい分析を伴った統計資料が添付されていた。また時として、それが発行された時点において自らの血統の正統性や、新しい結集目標としていた集団概念やヴァルナ分類変更の主張、あるいはまた、カーストを行政行為の単位とした植民地政府への要求が重要な内容として伴っていたのである。

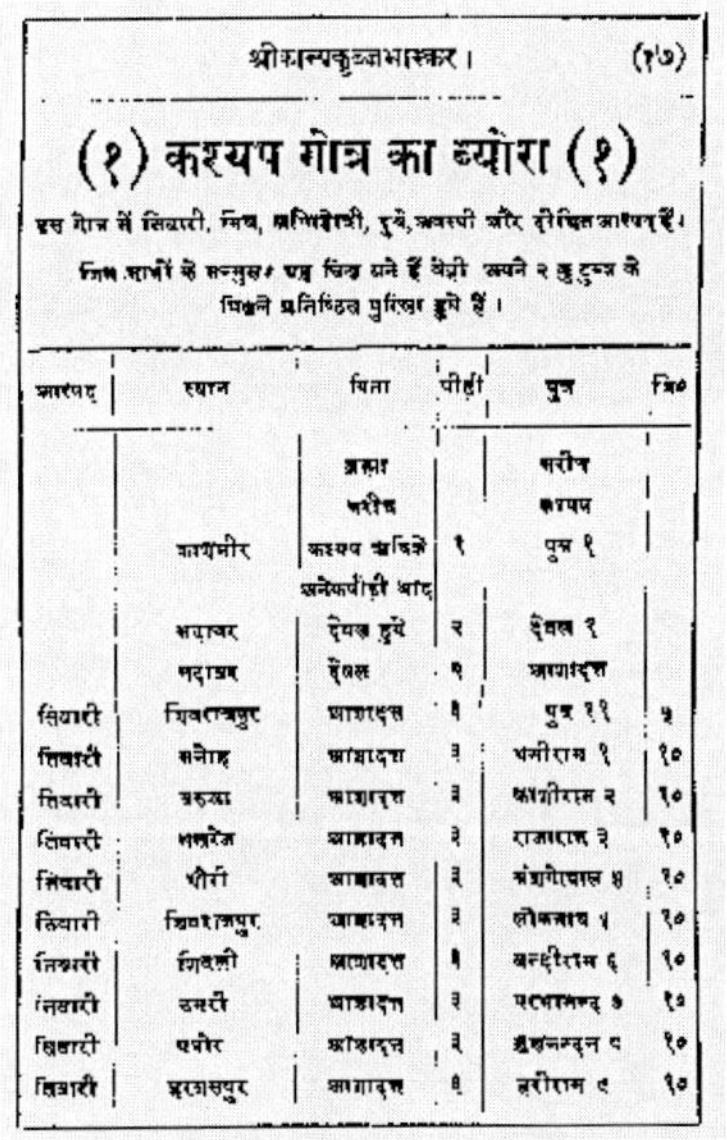

図 10　カースト族譜の一例．カーンニャクブジャ・ブラーフマンの「カシャパ・ゴートラの詳細」

多くの場合、これらの文献は、カースト団体を発行母体とし、「同族」を主たる読者とした定期刊行物（カースト・ジャーナル）と並行して刊行されていた。形態においてはイギリスが持ち込んだ家族史文献と共通し、血統と出自の正統性を主張し、同時代における自らの優越性を主張するというその機能に注目すれば、東アジア諸地域の社会集団が保持してきた「族譜」と類似しているとも言えよう。

当然のことながら、族譜の存在と史料価値は指摘されて久しいが、残念なことに少数の例外を除いて、それらの文献は社会集団の歴史研究のうえでは、一次資料としてはほとんど用いられてこなかった。それにはいくつかの理由が考えられる。一つに、カースト族譜の大部分が、近代インド諸語で、それも場合によってはその方言形で書かれていることがあげられる。頼れるのが英語文献のみである研究者にとって、それだけでこの文献は圏外へと去る。二つに、仮に利用しえたとしても、インド史の枠組みのなかで語られていながらも、神話と歴史的事実が、時には全くの虚構さえもが同一の次元で混在して記述されるというその特異な形態は、それが在地社会における文学と歴史の叙述形態としては決して異例のものではないにしろ、利用者を当惑させることになる。また、神話伝承の部分には、全インド的なものとはいわずとも、ある地方に広範に流布しているものがとりあげられていたのに対し、そこに組み込まれた事実は地方的できわめて微細なものが多かった。なおかつ、そこで引用される写本・碑刻文・銅版文書・口承伝承などの多くは公刊されておらず、客観的な検証を困難としてしまっている。こうしたことにより、カースト族譜文献を歴史研究の史料として用いようにも、史料批判に求められる労力はあまりにも過重なものだったのである。三つめに、図書としての流通形態に目を向けると、もともと、書籍の流通ルートが確立されていない時代における刊行であったことと、そのほとんどが「同族」集団内で頒布されたり配布され、政府機関や政府任命の諸委員会に送付されたことを指摘できる。植民地支配下の言論・出版統制の一環として、そうした文献の大半は地方政府において登録され、原本が旧インド省図書室に送付され、今日でも保管されてはいる。しかし、その全容が詳らかになったのは、ごく最近のことなのである。

こうしたことが相合わさり、確かに資料としての価値は認められつつも、ほとんど考究の対象とされることなく放置されてしまったのである。

名称をめぐって

日本語で「族譜」と名づけたこれらの文献では、「系譜・家系」の意味をもつヴァンシャーヴァリー vanshavali やシャジラート shajrat、その上位概念としてのジャーティ史 jatiy itihas が用いられることが多かった。近代インド諸語の文献目録では、「ジャーティ関係の歴史」という説明的な分類項目が立てられていたが、それは必ずしも共通の理解に基づいてなされていたわけではなく、場合によっては「歴史書」や「宗教文献」の分野に包摂されていた。すなわち、これらの文献は在地社会における旧来からの分類体系には馴染まない、したがって、近代になってから登場してきた図書であることが窺える。あわせてそれは、内容による分類を不可能とするような、この種の文献がもっていた多様性を示していた。図11に示したように、「カースト史・カースト論文献」といっても、その内容はきわめて多岐にわたりうる。執筆者と発行者はその意図と目的に応じて、これらの内容を適宜選択して記述したことになる。したがって、そこで強調された論点によって図書分類に変化が生じ、発現伝承を前面に出そうとすれば、「起源・発現書 utpatti」とも呼称しえたのである。内容から資料総体の図書分類上の位置づけを定めるのは、甚だ困難である。インド社会の歴史研究に用いるためには、分類に拘泥するよりは、むしろこれらの文献が果たした機能と役割にこそ注目する必要がある。「族譜」と

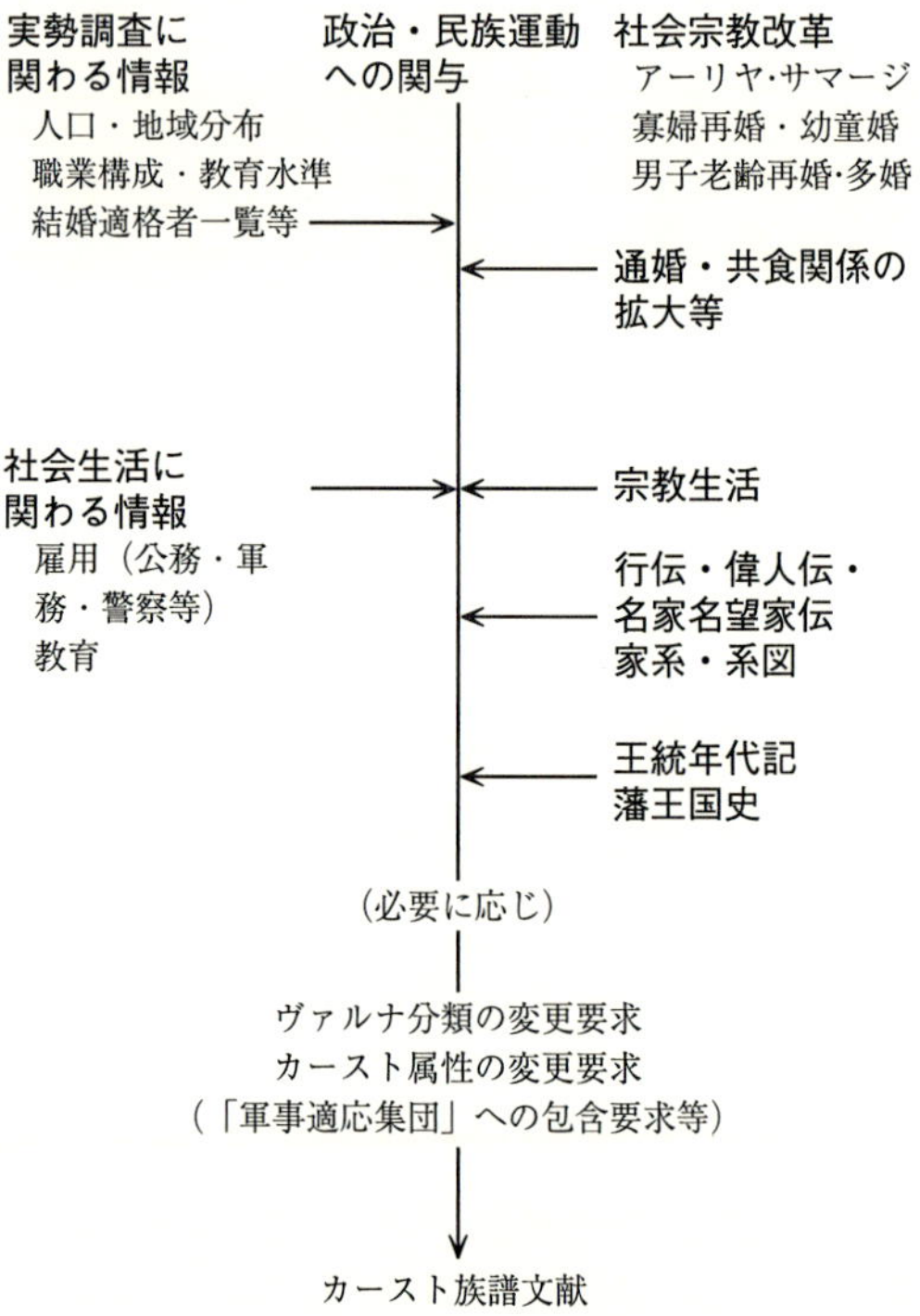

図11　カースト族譜文献の記述内容

いう命名は、この立場を体現したものである。

これらの書物が目的に応じてもった内容の多様性は、たとえば、その題名に目を向けると明らかになる。カーストの歴史を記した図書の題名は、それがインド近代諸語で書かれていた場合は、実に様々であった。たとえば、ウルドゥー語では、英語に倣い Tarikh-i-qaum-i...（……ジャーティの歴史）

という形態が一九世紀後半より用いられたが、ヒンディー語で …jati ka itihas（……ジャーティの歴史）という形態が一般化するのは、一九二〇年代に入ってからである。初期より一貫して用いられてきたのが、前出の「系譜・家系」や「記録・報告 vrttant」「発現・起源」「古伝・古譚 purana」「注釈 pradipika」「探究 anvesan」「考究・論究 mimansa/vivecan」「紹介 paricay」「叙述 varnan」「簡介・瞥見 jhalak」「行伝 caritra」などであった。さらに特徴的な点は、「光輝 jyoti/prakas」「灯火 pradip」「月光 candrika」「太陽 bhaskar」「鏡 darpan」といったように、それだけでは一見するとどのような内容をもった本であるのかが分からない題名を掲げた図書が多かったことである。これは、同時代に刊行された地誌文献にも見られる興味深い傾向である。

書名のみから判断する限り、ヒンディー語圏ではヴァンシャーヴァリーやヴリッターントの使用頻度が高かったが、それらの語はいずれも一般名詞であり、カースト団体などによって出版されたこうした文献を指すために特に造語されたわけではなく、近現代になってから新たな意味合いが付加されたにすぎなかった。前出の「ジャーティ史」が総称といえば言えるのかもしれないが、それもヒンディー語文献史では認知を受けた用語とはなりえていない。第六章で述べたように、ジャーティなる語は、二〇世紀初頭において、英語のネーションに相当する意味合いをもつようになっていたからである。

この点に関して、マラーティー語圏は、異なる伝統を有している。マラーティー語では、こうしたカースト単位の家系史文献に対して、クル・ヴリッターント kul-vrttant、ないしはクル・ヴリット kul-vrtt、あるいはより明示的に家族史 gharanyaca itihas という語が与えられていた。特に前二者は、家系・家族史・同族史・カースト史一般を指す総称として用いられ、その語を冠した家系・家族史執筆者の団体である家系史協会 Kul-vrttant sangh すら存在した。この語は、サンスクリット語に基づく造語であったから、ヒンディー語圏においても同等の意味合いで理解されたものの、管見の限り流通の度合いは低かったと思われる。一九世紀以降の両言語圏の思想文化交流は、現在考えられている以上に大きかったことからすると、これには少々奇異な感じすら受ける。それが、社会構造や背景をなす歴史の差違に起因するのか、アーリヤ・サマージが及ぼした影響の多寡によるのかは、今後の究明を待つしかない。

先行研究者で、この種の文献に着目し、独自の命名を行ったのが、人類学者のシュリーニヴァースである。具体的に何を意図していたのかは詳らかにはならないものの、彼は「カースト・プラーナ caste purana」という語を用いたことがあった(Srinivas, 1959, pp.40-41)。サンスクリット語で書かれたプラーナ文献は、まさに神話と事実が渾然一体となり、ある事象の起源や伝播、その間に起こった出来事、そして社会生活や・習慣・宗教信仰・行伝など多岐にわたる記述内容を包摂したものであり、カースト団体による出版物を指すのに的をえた用語であるかに見える。しかしながら、この語からは、必ずしもその執筆・発行母体が明確にならず、また、発行の主要な目的のひとつである新しい集団概念の創出やヴァルナ分類やカースト属性の変更を植民地政府に訴えかけるというような、それらの文献が同時代において特徴的に果たしていた機能を十分には表しえていない。そしてその結果、これらの文献もまた古来より続くインドの伝統的文献記述の一形態にすぎないという、証明されざる前提を容認するものとなってしまう。またさらに、それらの文献の主要な執筆・発行元となったアーリヤ・

サマージの創始者が、プラーナ文献の正統性を否定していたことを勘案すると、やはり誤解を招くものといわざるをえない。

依拠資料と記録保持集団

インドには、家系保持集団とその保有史料の存在が際立っている地域と、そうではないところの差違が、かなり明白に存在している。前者の代表が、いわゆるラージプート諸勢力の中心地である旧ラージプーターナー地方(現在のラージャスターンにほぼ対応)である。ラージプートとは、五世紀の中ごろインドに侵入した中央アジア系の人々の子孫とされているが、その出自は実に様々で、むしろ定かではないと言った方が的確である。後者の代表は、ヒンディー語圏の中心部を占めるガンジス河平原のマッディヤ・デーシュである。旧ラージプーターナー地域には、チャーランやバートと呼ばれる主として口承伝承にて王統や家系記録を保持する集団が存在し、土地保有層の家系と家産を記録したヴァヒー vahi/bahi 文書を保持するヴァヒー・ヴァンシュ Vahivansh などの職能集団が存在していた。この地域でこうして家系保持集団がカースト制のなかで機能していたのは、いわゆるラージプート政治体制ゆえのこととして理解されている。王権を獲得したことにより、出自が定かではない集団もラージプート(rajaputra＞rajput 王の子孫)となり、その政治体制のもとでは、ある家系に属する個人の社会的位置とは、彼が王権の支配リネージの成員であるか、土地保有者の家系に連なるその位置によって決まるとされていた。そのため、権力機構の一端に連なった段階で、家系記録が生み出されるようになり、また、実際はどうであれ、有力家系に自らの家系を結びつけてゆく傾向が生じたのである。

そのために神話伝承を利用し、そこに虚構の血統を結びつける役割が、ヴァヒー・ヴァンシュらによって担われていたのである。彼らは、外来者や出自の定かでない者に神話と歴史を与える役割を果たし続けたのだった(Shah/Shroff, 1959)。西部インドは、ジャイナ教の中心地であったことも、同様に多くの俗語文献の残存を可能とする要因となったのだった。こうした歴史社会環境のもとで出版されるカースト族譜は、他地域のものに比して、家系記録と歴史資料の記述においてきわめて詳細である。

他方、ヒンディー語圏マッディヤ・デーシュにおいては、俗語文献の残存度合いが非常に低かったために、この地域で刊行された族譜は、サンスクリット文献の解釈論や口承伝承に依拠することが多く、なおかつ現況の記述に重点が置かれるようになっていった。ヒンディー語圏東部のミティラー地方のマイティリー・ブラーフマンのなかには、パンジーという家系記録を保持するパンジーカールと呼ばれる職能集団が存在していた。このパンジーは、旧ラージプーターナーの家系記録とは異なり、家産記録や血統の正しさを主張するためのものというよりは、マイティリー・ブラーフマン内部で婚姻関係を取り結ぶ際のゴートラ外婚(後述)の証としての役割を担わされていた。ベンガルにおけるカースト制の再編者とされるヴァッラーラ・セーナ Vallala Sena と彼による家系記録クルジー kulji 創設伝承と対応するかたちで、この制度はハリスィンフ・デーヴ Harisinha Deva によるミティラーのカースト制度再編伝承と結びつけて語られていた。パンジーは、同地域のカーヤスタやクシャトリヤのなかにも導入されたが、良好に維持されなかったとされている(Jha, 1980)。

ラージプートという集団範疇は、インド史研究において大きな論議となった問題である。彼らがその起源において外来の集団であったり、出自が定かでない集団であったことは、否定しきれない事実である。その曖昧さは、カーストの枠組みのなかで地歩を確保しようとする人々によって最大限に利用されたのである。権力を獲得した外来の個人や集団は、まずもってラージプートであることを主張し、そして、そのことを手がかりとしてさらにクシャトリヤ・ヴァルナへと自らを結びつけていったのである。一九世紀には、さらにブラーフマンへの帰属が唱えられもしたのである。北西インドにおいてラージプートが果たした役割を西部・中央インドにおいて担ったのが、マラーター範疇である。双方ともに歴史的過去における移住という変数を付加すれば、インド全域において利用可能となったのである。

こうしたクシャトリヤ帰属の主張において援用されたのが、プラーナ文献に見られる、パラシュラーマ Parashurama による地上よりのクシャトリヤ・ヴァルナの抹殺伝承である。この世からクシャトリヤが消滅したことによりヴァルナ体制に空白が生じ、そこにおいて虚構の構築が可能となったのである。たとえば、一九世紀末にパンジャーブ地方を本源地とするカースト集団のカトリー Khatri が、クシャトリヤ起源を主張し、同ヴァルナへの包含を主張した際に語られたのは、次のようなことだった。「パラシュラーマが全クシャトリヤを屠ったとき、パンジャーブでは幾人かの子供がカトリーと称して逃げおおせた。彼らはそれぞれ、ブラーフマン、ヴァイシャ、そしてシュードラ・ヴァルナに属する家庭で育てられることになり、それによりカトリー、アローラー、バーティヤー等の副次的ジャーティが生じ、身についた行いも生育環境により異なったものとなったのである」。ここでは、言語の歴史的変化 Ksatri＞Khatri に依拠し、カトリーのクシャトリヤ起源と地域社会における血統の正統性が語られることになる。また、「窮迫時の法」により、生存のため農耕や商業に従事せざるを得なくなったのだが、本来はクシャトリヤであるとする主張もよく見られたものだった。つまり、こうした主張より明らかとなるのは、確かに一九世紀末になると上昇指向を伴ったヴァルナ意識が際立ち始めていたのだが、そこに見られるヴァルナ帰属の曖昧さからすると、一九世紀以前にヴァルナがどこまで意識されていたのかという問いかけを発せざるをえなくなるのである。

何が記述されているのか

族譜においてはしばしば、同族であることの確認に先立って、まずもって「同族の分裂」や「失われた同族の発見」という現状認識が示されるのが常であった。その上で、カースト総体の発現に関わる伝承とその概況を扱った総論と、そこに包含されるゴートラと父系によってたどられる家系血統、さらにその構成要素たる個人の来歴と事績を詳細に語る各論が続いていた。

発現伝承の部分では、通常、自らの出自として理解されている神話が語られる。そこで特徴的なのは、その妥当性と正統性が、ヴェーダ文献から始まり、叙事詩、プラーナ文献、ジャイナ教文献、碑刻文、あるいはまた植民地政府により刊行された国勢調査報告書や地誌など、利用しうる限りのありとあらゆる資料が縦横に動員され、検証され、そして可能ならば立証しようとされるのである。そのために、在来学問伝統に見られる文献注釈学は最大限に利用される。神話と事実が混在するのは、この部分であり、場合によっては、歴史的事実がそこに取り込まれることで、神話的歴史と化してゆく。そのうえで、地方固有の伝承が全インド的な神話に組み込まれ、その総体が真なる歴史として提示されていた。再生族ヴァルナへの帰属やその上昇を企図しようとする場合、この部分が重要な働きをすることになる。

このように書かれた歴史資料の不在を神話伝承をもって補おうとするのは、別段、族譜において初めて試みられたわけではなく、植民地政府が編纂した地誌などで採用された叙述形態に他ならなかった。族譜はその手法に倣いつつも、自らの必要に応じて神話伝承に再解釈を加えていったのである。その際、しばしば、ヒンドゥー法典に見られる古典的な内部構造の模倣が行われることになる。ブラーフマンのなかには、伝説的始祖に連なるゴートラと呼ばれる仮想血統が存在しており、そこに属する人は同じ血を引く者として婚姻関係をもつことが忌避されていた。このゴートラ外婚の慣行が、ブラーフマン以外にもブラーフマン・ヴァルナへの帰属を証明する手がかりとして模倣されていったのである。ところが、ブラーフマンのゴートラ始祖には限りがあったために、模倣の過程においては非古典的なゴートラが多数生み出されることになったのである。

個々の家系血統は、発現において虚構であったり、明確な歴史を語りえないわけだが、後代になるにつれ、そこに生まれた個人それぞれの事績や相続、養子縁組などの記録とともに正確さを増してゆく。しかし、実際の家系記録でも、成員が記憶にとどめ詳細に記述されうるのが四―五代を越えるのはきわめて稀である。前出のヴァヒーには、一三世紀まで遡る記録が見られたそうだが、それが記述されたのは一八世紀中葉だったのである。

旧ラージプーターナー地方の族譜では、通婚・養子縁組・家産分割・相続関係が、特に詳細に記述される。それらが、ひとたび裁判で争われるようになったときのことを考えると、この記述内容は当然の帰結であった。嫡出男子の後継者がいない場合には支配権を喪失するという失権の原則が藩王国の王統継承に適用されるようになると、植民地政府よりは、在地の有力家系の系譜血統記録が公刊されるようになっていった。それは、インド社会に系譜記録の重要性を認識させずにはおかなかったのである。

一例として、図10に示したカーンニャクブジャ・ブラーフマン Kanyakubja Brahman の族譜に見られる記述内容を示すことにする。

そこでは、始祖ブラフマから始まり、その子マリーチ、その子カシャパ仙(初代、すなわちゴートラ始祖であり実体はない)と発現が示され、「その後、多くの代が続き」と血統の空白が示された後に、実在の地名バダーヴァルで「二代目」のデーヴァルが生まれ、その子アーシャーダッタ(三代目)がシヴラージプルに定着し、その一一人の子のうち、長子ダニーラーム(四代目)がマドーホに移住し、その四人の子のなかから、長子ハリ(五代目)がキュラーに移住した、といったようにカシャパ仙以降、族譜が刊行された時点で存命であった「一一代目」までの家系が、本所と傍系の定着した村ごとに記されてゆくのである。ただし、そこでは全ての家系血統が万遍なく全幅にわたり記述されたり、常に長子の血統が記録されていたわけではなかった。重要なことは、当代の、つまり家系最末端の男子成員とその現況なのである。ゴートラ始祖が何であれ、この部分の記述は時として詳細をきわめ、年齢・学歴・職業までもが記載されることがある。これは、他の族譜にも見られる特徴である。

族譜においては、家系血統の重要性は語られつつも、実際にはそれが書かれた時点においてその執筆者と記述の対象となった人が、過去を振り返って、家系と血統をどのように解釈し、自分をどこに結びつけるのかということが中心をなす事実として示されているのである。現世の現時点における目的、たとえば、社会における権威や「格」の獲得や、結婚相手の確保はそこで図られることになった。族譜に見られる家系とは、歴史的過去より現在に至るまでの全ての血統を網羅的に記述したものではなく、現時点におけるある個人を起点として、記述に値する、あるいは、必要とする家系と血統を選択して記したものにすぎなかった。つまり、カースト総体がそこで語られているのではなく、有力な個人と家系による血統の再確認と再解釈が、カーストの名のもとで行われているのである。問題は、それが必ずカーストを媒介として語られねばならないことで、この点が、いわゆる名家・名望家・人物伝と族譜とを分かつ特徴である。したがって、同じカーストでも、最末端に置かれる個人によって家系と血統解釈の内容が異なるのは、当然、起こりうることで、同一のカースト名を冠した複数の族譜の存在は、それを裏づけている。

家系血統の記録としての族譜とは、確かにカースト名のもとに語られる家系の歴史的変容の手がかりを与えてくれるが、それは歴史的過去から何世紀にもわたる巨視的な変化を余すことなく示してくれるわけではなく、近現代におけるせいぜい一、二〇〇年の時系列に限られたものである。したがって、カースト伝承の部分を除き、同様の機能のみに注目すれば、ムサルマーンのなかで刊行された自らの出自の正統性を訴えかける文献と何ら異なることがないのである。

ここにおいて、族譜から窺われるカーストの形態とは、社会経済上の地位や「格」を伴い、発現伝承と家系血統を共有しているという意識をもった、通婚の可能性をもちつつも必ずしも実際にそれを伴わない複数のリネージの集まりに見えてくる。その境界も良く言われるように浄と不浄によって厳格に隔てられているわけではなく、自在に変化するものであった。仮に、神話伝承や文献解釈のなかから「カースト」像を描き出そうとしても、族譜が発行された時点において、そうした「カースト」を体現しているのは、ある個人とその人が属する家系血統に他ならなかった。問題は、それが常にカーストとヴァルナ位階に結びつけて語られざるをえなかったことなのである。

族譜の執筆者とは、誰か

族譜の執筆者は、通常、同一コミュニティに属するとされる在地社会の学問伝統に通じた文人であった。場合によっては、ブラーフマンを雇用したり、他の学識のある人に執筆が依頼された。文学史に名をとどめる思いもかけない人々が、族譜を執筆しているのはそのためである。カースト団体の指導者や活動家が筆を執る場合もあったが、多くの場合、彼らも同様の教養を背景としてもっていた。前出のクル・ヴリッターント・サングは、チットパーヴァン・ブラーフマン同族の執筆者団体であり、マラーティー語圏の全てのカーストを対象としていたわけではなかった。現在までに明らかとなった史資料より判断すると、ヒンディー語圏においては同様な団体は存在していなかったようだが、族譜の執筆を数多く手がけた一群の人々が存在したことは事実だった。彼らは、もっぱら、アーリヤ・サマージに属していたが、それに対抗したサナータン・ダルム側の人物も含まれていた。両者とも、独力で族譜を発行しえないカーストのために、進んでその執筆を代行したのである。いわば、彼らは「歴史」の付与者に他ならなかったが、サンスクリット語文献の解釈論に大きく依拠していた限り、そこにはきわめて主観的な歴史が立ち現れて来ざるをえなかった。いわば、それは内部者の観点からした歴史の構築作業に他ならなかったが、同時にヒンドゥー・ネーションの創出作業でもあった。それは、アーリヤ・サマージの運動が北インド一帯を単一言語（彼らの用語法にしたがえばアーリヤ語、すなわち共通ヒンディー語）のもとに包含しようとする試みであったことからも窺える。実際のところ、同地域のカースト運動はしばしば言語運動と並行して推進され、その先駆けとなったカースト集団のカーヤスタも言語政策の変化や言語対立の進行にともない、二〇世紀に入るとともに使用言語をウルドゥー語からヒンディー語へと転換していったのだった。それを示すかのように、狭義の北インドで刊行された族譜の圧倒的多数は、ヒンディー語で記されていたのである。

北インドにおいて名を残すのが、アーリヤ・サマージではレーヴティープラサード・シャルマー Revtiprasad Sharma とデーヴィープラサード Deviprasad、帰属を明確にしてはいないがスッカーナンド・マールー Sukhanand Malu やスックサンパッティラーイ・バンダーリー Sukhsampattiray Bhandari などである。伝統派では、チョーテーラール・シャルマー Chhotelal Sharma、ジワーラープラサード・ミシュル Jvalaprasad Mishr やラールモーハン Lalmohan などの名が知られている。

族譜執筆者のなかでも注目に値するのが、一九三五年に『オースワール・ジャーティの歴史』を執筆したバンダーリー兄弟を中心とするグループが、一九三七年と四〇年にそれぞれ『アッガルワール・ジャーティの歴史』と『マヘーシュワル・ジャーティの歴史』を執筆していることである。オースワールとは、オースィヤーンを発源地とする伝承を共有し、ラージプーターナー地方一帯に居住したシュヴェータンバル派ジャイナ教徒とヴィシュヌ派ヒンドゥー教徒からなるカースト集団であった。彼らは、イギリス植民地支配の成立以前は、在地政治権力のなかで様々な地位に就くとともに商業活動に従事していた。近現代に入ってからは、インド各地の主要商工業地に拡散し居住するようになっていた。アッガルワールは、かつてヴァイシャと一括して呼称されていた集団が、ヴァルナ名と同一であったその名称の代替として一九世紀中葉より用いるようになったものであり、北インド一帯に居住していた雑多な商業コミュニティを内実とするものであった。マヘーシュワルは、ジャイナ教徒やシヴァ派ヒンドゥー教徒よりなる西・北部インドに居住する商業集団だった。これら三者は、時としてその出身地域であるマールワールにちなんでマールワーリーとも総称されていた。バンダーリー自体、一九世紀にはオースワールとは異なる帰属意識でまとまっていたものの、二〇世紀にはいるとともにオースワールへの結集を開始した集団だった。族譜より判断するに、三者ともに厳格な内婚によっては結ばれてはおらず、それぞれの集団範疇への結集は、別の要因に拠っていたことが窺える。バンダーリー兄弟は、ちょうどその三者に向き合っていたことになる。西部インドにおいては、商業コミュニティは、決して低位には置かれていなかったことから、ヴァイシャないしはクシャトリヤ・ヴァルナ意識に裏打ちされた結集運動が展開されていたことになる。

族譜の基本的性格

アーリヤ・サマージが刊行した族譜は、同一職能カースト名が示す潜在的共通起源の可能性に依拠していた。たとえば、壺作り(クンバル、クムハール)、油屋(テーリー)、床屋(ナーイー)といった職能名で特定されるジャーティはインド各地に見い出されたが、通例、方言圏を越えては通婚関係が存在していなかったし、浄・不浄観に基づく障壁も存在していた。そのなかで、どのようにして婚姻関係の拡大による統合が行われたかというと、たとえばクンバルについては、彼らが母なる無形の大地より形ある壺を生み出すがゆえに、彼らはヴェーダに見られる神格プラジャーパティの末裔であるとして新たにその名を与えたうえで、まずブラーフマンやクシャトリヤ・ヴァルナに包含してゆくのである。ヴァルナがひとたび同じになれば、もはや婚姻関係を取りもつうえで障壁は存在しないことになるから、そのうえで各地のプラジャーパティを結びつけてゆけば良かったのである。

こうして今世紀に入るとともに、クシャトリヤであることを主張したり、カーヤスタのように共通起源を主張する集団が数多く登場するようになり、なかには、規範的社会慣行を進んで取り入れることによってブラーフマン・ヴァルナの地位を獲得したカーストも現れてきた。その最たる例が、前章でみたブーミハールである。

族譜から見えるもの

第六章で述べたように、アーリヤ・サマージとその方法論を取り入れた人々は、カースト制度総体を否定したわけではなかった。ジャーティの存在は容認しなかったものの純粋な四ヴァルナをヒンドゥー社会にとって不可欠であるとした点で、むしろ積極的なカースト肯定論者であった。「行い決定論」は、実際のところ、出生後のヴァルナ変更やヒンドゥー社会の周縁部にいる人々に新たなヴァルナを付与することを意味していた。事実、多くのジャーティがブラーフマン・ヴァルナに包摂され、かつて一生族と見なされていた農耕・職能ジャーティには、クシャトリヤ起源が保証されていったのである。一九世紀末以降、まさに、大量の再生族ヴァルナが生み出されたのだった。

そうした事態は、まず端的に出生の偶然性に基づくブラーフマンの排他的権威を根底より揺るがすことになった。さらに、自らのヴァルナ帰属の正統性を信じる人々に与えた衝撃も決して小さなものではなかった。そうした人々は、各ジャーティの真性ヴァルナ帰属を記した書物を著したり、出自を誇る族譜を刊行することで対抗しようとしたのである。結果として、族譜総体は、際だった多様性を示すようになっていった。

また、ジャーティのみならずヴァルナ自体も、他者との関係のなかで位置づけられているために、ジャーティの統合やヴァルナ帰属の変更は、孤立した現象としては決して生起せず、その影響は否応なしに周囲に波及していった。それは不可避なものとして、全体の枠組み、すなわちカースト制度なるものの再解釈を要請したのである。かくして、カーストをめぐって展開された一連の運動のなかでは、大量のカースト制度論が生み出されていったのである。この種の文献は、アーリヤ・サマージのみならず、伝統派よりも刊行され、総点数は確認されたものだけでも七〇を越える。それは、同時代においてイギリス人官僚や研究者によって執筆されたカースト制度論をはるかに凌駕しているのである。すなわち、植民地支配下、カーストはイギリスにより一方的に規定され続けたわけではなく、ほかならぬ、カーストの枠組みのなかに生きた人々の能動的かつ積極的な関与によっても形作られてきたのである。我々の目に映るカーストの姿とは、まさにその産物であるといえよう。それはちょうど、合わせ鏡に映された鏡像を覗き見るようなものであり、そこには、インド近代において描かれた〈自画像〉の多面性が見て取れるのである。カーストの定義に見られる多様性も、その反映に他ならない。そして、族譜は、そこに分け入る手がかりを与えてくれるのである。

終　章
近現代インドにおけるカースト――再び、カーストを語ることの意味

脱植民地化の意味

イギリスの植民地支配は、在来の機構や支配形態を意図的に保全して利用した。本書で見たように、「カースト」は、その最たるものであった。

しかし、「カースト」と見なされることになる何らかの現象は、すでに存在していたものの、「カースト」という概念自体は、明らかにヨーロッパ諸勢力の到来後に構築されたものだった。そこで「カースト」と見なされたものは、通婚と共食関係に象徴的にあらわれる規範と慣行であり、それらを維持する、時として階層化された集団であった。

地方的に成立していた王権が、そうした「カースト的秩序」の形成と維持において不可欠の機能を果たしていたわけだが、それは、イギリスの征服によって根底よりの変化を被ることになった。イギリスは、当初、在来政権を一方的に亡ぼす施策を取ったが、一八五七年の反英大反乱以降は、至高権

を確保したうえで、適宜、在来王権を藩王国として保全する方向に転ずるようになっていった。しかしながら、そこに生じた政治境界は、多分に擬似的なものであり、「近代的カースト」の構築にとって、もはや障壁となるようなものとは言えなかった。というのも、カーストをインドの不可分の属性とする見方は、たとえば第六章で論じた社会宗教改革運動においてそうであったように、ヒンドゥーの人びと自身によって立場の違いを越えて幅広く共有されるようになっていたからである。そして実際、自己認識の結集目標としてのみならず、公的領域においても、個人の特定に始まり、教育・雇用・司法といった植民地行政のあらゆる分野において、イギリスが「カースト」と見なしたものが、利益分与や、場合によっては権利剥奪に援用されていった。そして、その傾向は藩王国を例外とはしなかったのである。

在来王権の崩壊に伴い、イギリスのインド観に対応してカーストに付随すると見なされた様々な現象は、定義づけられ、分類され、記述されることによって、再編され、秩序づけられていった。その過程では、本来政治的な意味合いをもたなかった部分にも政治性が賦与されたために、あらたな摩擦と対立が生じたのである。確かにそれは、植民地的従属の一形態ではあったが、それが一方的に進行したわけではなかったことは、本書で見たとおりである。

カーストは、植民地支配のもと、全インド性を獲得していったのである。その過程は決して単純であったわけではないが、一八世紀末より一九世紀前半にかけて局地的に開始され、反英大反乱以降、ほぼインド全域を覆うように進行していったのだった。

現代インドとカースト

一九五〇年一月に発効したインド共和国憲法は、世俗主義を国是として掲げていた。植民地期に存在した宗教分離選挙区が否定されたのは、その一つの現れであった。この点では、明らかに植民地期とは異なる政治社会環境が誕生したといってよい。インドの世俗主義は、特定の宗教に国家として保護を与えないというよりは、すべての宗教に対して等距離を保とうとする傾向を強くもっていたのだが、実際のところは、たとえば、ヒンドゥー法において慣習法の制定法化が着々と進行していったのに対し、イスラーム法においてはそうした事態が生じなかったように、かなりの差違が見られたのである。

インド独立後に行われた国勢調査は、内務相パテール Vallabhbhai Patel, 1875-1950 がカースト社会よりの離脱を強く企図したことを受けて、カースト集団ごとの人口統計を公表しないことを基本方針としていた。いっぽうで、指定カーストと指定トライブ、ならびに「その他の後進諸階級」に対しては留保措置が容認され、わけても前二者の受益者は出生によって獲得される帰属により特定されていたことから、その両者に限っては従前通り集団別の人口統計が取られることになったのだった。また、実際のところ、様々な行政行為やインド研究においても、カーストを捨象することは為し難かったために、パテールの思惑とは裏腹に、一九三一年国勢調査のデータが援用され続けたのだった。

インド憲法において、不可触民に対する差別は原理として否定されている。しかしながらいっぽうで、憲法の規定に基づき指定カーストとして留保措置の恩恵を受けるには、ヒンドゥー教徒であることを要件としているのである。ヒンドゥー教と歴史的関係をもつと理解されたスィック教徒と仏教徒の不可触民については、憲法改正によって、現在では同様の留保措置が認められるようになっている。ところが、不可触民よりの多くの改宗者を抱えるキリスト教徒やイスラーム教徒に対しては、未だに認知されるに至っていないのである。また、さらなる留保措置の枠組みとして設けられた「その他の後進諸階級」の特定にあたっても、ブラーフマンを最高位に置く古典的枠組みは、基本的に変わることがなかった。

カースト帰属を基盤とする利益分与において最大の枠組みであった軍事適応種族論は、独立の達成とともに公然とは語られなくなっていった。いっぽう、カーストに依拠した否定的枠組みを代表したクリミナル・トライブの特定は、独立後、時を経ずして撤廃されたのだが、指定を解除された集団の多くは、「その他の後進諸階級」に包摂され、一転して留保措置の対象となっていったのである。

これらの点に限ってみれば、植民地期の枠組みが事実上継承されているのは明白である。現代インドの社会変化を最も効果的に規定しているのは、植民地期に実体化した古典的宗教社会観を克服しえないままに誕生した、こうした国家的疑似ヴァルナなのであろう。それというのも、留保措置の受益集団としての特定は公的権力によってなされており、ひとたび、そこに包摂されてしまえば、内的差違は二次的なものと化してしまうからである。乗り越えがたい壁が存在するのは、留保対象者とそれ以外である。あたかもそれは、法典化される以前のヒンドゥー法に見られた再生族と一生族の差違のごとくである。政治的かつ社会的な摩擦は、この境界において生じることになる。

カーストが制度として機能するには王権や国家の存在が不可欠であることは、人類学者や歴史学者の研究が示すところである。しかしながら、それらはもっぱら前近代や伝統社会という枠組みを設定したうえでなされる立論であり、独立後のカーストに関しては、明確な答えを用意しているようには思われない。

その一例として、独立とともに植民地期と異なり普通選挙が導入されたのだが、投票や政治行動などの分析において、カーストへの結集を機軸として解釈しようとする傾向が、とみに際立つようになったことがあげられようか。そこでは、中間カーストや下層カーストの政治的結集がしばしば語られるのだが、植民地期と比べて、カーストを包摂する社会総体にいかなる変容が生じ、カーストの意味内容がどのように変化したのかに関わる分析が伴うのは稀なのである。それは、ヒンドゥー至上主義の台頭を分析するにあたり、サナータン・ダルム、すなわち、伝統的ヒンドゥー教の構築過程が看過されるのと表裏一体の関係をなしていると言えよう。

カースト研究の思想的継承関係

第三—四章で述べたように、植民地期においてカーストをめぐり展開された議論は、インド研究においてカースト研究という独特の分野を生み出すことになった。国勢調査や地誌編纂事業に依拠して、カーストとトライブに関わる情報を網羅的に集積しようとしたのが、一九三一年の国勢調査担当長官であったハットンである。彼が提示した情報を整理して一般化したのが、イギリスの人類学者リーチである。それによるとカーストは次のような特性をもつとされた(Leach (ed.), 1971, pp.2-3)。

①同じカースト内で通婚する。②異なったカーストに属する者の間では、飲食を共にすることに制約がある。③ブラーフマンを最上位として諸カーストがヒエラルキーをなしている。④食事・性・儀

礼などに関することでは上位のカーストに属する者が下位のカーストの者と直接にあるいは間接に接することで穢れが生じる。⑤カーストは非常に一般的に伝統的職業と結びついている。⑥宗教上の罪によって追放されない限り、カーストの地位は出生の事情が決定的である。⑦この制度はブラーフマンの威信に叶うように焦点が置かれている。

これを仮に「ハットン＝リーチ・シェーマ」と呼ぶことにしよう。第二次世界大戦後に登場したあまたのカースト論は、基本的にこの認識を別個の概念で表したものといってよい。たとえばそれは、次のようにまとめられようか。①排他的、②包括的、③階層化、④閉鎖的、⑤役割の合算によって組織される相互関係、⑥協同し、同じ目的に向かっては争わない。

本書で論じたように、カーストを社会学上の範疇としてとらえるかぎり、こうした見方はとりたてて問題とはならない。しかしながら、民族誌範疇として取り上げようとするのならば、これはあまりにも非歴史的なまとめ方であるといえよう。古典籍にみられた社会観を実在のものとし、さらに局地的かつ一時的にみられる現象を普遍化し、一切の歴史変化や構築を無視して、近現代に甦らせたのがこの見方だからである。

しかしながらそうであっても、第二次世界大戦後、アメリカの人類学者や社会学者たちがインド社会の考究に向かうようになると、こうしたカースト観は急速に広まりを見せていったのである。

英米の経験主義的人類学者によるこのようなカースト解釈に一大転換をもたらすことになったのが、フランスの構造主義人類学を代表するデュモンが著した『ホモ・ヒエラルキクス』であった(Dumont, 1980)。彼は、経験主義的人類学を、カーストがもつ儀礼化された要素を非宗教的文脈で解釈していると批判したのみならず、植民地期のカースト研究総体を実体論者の錯誤として排除したのである。代わって彼は、異質な社会を理解するためにはその社会固有の価値体系に基づかねばならないとして、司祭としてのブラーフマンと不可触民という両極を設定し、浄と不浄の対立、ならびに地位と権力の分離に基づくヒエラルキーをカースト制のみならず、インド社会を規定する根本原理として提示したのだった。

デュモンのカースト論をここで詳細に検討することはできないが、次のことは言えようか。ひとつに、本書で見たように植民地期のカースト研究が、仮に誤謬に満ちていようとも、実際にそうした観点に基づき支配制度が形成されたことを考えるとき、歴史学はそこに生起した論議を実体論者の錯誤としては排除しないのである。ふたつに、個人主義に規定されたヨーロッパと全体論に規定されたインドという「観念のシステムにおける究極の原理」は、近現代インドの何ものも説明しないのである。三つに、近年の文化人類学の研究では、贈与論や王権論を援用して、浄と不浄のみならず吉祥と不吉という概念を導入することでカーストを理解しようとする試みがなされており、そこよりもたらされる知見は、ヒエラルキーの存在を必ずしも要請していないのである。

植民地期の社会調査を継受した人類学研究は、カースト観の形成そのものを検討の対象とすることはなかったし、いっぽう、それを否定したデュモンらも「観念のシステムにおける究極の原理」を唱えることで、はからずも古典的社会観の実体化にくみすることになってしまったのである。

公的領域におけるカースト

第六章において詳述したように、社会宗教改革運動においてその実行母体となったのはカーストであった。それは、カーストが婚姻関係を取り結ぶ単位であり、改良の対象となるような習慣を維持する単位と見なされていたからに他ならない。国民社会会議はカースト団体の結成を呼びかけ、その年次大会ではカーストごとに慣習改革の報告が繰り返されていた。また、イギリスは、世論の存在を前提として、重要な政策の決定に先だって調査委員会を任命し、インド社会より意見聴取を企てるのを常としていたが、その対応組織として立ち現れてきたもカースト団体だったのである。

植民地期は、政府が行った慣習法調査・地誌編纂・国勢調査等によりインド社会が集中的に調査され、分類され、記述され、解釈が施された時期として記憶されよう。カーストは、そこにおいて常に重要な記述項目であり続けたのだった。軍務・行政・教育という支配制度のあらゆる面においてカーストが単位として扱われたことは、カーストをパトロネイジの分配機構として機能させることを可能としたのである。こうしたことが相合わさり、カーストは明らかに集団的アイデンティティの受け皿となっていったのだった。これは、カーストが単に通婚や儀礼といった「私的領域」にとどまらず、「公的領域」における枠組みとしても機能していたことを示している。後者はイギリスの認識と必要に対応して形成されたものであり、前者と同一である必然性はなかった。そこに存在する差異をめぐって両者のあいだには相互作用が生じ、親族と婚族を越えた「範疇としてのカースト」が実体化していったのである。アーリヤ・サマージが推進したカースト再編運動は、まさにこの動態に対応するものであった。その過程で地方的差異は平準化され、インドをカースト社会と見なす認識の成立が促されていったのである。

しかし、このことは、カーストをたとえ擬似的なものであれ公共圏に模して考える見方を肯定するものではない。それは、カーストを包摂した植民地期の社会においては、再生族と一生族に分かたれたヴァルナ帰属を前提として、政府の施策では、カーストごとに明らかに異なる利益供与が行われていたからである。社会宗教改革も、しばしば、カーストを単位としたことにより、それを超克することは能わなくなっていった。そして、この状況をさらに複雑にしたのは、カースト自体の境界とそのヴァルナ帰属が、当事者の試みにより、多分に変容を遂げたことによっている。カーストを基盤として、あるいは、ヒンドゥー教の規範に依拠して、公共性を語るには限界があったのである。だからこそ、被差別民解放運動を推進したアンベードカルは、カーストこそが公共意識を殺したと語ったのである(Ambedkar, 1979, p.63)。むしろ、考えねばならないのは、植民地支配下において、カーストがいかにして擬似的な公共性をもつにいたり、それが、自己認識の形成において、いかなる問題を喚起したのかということなのである。

近現代におけるヴァルナ意識——カーストは、身分制なのか

私法運用においてはヴァルナが意味をもち、アーリヤ・サマージのカースト再編運動がヴァルナを目指して展開され、保守伝統派もその枠組みを共有したことを考えると、明らかに近代においてヴァルナ意識が隆盛を迎えたと言わざるを得ない。しかしながら、多くの場合、そこで問題とされたのは、再生族ヴァルナのみであった。そのことを理解すれば、不可触民を五番目のヴァルナに属すると見な

し、カースト制度を五ヴァルナ制としてとらえようとする試みは、少なくとも近現代に限ってみれば、説得力を失うことになる。

また、一九世紀の後半以降に語られるようになったヴァルナとは、防水区画で区切られたようなものではなく、自らの必要に応じて改変可能なものだった。その前提条件を用意した植民地支配権力も、そうした傾向を押し止めることができず、むしろ、その中途半端な認知機関と化していったのである。ひるがえってみれば、イギリス植民地支配成立前のインド社会において、各ジャーティのヴァルナへの帰属はどの程度意識されていたのだろうか。実際のところ、後代に刊行された族譜においては、ヴァルナ帰属の不明瞭さや真性ヴァルナの「発見」が、しばしば語られていたのである。

「カースト」が、近現代においても基本的に出生によってその成員資格が賦与され、多様かつ重層的な位階を内包しつつ、地域社会や国家権力との関係において機能していたのは事実であった。しかしながら、それを身分制の文脈でとらえることは、もはや能わないのである。それは、ヴァルナ帰属が出生を要件とせずとも決されていったように、出生が意味をもつ範囲が狭められていったことによっている。

出生によって獲得される社会的位置づけが重大な意味をもつのは不可触民においてであり、その限りで、カースト、ないしはカースト制度が提示する問題が、一九三〇年代以降は、不可触民問題に収斂していったのは、当然の帰結であった。それを決定づけたのが、植民地的立憲主義 colonial constitutionalism とも呼ぶべき施策のなかで、不可触民の存在がカースト制度と一体化されたうえで、彼らに対して留保措置が講じられたことによっている。

族譜の刊行は、確かにヴァルナ帰属と一体化した正統性を志向する家系血統意識の強まりの現れに他ならなかった。しかしながら、族譜は、いわば目的対応型の刊行物であったから、インド独立後の刊行点数の急激な低下は、それを必要とした諸条件の消滅、ないしは、意味の低下を示すものと考えられる。そうした、社会環境の変化を看過してカーストを論じ続けることは、単に不毛である以上に、オリエンタリズムを無自覚に継承することに他ならない。

再び、カーストを語ることの意味

植民地期において、カーストをめぐり展開されたイギリスの施策とそこに生じたインド社会の反応は、個人を基盤とする多元的な社会としてではなく、集団的多元性を強調する社会として、インドを際立たせることになった。歴史意識を形成し保持する主体はカーストとなり、自己認識が社会的に表明されるには、カーストを媒介とすることが余儀なくされたのである。これは、インドには個人は存在するのか、個人は社会移動の単位となりうるのか、という古典的な問いかけに対する回答として提示されえよう。こうしたインドの歴史社会像が成立するうえで、アーリヤ・サマージを代表とする社会宗教改革を標榜した団体が果たした役割は決定的であった。さらに、植民地期において、宗教分離選挙区が撤廃されないまま国民国家の幻影のもと強力な中央を指向する政治思潮が登場すると、宗教徒集団をネーションとする観点はコミュナルな主張へと転じて行ったのである。護教的傾向が強まるなかで、ヒンドゥー教の構成単位とされたカーストを純化したうえで利用しようとする主張が際立っていったのである。

植民地支配の影響とは、単に制度上のみならず、認識の枠組みにおいても立ち現れてくるものである。

本書で見たように、インドにとってカーストとは何なのかを問うことは、近代西洋世界と非西洋世界の接触、前者による後者の領有、そして、そこにおいて生じた相互作用を問い直すことに他ならない。その作業を通して、我々が、ともすれば自明のものと見なしてきた自他に関わる認識が、いかにして歴史的に形成されてきたのかをとらえ直すことが可能となるのである。

あとがき

インドのことを学んでいるとしばしば受ける質問がある。「インドには、まだまだカースト差別が根強く残っているのですか」。あるいは、インドに関心をもつ人々に向けて書かれた本には、次のような記述が散見される。「カーストは身分制で生まれによる格差が厳然と存在している」。

こうした問いかけや見方に答えたり反論したりするのは、実は大変な労力と根気を要するものである。カーストについて問いを発したり書いたりした当人が、この問題がもつ複雑さを意識していないとき、それはなおさら際立つことになる。他方、インドを専門とする研究者の側にも、出来合いの回答が必ずしも用意されていたわけではないのも、また事実だったのである。カーストを語ることには、ある種のもどかしさと違和感が、常に伴っていたといえよう。

そのなかで、カーストは、インドの不可分の属性として過剰なまでに語られてきたといってよい。しかしながら、言説の横溢は、解明すべき問題が残されていないことを意味はしないし、その在処に至る道筋を示してくれるとも限らない。分析を加えねばならない事象は、未だ数多く存在しているのだが、それは、鬱蒼たる叢論のなかにあたかも絡め取られているかのようである。個々の問題の細密な分析に入る前に、全体の枠組みを歴史を遡ることで解きほぐしてみようとしたのが、本書であるといえよう。右に述べた、ある種のもどかしさを払拭しようとする試みは、果たして、どこまで成功を収めたであろうか。それについては、諸賢の判断を待つしかない。

本書の各章は、筆者がこの十数年の間に公表してきたカースト研究をまとめ直したものである。初出論文は、参考文献に示した通りである。一連の作業においては、単に過ちを訂正しただけでなく、最新の研究成果を加味することに努めた。したがって、元となった論文には、いずれも加筆がなされており、原型をとどめていない部分も多い。しかしながら、第四章と第六章については、それぞれ、「イギリスのインド支配とカースト」(『岩波講座世界歴史20 アジアの〈近代〉』岩波書店、一九九九年、二二一—二四三頁)と「社会宗教改革運動におけるカースト観の相克」(内藤雅雄編『叢書・カースト制度と被差別民第3巻 解放の思想と運動』明石書店、一九九四年、二五—七九頁)に大きく依拠している。また、書名は、「歴史のなかのカースト——古典的インド社会論の実体化をめぐって」(『現代思想』22-7、一九九四年、九九—一一一頁)より取ったことをお断りしておきたい。また、原出の論文には詳細な注記が付されているが、本書では紙幅の制限もあり、その多くを省略するか簡略な表記にとどめている。ご理解いただきたい。

本書の最初の読者となったのは、岩波書店の杉田守康氏である。『岩波講座世界歴史』でお世話になって以来、その助言は、常に的確であり、ともすれば迷走しがちな私の論旨を少なからず正していただいた。篤く御礼申し上げたい。しかしながら、大学が大きな変容を遂げようとするなか、満足に机に向かうこともできず、氏の熱意にどこまで応えることができたのかについては、内心忸怩たるものがある。

私が構想するカースト論には、「伝統的ヒンドゥー教の構築」や「アーリヤ神話」、そして「カースト族譜」など、いくつかの課題が残されている。今はただ、今後ともそれらを追究しつづけるのをお約束することで、お許しいただければと願うばかりである。

二〇〇三年二月末日

藤井　毅

■岩波オンデマンドブックス■

世界歴史選書
歴史のなかのカースト――近代インドの〈自画像〉

2003年4月24日 第1刷発行
2008年2月8日 第2刷発行
2015年5月12日 オンデマンド版発行

著 者 藤《ふじ》井《い》 毅《たけし》

発行者 岡本 厚

発行所 株式会社 岩波書店
〒101-8002 東京都千代田区一ツ橋2-5-5
電話案内 03-5210-4000
http://www.iwanami.co.jp/

印刷／製本・法令印刷

ISBN 978-4-00-730197-1 Printed in Japan

年　表

1498　ヴァスコ・ダ・ガマ，インドに来航．
1510　ポルトガル，ゴアを占領．
1526　ムガル帝国の基礎が固まる．→18世紀中葉に衰微(皇帝権力の縮小，地方勢力の分立)．
1599　ウディヤムペールールの司教区会議(カトリック教会によるカースト慣行の容認)．
1600　イギリス東インド会社設立．
1757　プラッシーの戦い(イギリスの対フランス勝利)．
1764　バクサールの戦い(イギリスの覇権確立)．
1765　イギリスがディーワーニー(徴税権)を獲得し，実質的な植民地支配が始まる．
1767　レンル，「測量担当長官」に就任，インドは世界に先駆けて「三角測量」の実験地域となってゆく．
オーム，東インド会社歴史編纂官に任命される．
1773　ノースの規制法により，イギリス本国の東インド会社に対する統制が強化される．
1774　カルカッタに最高法院開設．
1784　ピットのインド法により，監督局が設立され，イギリス本国の東インド会社に対する統制が決定的となる．
アジア協会創設．
1786　ウィリアム・ジョーンズによる講演「インド人について」．サンスクリット語と古典ギリシャ語・ラテン語などとの共通起源の可能性を指摘．
1793　ベンガルにおいて，法認土地所有者の納税額を永久に固定する永代ザミーンダーリー制施行．
この頃までに宗教慣習法を容認する私法運用体制が確立．
1799　マイソールにおける大規模測量の実施(-1809. 3月)
1800　4-7月　ブカナンによるマイソール・カナラ・マラーバールの調査(カーストとは4ヴァルナを指すとの前提)．
1803　地誌編纂の必要性に関して最初の公的言及．

1810 マッケンジー，マドラースの測量担当長官に就任.
1812 『第五報告書』*Fifth Report* により村落社会論の提示.
1813 東インド会社に付与されたイギリス国王の勅許状が改訂(キリスト教の布教活動公認＝篤信条項，対中国貿易以外のアジア貿易が自由化).
1815 マッケンジー，インド測量担当長官に就任.
1823 ボンベイ最高法院設置.
1828 ラームモーハン・ラーイ，ブラフマ・サマージを設立.
1829 職業的犯罪者を取り締まるため「タギーおよびダカイティー局」設立.
1833 勅許状改訂(中央集権化の開始).
1835 マコーレーの覚え書き(英語の卓越確立へ).
1836 タギー法成立.
1845 第一次スィック戦争勃発(-1846 年).
1848 第二次スィック戦争勃発(-1849 年).
1850 マドラース宣教師団会議において，カーストは悪であるとの決議.
法律第 21 号(カーストによる無能力を除去する法律)成立.
1856 コールドウェル，*A Comparative grammar of the Dravidian languages* を刊行.
ドラヴィダ運動に手がかりを与える.
ヒンドゥー寡婦再婚法成立.
1857 反英大反乱(スィパーヒーの反乱).
1858 7 月　インド軍再編委員会の任命により軍制再編の開始.
8 月　インド統治改善法発布．インドの直接統治の開始，ムガル帝国の滅亡.
11 月 1 日　ヴィクトリア女王の宣言(イギリス本国のインド直接支配の理念を示す).
1861 インド高等裁判所法成立.
1863 G. M. タゴール，ロンドン民族学協会よりカースト論刊行.
1865 この年まで，司法廷においてヒンドゥーとイスラーム教徒の法官が雇用される.
1867 プラールトナー・サマージ創設.
1868 ケイ John Kaye の写真版インド民族誌 *The People of India* 8 巻が刊行され(-1875)，インドの人種・民族的多様性への関心が高まる.
W. R. コーニッシュ(Madras Commissioner)，カーストに関わる新分類体系を導入(ヴァルナにほぼ倣う).
1869 ハンター，統計担当官に就任，翌年，帝国地誌編纂担当官を兼務.
1871 英領インド国勢調査の開始(ヴァルナ区分の導入．上昇婚の存在ゆえ，カースト統計より女性の排除).
クリミナル・トライブ法制定.
1873 J. プレー，反ブラーフマンの立場を取る真理探究協会を創設.

1874　保守伝統派のシュラッダーラーム，パンジャーブで浄化儀礼を執行．
東インド会社が正式に解散．

1875　4月　ボンベイでアーリヤ・サマージ設立．『真理を照らす光』(初版)の発行．
ニューヨークで神智学協会創設．

1877　1月　インド帝国の成立(イギリス国王がインド皇帝を兼務)．
6月　ラーホール・アーリヤ・サマージがボンベイ28条規約を改正し，10条規約を制定．

1879　4月　北インドのデヘラードゥーンにて，浄化儀礼が執り行われる．
インド軍制改革基本方針が再確認され，以降，徐々に「軍事適応種族論」が立ち現れてくる．

1880年代-　アーリヤ・サマージによる婚姻改革，女子教育運動の推進．
「後進階級」概念の登場．

1882　神智学協会，マドラース近郊に移転．

1885　3月　官僚の民族誌学者らによる北インド民族誌会議開催．
12月　インド国民会議創立大会開催．
インド軍総司令官ロバーツによる軍事適応種族論の主唱(-1893)．

1886　9月27日　ウィーンで第7回国際東洋学会議開催，インドの言語調査推進の提言．

1887　6月28-29日　G. A. グリアスン，インド言語調査の概要案を提出．
「グラモフォン」によるインド諸語録音調査の開始．

1887-　国民社会会議(ＮＳＣ)開催．カースト団体が社会宗教改革の媒介となる．

1890年代初期　犯罪者の特定にベルティヨン式人間識別法がマドラースとベンガルに導入される．

1890年代　ヒンドゥー教改革派への保守伝統派による組織的反撃の開始．

1891　第3回全国国勢調査の実施(ネスフィールドとイビットソンに従いヴァルナ区分の記載が放棄され，6つの職業区分が導入される)．
女性の合法的婚姻年齢の下限を定めた承諾年齢法制定．

1893　アーリヤ・サマージの分裂表面化．

1895　この年まで，上級警察官に対しベルティヨン式人間識別法訓練が必須とされる．
マイソール藩王国で，カースト単位の留保措置が実施される．
ＮＳＣにおいて不可触民問題に関わる決議．

1895　パンジャーブにおいて再改宗協会の活動活発化(-1896)．

1896　ジュネーブで開催された国際犯罪人類学会議において人間識別法に関わる論議．
J. N. バッターチャールヤ，ヴァルナを評価する論文の公表(能力と性

格における自然格差をヴァルナと一体化).
1897　この年までに警察長官 E. R. ヘンリーの主導により，ベンガル管区では犯罪人特定の方法がベルティヨン方式より指紋押捺に切り替わる.
1899　英国科学振興協会，国勢調査における民族誌調査を提言，リズリを支持．英国政府の裁可．人種に多大なる関心．カースト位階に関してインド社会より意見の聴取.
1901　リズリ，国勢調査担当長官に就任．フランス人人類学者 P. トピナールらの方法論を援用．民族誌調査の組織化．応用人類学の重要性が認識される.
1902　コールハープル藩王国，カーストを基盤とする 50%の留保政策を提示.
1905-　カースト改革とヒンドゥー教擁護の一体化始まる.
1906　全インドムスリム連盟創設.
1908　ブラーフマン的価値に依拠するマンガルール被抑圧階級ミッション設立.
1909　モーリ＝ミント改革(代議制の導入．集合的アイデンティティの高揚).
ＮＳＣのカースト・被抑圧階級関連決議．用語法としての不可触民 untouchable の登場.
ボージダット P. Bhojdatt によりラージプート再改宗協会設立.
1915　ヒンドゥーの保守派政治組織ヒンドゥー・マハーサバー創設.
1916　11 月　マドラースで南インド自由連盟(正義党)結成．反ブラーフマン・非ブラーフマン運動の開始.
12 月　インド国民会議派と全インドムスリム連盟によるラクナウー協定(分離選挙区の容認).
1917　被抑圧階級会議などの圧力で，インド国民会議派が不可触民決議を可決.
1919　インド統治法により，14 人の民間推薦議員のなかに 1 人の被抑圧者階級枠の設置.
1920　インド国民会議派のイギリスへの非協力決議において不可触民問題が再確認される.
ヒラーファト運動始まる.
1921　シュラッダーナンド，被抑圧者向上協会設立.
マドラース州政府，最下層の不可触民を除いた非ブラーフマンを対象とする政令発布(-1922).
1922　パルマーナンド，アーリヤ・サマージ系団体ジャーティ区分廃絶協会結成に参画.
1923　シュラッダーナンドを会長とする印度ヒンドゥー教徒再改宗協会設立.
1925　ラーマスワーミー・ナイッカル，反アーリヤ自尊運動を開始.

1926　ナイッカルがマヌ法典を焼却.
1927　アンベードカルがナイッカルに倣いマヌ法典を焼却.
1929　チャウラースィーヤー S. D. Singh Chaurasia，ヒンドゥー後進階級連盟を設立．南北インドの被抑圧者は異なるとの立場が鮮明化.
1930　アンベードカルが被抑圧者連盟を結成.
1930年代　反ブラーフマン運動が，浄な低カーストとそうでないものとに分裂してゆく.
1932　8月　英首相マクドナルドによるコミュナル裁定.
9月　コミュナル裁定を修正するプーナ協定成立.
ハリジャン奉仕者団創設決議.
1933　ベンガル州，不可触制撤廃法案にカースト・ヒンドゥーがこぞって反対.
マヌ主義者 Manuvadi という用語法の登場.
1934　マドラース州後進階級連盟創設.
1937　4月　ビルマ，英領インド帝国より分離．1935年インド統治法発効.
1938　マドラース州で不可触民の権利擁護を企図した市民不能状態除去法制定.
1939　ボンベイ州，ハリジャン寺院礼拝法制定.
1940　3月　ムスリム連盟，パーキスターン独立案を可決.
1941　12月31日　インド国民軍創設.
1942　被抑圧者連盟，全インド指定カースト連盟と改称.
3月22日　クリップス使節団訪印.
8月　インド国民会議派による「インドを立ち去れ」運動の開始.
1943　10月21日　チャンドラ・ボースにより自由インド仮政府樹立.
1946　3月24日　イギリス閣僚使節団の訪印.
1947　8月14-15日　インド，パーキスターン分離独立.
1948　1月30日　ガーンディー，暗殺される.

参考文献

公文書

the Oriental and India Office Collection, the British Library.

L/Mil/14/216-236: *Annual caste returns of the native army, 1875-1942*(1898 より, *Annual return showing the class composition of the Indian Army*).

L/1/1/1044: *Union of martial races of India.*

Mss.Eur.E.100: *Ethnography*

Mss.Eur.E.101: *Caste ethnography*

Mss.Eur.E.190: *Caste ethnography*

Mss.Eur.E.191: *Caste ethnography*

F/4/260/5780: Board's Collection (*Military Collection; castes*)

F/4/724/19624: Board's Collection (*Caste question*)

Selection from the India Office Records, N.W.P., no.1845 (*Influence of caste on rates of rent*, report by C. A. Elliott, 16 January 1868).

L/Par/2/22 (Translations of the answers of the four Pundits, referred to in the letter from Sir Elijah Impey to the Governor General and Council of Bengal, dated the 9 May 1775, in Extract of Bengal Secret Consultations, 9 May 1775).

V/27/910/4 (*Papers regarding the question as to whether the possession of brass lotahs is essential to the preservation of the caste of a Hindu prisoners, 1855-56*).

H. D. (Education) Proceedings, 24 September 1858, no.1-5.

Parliamentary Papers, 1857-58, vol.43, p.123, paper 129 (Caste of Hindoos); 1832, vol.43, p.123, paper 129 (Revenue).

政府刊行物

Byawusthas or legal opinions on points of Hindoo law, delivered by the Hindoo law officer of the Sudder Dewanny Adawlut, North Western Provinces, vol.1, part 1 (from July to December 1860), Musdurool-Nawadir Press, 1861.

Census of India 1931, vol.1 (India), part 1 (Report), Manager of Publications, 1933.

Census of India 1971, Monograph series, Census Centenary Monograph, no.1 (Indian Census in perspective), by S. C. Srivastava, Office of the Registrar General, India, Ministry of Home Affairs, 1972.

Chaudhuri, S. B. 1965. *History of the Gazetteer of India*, Ministry of Education, Government of India.

The Constitution of India (as on the 1st January 2000), Ministry of Law, Justice & Company Affairs, Government of India, 2000.

Crooke, William. [1894?]. *Ethnographical and folklore catechism*, [26 June 1894?].

Daly, F. C. 1916. *Manual of criminal classes operating in Bengal*, The Bengal Secretariat Press.

Dodwell, H. 1922. *Sepoy recruitment in the Old Madras Army*, Superintendent Government Printing, India[Studies in Indian Records, published by the Indian Historical Records Commission].

Gayer, G. W. 1907. *Lectures on some criminal tribes of India*, Government Printing. 2nd ed., Government Printing, 1910.

Hodson, T. C. 1937. *India: Census ethnography*, Manager of Publication. reprint ed., Usha Publications, 1987.

Ibbetson, D. C. J. 1883. *Outlines of Punjab ethnography: being extracts from the Punjab Census Report of 1881*, Government Printing.

Ibbetson, D. C. J. 1916. *Punjab castes: being a reprint of the chapter on "The races, castes and tribes of the people" in the report on the Census of the Punjab published in 1883*, Government Printing Office. Indian reprint ed., Low Price Publications, 1993.

The Imperial Gazetteer of India, Indian Empire, vol.1 (descriptive), new ed., Clarendon Press, 1909.

Kitts, Eustace J. (comp.) 1885. *A Compendium of the castes and tribes found in India*, Education Society's Press. reprint ed., The Academic Press, 1982.

Macauliffe, M. [1903]. *A Lecture on how the Sikhs became a militant race*, the Government Central Printing Office.

Manual of ethnography for India: general instruction, definitions, and ethnographic questions, Office of the Superintendent of Government Press, 1903.

Memorandum on the Census of the British India of 1871-1872, George Edward Eyre and William Spottiswoode, 1875.

Natarajan, D. 1972. *Indian Census through a hundred years*, Office of the Registrar General.

Nesfield, J. C. F. 1885/1903. *Brief view of the caste system of the North-Western Provinces and Oudh*, North-Western Provinces and Oudh Government Press.

Note on criminal classes in the Bombay Presidency, the Government Central Press, 1908.

Padmanabha, P. 1978. *Indian Census and anthropological investigation*, the Registrar General and Census Commissioner.

Rawat, Indra Singh. 1973. *Indian explores of the 19th century*, Publications Division, Ministry of Information and Broadcasting, Government of India.

Report of the Criminal Tribes Enquiry Committee, United Provinces, 1947, Superintendent, Printing and Stationery, United Provinces, 1948.

Report of the Indian Statutory Commission, vol.1 (Survey), Central Publication Branch, Government of India, 1930.

Report on the Punjab Codification of Customary Law Commission, the Superintendent, Government Printing, 1915.

Risley, Herbert H. 1903. *Census of India 1901, vol.1 India, Ethnographic appendices*, Office of the Superintendent of Government Printing.

Risley, Herbert H. 1915. *The people of India*, W. Crooke (ed.), 2nd ed., W. Thacker & Co.

Risley, Herbert H. 1981. *The tribes and castes of Bengal*, 2 vols., Indian reprint ed., Firma Mukhopadhyay,.

Srivastava, S. C. 1972. *Indian Census in perspective*, Office of the Registrar General.

Webb, A. W. T. [1941]. *These ten years: a short account of the 1941 Census operations in Rajputana and Ajmer-Merwara written specially for the general public*, Census Department of India.

二次資料

Ambedkar, B. R. 1979. *Dr.Babasaheb Ambedkar writings and speeches*, vol. 1, Vasant Moon (ed.), Education Department, Government of Maharashtra.

Arefeen, Halaluddin, K. S. 1977. *The concept of caste among the Indologist*, University Centre for Social Studies.

The army in India and its evolution including an account of the establishment of the Royal Air Force in India, Indian reprint ed., Anmol Publications, 1985.

Baines, Athelstane. 1912. *Ethnography castes and tribes*, Verlag von Karl J. Trübner.

Bandyopadhyay, Samaresh. 1974. *Early foreigners on Indian caste system*, Pilgrim Publications.

Banerjee, S. C. 1992. *Indian social customs as noticed by foreign writers upto 750 A.D.*, Firma KLM.

Barrier, Gerald N. (ed.) 1981. *The Census in British India: new perspective*, Manohar.

バロス，ジョアン・デ．1980-81 年．『アジア史』1・2，大航海時代叢書第 II 期 2・3，生田滋・池上岑夫訳，岩波書店．

Bayly, Susan. 1999. *Caste, society and politics in India from the eighteenth century to the modern age*, Cambridge U.P. [The New Cambridge History of India, IV.3].

Bhai Parmanand. 1936. *Hindu sanghatan*, Central Hindu Yuvak Sabha.

Blunt, E. A. H. 1931. *The caste system of Northern India, with special reference to the United Provinces of Agra and Oudh*, Oxford U.P.

Borradaile, H. 1887. *Borradaile's Gujarat caste rules*, 2 vols., the Nirnaya-Sagara Press.

Bougle, C. 1971. *Essays on the caste system*, tr. with introduction by D. F. Pocock, Cambridge U.P. [The European understanding of India]. セレスタン・ブーグレ『印度のカスト制度』藪中静雄訳，大鵬社，1943 年.

Bowen, John. 1821. *Missionary incitement, and Hindoo demoralization; including some observations on the political tendency of the means taken to evangelize Hindoostan*, Sherwood, Neely & Jens Paternoster Row.

Buchanan, Francis. 1807. *A Journey from Madras through the countries of Mysore, Canara, and Malabar*, 3 vols., T. Cadell & W. Davies.

"Caste: a trend report and bibliography," *Current Sociology*, 8-3, 1959.

Chakravarti, Satish Chandra / Sarojendra Nath Ray. 1933. *Brahmo Samaj: the Depressed classes and untouchability*, Sadharan Brahmo Samaj.

Chakravarti, Satyendranath. pref.BS.1336. *Desh-sanskare Digindranarayan*, By the Author.

Chandavarkar, Narayan G. 1911. *The speeches and writings of Sir Narayan G. Chandavarkar*, L. V. Kaikini (ed.), Manoranjak Grantha Prasarak Mandali.

Chatterjee, K. P. 1915. *The early history of Sri Mahamandal*, The Newul Kishore Press.

Chaturvedi, Hiranand. 1888. *Vyavasthapatra*, K. N. Soni.

Clarke, Richard. 1848. *The regulations of the Government of Fort St.George, in force at the end of 1847*, J. & H. Cox.

Clarke, Richard. 1851. *The regulations of the Government of Bombay in force at the end of 1850*, J. & H. Cox.

Clarke, Richard. 1854. *The regulations of Government of Fort William in Bengal, in force at the end of 1853*, J. & H. Cox.

Cohn, Bernard S. 1983. "Representing authority in Victorian India," E. Hobsbawm / T. Ranger (eds.), *The Invention of tradition*, Cambridge U.P.　E. ホブズボウム／T. レンジャー編『創られた伝統』前川啓治・梶原景昭ほか訳，紀伊國屋書店，1992 年.

Cohn, Bernard S. 1987. *An Anthropologist among the historians and other essays*, Oxford U.P.

Cohn, Bernard S. 1996. *Colonialism and its forms of knowledge*, Princeton U.P.

Cust, R. N. 1881. *Essays on the national custom of British India known as caste, varna, or jati*, Wells Gardner, Darton & Co.

Dayanand Sarasvati. 1975. "Aryoddeshyaratnamala," *Dayanandiy laghugranth sangrah*, Yudhishthir Mimansak (ed.), Ramlal Kapur Trast.

Dayanand Sarasvati. 1980a. *Satyarth Prakash*, 21st ed., Arsh Sahity Prachar Trast.

Dayanand Sarasvati. 1980b. *Rishi Dayanand Sarasvati ke patra aur vigyapan*, vol.1, ed. by Bhagvandatt, rev. and enl. by Yudhishthir Mimansak, Ramlal Kapur Trast.

Deliège, Robert. 1993. *Le système des castes*, P.U.F.

Deliège, Robert. 1999. *The untouchables of India*, tr. from French by Nora Scott, Oxford U.P.

Dirks, Nicholas B. 2001. *Castes of mind: colonialism and the making of modern India*, Princeton U.P.

Dubois, Abbé J. A. 1985. *Mœurs, institutions et cérémonies des peuples de l'Inde*, Éditions A. M. Métailié. J. A. デュボア/ H. K. ビーチャム編『カーストの民――ヒンドゥーの儀礼』重松伸司訳，平凡社東洋文庫 483, 1988 年.

Duff, Alexander. 1858. *What is caste?, how is a Christian Government to deal with it?*, the Baptist Mission Press.

Duff, Alexander. 1988. *India and India mission including sketches of the gigantic system of Hinduism both in theory and practice*, Indian reprint ed., Swati Publications.

Dumont, Louis. 1980. *Homo hierarchicus: the caste system and its implications*, complete rev. English ed., Mark Sainsbury / Louis Dumont / Basia Gulati (tr.), The University of Chicago Press. ルイ・デュモン『ホモ・ヒエラルキクス――カースト体系とその意味』田中雅一・渡辺公三訳，みすず書房，2001 年.

Essay on Hindu caste, The Calcutta Christian Tract and Book Society, [185-?].

Flower, W. H. 1894. "Address to the Anthropological Section of the British Association," *Transaction of the British Association*, London.

Forrester, Duncun B. 1980. *Caste and Christianity: attitudes and policies on caste of Anglo-Saxon Protestant missions in India*, Curzon Press.

藤井毅，1988 年.「インド国制史における集団」佐藤宏編『南アジア現代史と国民統合』アジア経済研究所.

藤井毅，1989 年.「カースト論への視角とカースト団体」『アジア経済』30-3.

藤井毅，1990 年.「カースト研究の回顧と展望――カースト及びインド社会論関連研究文献目録(図書篇)，1960 年代以降の主要な研究を中心として」東京外国語大学・海外事情研究所編『都市におけるエスニシティと文化』東京外国語大学・海外事情研究所[文部省特定研究報告 14].

藤井毅，1992 年.『カースト史(族譜)文献研究試論――ヒンディー語圏を中心として資料論の立場から』東京外国語大学・海外事情研究所［研究報告 77］.

藤井毅，1993 年.「植民地期インドにおける社会認識と地方誌編纂」『歴史学研究』641.

藤井毅，1994 年 a.「歴史のなかのカースト――古典的インド社会論の実体化をめぐって」『現代思想』22-7.

藤井毅，1994 年 b.「社会宗教改革運動におけるカースト観の相克」内藤雅雄編『叢書・カースト制度と被差別民　第 3 巻　解放の思想と運動』明石書店.

藤井毅，1994 年 c.「植民地支配下における不可触民とトライブ」小谷汪之編『叢書・カースト制度と被差別民　第 2 巻　西欧近代との出会い』明石書店.

藤井毅，1996 年.「アーリヤ・サマージのカースト再編運動」『歴史学研究』増刊号 690.

藤井毅，1999 年 a.「イギリスのインド支配とカースト」『岩波講座世界歴史 20　アジアの〈近代〉』岩波書店.

藤井毅，1999 年 b.「インドにおける固有名の位相」『ことばと社会』1，三元社.

藤井毅，1999 年 c.「インドにおける危機に瀕する言語と言語の復興」『ことばと社会』2，三元社.

藤井毅，2000 年 a.「多言語社会において単一言語が指向されるとき――インドの歴史経験は，何を語るのか」『ことばと社会』3，三元社.

藤井毅編，2000 年 b.『カースト族譜・系譜・家族史文献所在目録(2000 年版)』東京外国語大学.

Fuller, C. J. (ed.) 1996. *Caste today*, Oxford U.P.

Gandhi, M. K. 1927. *Young India*, the Viking Press.

Gandhi, M. K. 1954. *The removal of untouchability*, Navajivan Publishing House.

Gandhi, M. K. 1960. *Mere sapnon ke Bharat*, Navjivan Prakashan Mandir.

Ganga Prasad. 1953. *The caste system: its origin and growth, its social evils and their remedies*, rev. and enl. 4th ed., Arya Sahitya Mandal Ltd.

Gangaprasad Shastri. vs.1989. *Sanatan-dharm shastriy acchutoddharnirnay*, Pustak Bhandar.

Gaur, Ramdas. vs.1995. *Hinduttva*, Shivprasad Gupt.

Ghosh, Arvind. 1923. *Dharm aur jatiyta*, Devnarayan Dvivedi (tr.), Jitmal Luniya.

Gilbert, William H. (comp.) 1948. *Caste in India: a bibliography*, part I, Library of Congress.

Graham, J. Reid. 1965. “The Arya Samaj as a reformation in Hinduism with special reference to caste,” Ph.D.dissertation, Yale University.

Graul, K. 1851. *Explanations concerning the principles of the Leipzig Missionary Society, with regard to the caste question*, The Atheneaum Press.

Heimsath, Charles Herman. 1964. *Indian nationalism and Hindu social reform*, Princeton U. P.

Hutton, J. H. 1949. *Les castes de L'Inde*, tr. de Maurice Paniol, Payot.

Hutton, J. H. 1963. *Caste in India: its nature, function, and origin*, 4th ed., Oxford U.P.

Hutton, J. H. 1983. *Bharata men jati pratha*, tr. from English into Hindi by M.Sinh, Motilala Banarsidasa.

Indra Prakash. n.d. *A Review of the history & work of the Hindu Mahasabha and the*

Hindu Sanghatan movement, the Akhil Bharatiya Hindu Mahasabha.
Inquiries made by the Bishop of Madras, regarding the removal of caste prejudices and practices, in the Native Church of South India, together with the replies of the missionaries and native clergy sent thereto, Christian Knowledge Society Press, 1868.
Irving, B. A. 1853. *The theory and practice of caste*, Smith, Elder & Co.
Jagadisan, T. N. / Shyamlal, (eds.) 1949. *Thakkar Bapa eightieth birthday commemoration volume*, Madras.
Jain, M. P. 1972. *Outline of India legal system*, 3rd ed., M. N. Tripathi.
Jha, Ugra Nath. 1980. *The genealogies and genealogists of Mithila: a study of the Panji and the Panjikars*, Kishor Vidya Niketan.
Jones, William. 1799. "The third anniversary discourse, delivered 2 February, 1786," *The works of Sir William Jones*, vol.1, G. G. and J. Robinson, Pater-Noster-Row, and R. H. Evans.
Jordens, J. T. F. 1981. *Swami Shraddhanand*, Oxford U.P.
Ketkar, S. V. 1979. *History of caste in India*, reprint ed., Rawat Publications.
Khare, R. S. 1970. *The changing Brahmans: associations and elites among the Kanya-Kubjas of North India*, University of Chicago Press.
Kikani, L. T. 1912. *Caste in courts, or rights and powers of castes in social and religious matters as recognized by Indian courts*, the Ganatra Printing Press.
Klass, Morton. 1980. *Caste: the emergence of the South Asian social system*, Institute for the Study of Human Issues.
小谷汪之，1979 年．『マルクスとアジア』青木書店．
小谷汪之，1982 年．『共同体と近代』青木書店．
小谷汪之編，1994 年．『叢書・カースト制度と被差別民　第 2 巻　西欧近代との出会い』明石書店．
小谷汪之，1996 年．『不可触民とカースト制度の歴史』明石書店．
Lacey, W. G. 1933. *Some aspects of the Census operations of 1931 in Bihar and Orissa*, the Patna University.
Lach, Donald F. 1965. *India in the eyes of Europe*, University of Chicago Press.
Lach, Donald F. 1965-93. *Asia in the making of Europe*, 3 vols in 9 parts, University of Chicago Press.
Lajpat Rai. 1915. *The Arya Samaj*, Longmans, Green and Co.
Leach, E. R. (ed.) 1971. *Aspects of caste in South India, Ceylon and North-West Pakistan*, Cambridge U.P.
Lehmann, Arno. 1955. *Es begann in Tranquebar*, Evangelische Verlagsanstalt.
Leonard, Karen Isaksen. 1978. *Social history of an Indian caste: the Kayasths of Hyderabad*, Oxford U.P.
Levi, Sylvain. 1905. *Le Napal: etude historique d'un royaume hindou*, 3 vols., Ernest

Leroux.

リンスホーテン，1966 年．『東方案内記』大航海時代叢書第 I 期 8，岩生成一ほか訳，岩波書店．

van Linschoten, John Huyghen. 1997. *The voyage of John Huyghen van Linschoten to the East Indies*, Arthur Coke Burnell / P. A. Tiele (eds.), 2 vols., Indian reprint ed., Munshiram Manoharlal.

Long, James. 1966. *500 questions on the subjects requiring investigation in the social condition of the people of India*, indian reprint ed., Indian Publications.

Longstaff, G. B. 1889. "Suggestion for the Census of 1891," *the Journal of the Royal Statistical Society*, September 1889.

Lord, Henry (tr.) 1667. *Histoire de la Religion des Banias*, Robert de Ninville.

MacMunn, George. 1979. *The martial races of India*, Indian reprint ed., Mittal Publications.

Majumdar, R. C. 1981. *The classical accounts of India: the Greek & Roman accounts of ancient India*, Firma KLM.

Mandal, Manidranath. BS.1333. *Vange Digindranarayan: sanksipt jiban karmalochna*, Sannyasicharan Pramanik.

Marshall, P. J. (ed.) 1970. *The British discovery of Hinduism in the eighteenth century*, Cambridge U.P.

Mayerson, Philip. 1993. "A Confusion of Indias: Asian India and African India in the Byzantine sources," *the Journal of the American Oriental Society*, 113-2.

Melchizedek, D. J. 1909. *The High caste Indians and Christianity*, Thompson and Co.

Mills, James. 1997. *The History of India*, vol.1,2, reprint ed., Routledge.

Minute of the Madras Missionary Conference and other documents on the subject of Caste, the American Mission Press, 1850.

三瀬利之，2000 年．「帝国センサスより植民地人類学へ――インド高等文官ハーバート・リズレイのベンガル民族誌にみる統計と人類学の接点」『民族学研究』64-4.

モンセラーテ／パイス，ヌーネス，1984 年．『ムガル帝国誌　ヴィジャヤナガル王国誌』大航海時代叢書第 II 期 5，清水廣一郎・池上岑夫ほか訳，岩波書店．

Mulla, Dinshah Fardunji. 1901. *Jurisdiction of courts in matters relating to the rights and powers*, the Caxton Printing Works.

Mulla, Dinshah Fardunji. 1926. *Principles of Hindu law*, M. N. Tripathi & Co.

Murdoch, John. (comp.) 1895. *Indian missionary manual: hints to young missionaries in India*, James Nisbet & Co.

Murdoch, John. (comp.) 1977. *Review of caste in India: a compilation of the ideas of leading thinkers viz. Muir, Max Muller, Sherring, Wilson, Monier Williams and Cornish*,

with a new introduction by K. L. Sharma, Indian reprint ed., Rawat Publications.
Muzaffar Alam. 1998. "The pursuit of Persian: language in Mughal politics", *Modern Asian Studies*, 32-2.
Nag Varma, C. K. 1893. *Criticisms on Mr. Risley's articles on Brahmans, Kayasthas & Vaidyas as published in his "Tribes and Castes of Bengal"*, part I, Samya Press.
Nanda, B. R. 1977. *Gokhale: the Indian moderates and the British Raj*, Oxford U.P.
Nathubhoy, Tribhowandas Mangaldas. 1896. *Lectures on Hindu castes, ceremonies, customs and inheritance*, Education Society's Steam Press.
Neill, S. 1984-85. *A History of Christianity in India*, 2 vols., Cambridge U.P.
Nigam, Sanjay. 1990. "Disciplining and policing the 'criminals by birth'," *The Indian Economic and Social History Review*, 27-2/3.
O'Connell, Joseph T. 1973. "The word 'Hindu' in Gaudiya vaisnava texts," *Journal of American Oriental Society*, 93-3.
O'Malley, L. S. S. 1932. *Indian caste customs*, Cambridge U.P. reprint ed., Curzon Press/Rowman & Littlefiel, 1974.
Omissi, David. 1994. *The sepoy and the raj: the Indian army, 1860-1940*, the Macmillan Press.
Pandia, Nayansukhlal Harilal. 1914. *The law of castes*, K. Ramrao.
Pandey, Rajbali. (comp.) 1978. *Hindu dharmkosh*, Uttar Pradesh Hindi Sansthan.
Pareek, Radhey Shyam. 1973. *Contribution of Arya Samaj in the making of modern India 1875-1947* , Sarvadeshik Arya Pratinidhi Sabha.
Parker, H. M. 1858. *Caste and conversion*, W. Thacker and Co.
Patterson, Maureen L. P. 1968. "Chitpavan Brahman family histories: sources for a study of social structure and social change in Maharashtra," Milton Singer / Bernard S. Cohn (eds.), *Structure and change in Indian society*, Aldine.
Patterson, Maureen L. P. 1970. "Changing patterns of occupation among Chitpavan Brahmans," *Indian Economic and Social History Review*, 7-3.
Peter the Pearker. n.d. *Caste in India, caste everywhere, how to keep or lose an Empire*, J. Heaton & Son.
ピレス，トメ．1966年．『東方諸国記』大航海時代叢書第I期5，生田滋訳，岩波書店．
Pitt-Rivers, Julian. 1971. "On the word 'caste'," T. O. Beidelman (ed.), *The translation of culture: essays to E. E. Evans-Pritchard*, Tavistock Publications.
Pope, Ethel M. n.d. *India in Portuguese literature*, Osmania University.
Quigley, Declan. 1993. *The interpretation of caste*, Clarendon Press.
Radhakrishna, Meena. 1992. "Surveillance and settlements under the Criminal Tribes Act in Madras," *The Indian Economic and Social History Review*, 29-2.
Rennell, James. 1976. *Memoirs of a map of Hindoostan*, Indian reprint ed., Editions

Indian.
Report of the National Social Conference, 9th, 10th, 11th reports, the Dnyan Prakash Press, 1895-98.
Report of the Servants of India Society for 1931-32, the Servants of India Society, 1932.
Rice, Stanley. 1993. *Hindu customs and their origins*, Indian reprint ed., Low Price Publications.
Riddick, John F. (comp.) 1998. *Who was who in British India*, Greenwood Press.
Risley, Herbert H. 1890. "The race bias of Indian political movement," *the Contemporary Review*, 57.
Roberts, J. (ed.) 1847. *Caste, in its religious and civil character, opposed to Christianity*, Longman, Brown, Green, and Longmans.
Rodriguez, E. A. 1846. *The Hindoo castes*, vol.1, By the Author.
Row, R. Ragoonath. 1885. *A Review of the progress of knowledge of Hindu law and custom, made among our British rules during the past hundred years*, Higginbotham & Co.
Roy, Sripati. 1911. *Customs and customary law in British India*, Hare Press.
Sahajanand Sarasvati. 1985. *Mere jivan sangharsh*, People's Publishing House.
Sarda, Har Bilas. 1933. *Dayanand commemoration volume*, Ajmer.
Sarkar, Kishori Lal. 1911. *"A Dying race": how dying?, being an examination of Col. U. N. Mukerji's "A Dying race"*, By the Author.
Sarkar, Satyaketu Vidyalankar / Bhavanilal Bhartiy / Haridatt Vedalankar. 1984-89. *Arya Samaj ka itihas*, 7 vols., Arya Svadhyay Kendra.
Savarkar, V. D. 1938. *Hindutva*, Central Hindu Yuvak Sabha.
Savarkar, V. D. 1949. *Hindu rashtra darshan*, Laxman Ganesh Khare.
Scholberg, Henry. (comp.) 1970. *The District Gazetteers of British India: a bibliography*, Inter Documentation Company.
Schwab, Raymond. 1984. *The Oriental renaissance: Europe's rediscovery of India and the East 1680-1880*, Columbia U.P.
Searle-Chatterjee, Mary / Ursula Sharma (eds.) 1994. *Contextualising caste: post Dumonian approaches*, Blackwell.
Sen, Dhirendranath. 1940. *The problem of minorities*, University of Calcutta.
Sen, Surendranath / Umesh Mishra (eds.) 1951. *Sanskrit documents: being Sanskrit letters and other documents preserved in the Oriental Collections at the National Archives of India*, the Ganganath Jha Research Institute.
Senart, Emile. 1927. *Les castes dans l'Inde: les faits et le système,* nouvelle édition, Librairie Orientaliste Paul Geuthner. *Caste in India: the facts and the system*, tr. from French by E. Denison Ross, Indian reprint ed., Ess Ess Publications, 1975.　E. セナール『印度のカースト——事実と体系』綜合インド研究室訳，綜合インド研究室，

1943年.

Shah, A. M. / R. G. Shroff. 1959. "The Vahivanca Barots of Gujarat: a caste of genealogists and mythographers," Milton Singer (ed.), *Traditional India*, University of Texas Press.

Shah, Kantilal. 1955. *Thakkar Bapa*, R. Chaudhri (tr.), Thakkar Bapa Smarak Samiti.

Sharda, Chandrakaran. [1925]. *Dalitoddhar*, By the Author.

Sharpe, Eric J. 1963. *J. N. Farquhar*, YMCA Publishing House.

Sharpe, Eric J. 1965. *Not to destroy but to fulfil: the contribution of J. N. Farquhar to Protestant Missionary thought in India before 1914*, G. W. K. Gleerup.

Sharpe, Eric J. 1977. *Faith meets faith: some Christian attitudes to Hinduism in the nineteenth and twentieth centuries*, SCM Press.

Sharma, Aravind. 2001. "Ten misconceptions about India and Indic traditions," *Education about Asia*, 6-3.

Sharma, Sri Ram. n.d. *Conversion & reconversion to Hinduism*, All India Shuddhi Sabha.

Sharma, Ursula. 1999. *Caste*, Open U.P.[Concepts in the social sciences].

A Short ethnographical history of Aror Bans according to the Question no. B, Virajananda Press, 1888.

Singha, Radhika. 1993. "'Providential' circumstances: the Thuggee campaign of the 1830s and legal innovation," *Modern Asian Studies*, 27-1.

Smith, George. 1893. *The conversion of India*, John Murray.

Social Reform Annual 1939, the Bombay Presidency Reform Association, [1939].

Srinivas, M. N. (ed.) 1996. *Caste: its twentieth century avatar*, Viking.

Srinivas, M. N. 1959. Foreword to "The Vahivanca Barots of Gujarat: a caste of genealogists and mythographers"(by A. M. Shah / R. G. Shroff), Milton Singer (ed.), *Traditional India*, University of Texas Press.

Steele, Arthur. 1986. *The Hindu castes their law religion and customs*, Indian reprint ed., Mittal Publications.

Stevenson, John. 1858. *Hindoo caste being a brief account of the origin and laws of caste among the Hindoos, and the connection of caste with the Sepoy Mutiny*, T. Nelson and Sons, Paternoster Row.

Svami Dayanand. 1927. *Dharmchandrika*, Shri Bharat Dharm Sindiket.

Tagore, Sourindro Mohun. 1884. *The caste system of the Hindus*, the Catholic Orphan Press.

Trautmann, Thomas R. 1997. *Aryans and British India*, University of California Press.

Varma, Mukt Bihar. 1971. *History of Harijan Sevak Sangh 1932-1968*, Harijan Sevak Sangh.

van der Veer, Peter. 2001. *Imperial encounters: religion and modernity in India and Britain*, Princeton U.P.

Waller, Derek. 1990. *The Pundits: British exploration of Tibet & Central Asia*, The U.P. of Kentucky.

Ward, William. 1822. *A View of the history, literature, and mythology of the Hindus*, 3 vols., Kingsbury, Parbury, and Allen.

Wilson, John. 1985. *Indian caste*, 2 vols., Indian reprint ed., K.K. Book Distributors. 1st ed., 1877.

van Woerkens, Martine. 2002. *The strangled traveler: colonial imaginings and the thugs of India*, Catherine Tihanyi (tr.), The University of Chicago Press.

山崎利男，1994年.「ヒンドゥー法におけるカースト慣習」小谷汪之編『叢書・カースト制度と被差別民　第2巻　西欧近代との出会い』明石書店.

Yule, Henry / A. C. Burnell (eds.) 1903. *Hobson-Jobson*, new ed., Ed. by William Crooke, John Murray.

吉村玲子，1994年.「「カースト自治」と市民的権利」小谷汪之編『叢書・カースト制度と被差別民　第2巻　西欧近代との出会い』明石書店.

注

はじめに

(1)　こうした見方は，19 世紀末から 20 世紀初頭にかけて，ヨーロッパのドイツ語圏において流通していた．たとえば，カウツキーがユダヤ人の存在形態をカーストと規定したり，ユダヤ人プロレタリアートを「パーリアのなかのパーリア」とした例などを挙げることが出来る．この点については，相田慎一『言語としての民族――カウツキーと民族問題』(御茶の水書房，2002 年)参照のこと．アーレントの『パーリアとしてのユダヤ人』(未来社，1989 年)はあまりにも有名である．

(2)　たとえば，19 世紀中葉に刊行された戯曲や小説では，身分の違いゆえに生じる不幸を題材とした作品が，しばしば「カースト」を題名としていたし，アメリカの黒人が置かれている立場はカーストをもってして語られていたのである．そうした例を以下に数点挙げておく．Churchman(pseud., i.e., John Jay), *Caste and slavery in the American church*, Wiley & Putnam, 1843 ; Emily Jolly, *Caste,* 3 vols., Hurst & Blackett, 1857 ; Thomas William Robertson, the elder, *Caste: an original comedy*, Robert 1867. another ed., M. De Witt, 1876.

(3)　近代前期におけるポルトガルをはじめとするヨーロッパ諸勢力のインド洋地域進出をめぐる研究は，ボクサー C. R. Boxer とピアーソン M. N. Pearson 以降，停滞した観を免れなかったが，近年の復興にはめざましいものがある．わけても，スブラフマニヤム Sanjay Subrahmaniyam の業績のように多言語史料を駆使した研究は，かつては見られないものであった．サンジャイ・スブラフマニヤム，中村玲生訳「テージョ河からガンジス河まで」『思想』937，2002 年．

第 1 章

(1)　インド憲法は「デーヴァナーガリー文字で書かれたヒンディー語」を連邦レベルの公用語と定めているが(第 343 条)，憲法制定が施行された段階で正文とされたのはあくまでも英語版であり，憲法(第 58 次改正)法により第 394 A 条が附加され，ヒンディー語訳に規範性が賦与されるようになるまで変化がなかった．同改正法が発効したのは，1987 年 12 月 9 日のことである．

(2)　たとえば，17 世紀に刊行された本 *Histoire de la Religion des Banias*(Lord (tr.), 1667)のタイトルが示唆する通りである．著者は，東インド会社よりスーラトの商館に派遣されたチャプレイン(船付き司祭)であった．同書では，早くも 4 つのヴァルナ区分の存在が言及されている．

第 2 章

(1)　この問題については，『ことばと社会』誌に掲載した 3 篇の論文において詳述した(藤井，1999 年 b，1999 年 c，2000 年)．

(2)　ヴィヤワスター・パットルの例としては，以下のものを参照のこと．Sen / Mishra (eds.), 1951, pp.24-25 ; North Western Provinces, Sudder Dewanny Adaulut, *Bywusthas, or legal opinions on points of Hindu law delivered by the Hindu law officer of the Sudder Dewanny Adaulut, North Western Provinces,* 1-1, July-December 1860. また，カーストの当事者も自らブラーフマンを雇用し，その「正当な」ヴァルナ帰属を証明させせようとした．そうした例として，Chaturvedi, 1888 を参照のこと．

(3)　その議論は，*Report on the Punjab Codification of Customary Law Commission* に詳しい．

第 3 章

(1)　そうした測量事業のなかで雇用されたインド人男性は，その属性に関わりなく，本来はブラーフマン男性を指す「パンディット pandit」なる語をもって総称された．彼らは，いわゆるグレートゲームのなかで，情報収集の役割を担わされた．参考として，次の 2 著を挙げておく．Rawat, 1973 ; Waller, 1990.

第 4 章

(1)　fulfilment theology に定訳があるわけではない．成就神学は，筆者による訳語である．先行研究として，シャープの著作 3 点を挙げておく．Sharpe, 1963, 1965, 1977.

第 5 章

(1)　本節および次節の記述にあたって依拠した史料は，全て *Parliamentary Papers*, 1857-58, vol.43, p.123, paper 129(Caste of Hindoos) に含まれている．

第 6 章

(1)　ディギンドラナーラーヤンの伝記資料としては，Mandal, BS.1333 と Chakravarti, pref.BS.1336 を参照のこと．サヘジャーナンドについては，著作の英訳書と研究書が数点刊行されているが，ここではヒンディー語によ

る自伝 *Mere jivan sangharsh* を挙げておく(Sahajanand, 1985).

(2) 現在,不可触民が結集目標とする集団概念範疇は,ダリト dalit(被抑圧民)である.ハリジャンは,ガーンディーとガーンディー主義者の立場を体現したものとして忌避されており,連邦政府は,それを受けて 1990 年 8 月 18 日付連邦福祉省省令により政府公文書における使用を禁じるにいたった.

第 7 章

(1) この名称は,東アジア地域に存在する族譜に倣った筆者による造語である.文献の基本的性格に関してはすでに試論を公表しており(藤井, 1992 年),また,目録化も完了している(藤井編, 2001 年 b).